ケースに学ぶマーケティング

青木幸弘 編

有斐閣ブックス

本書のコピー,スキャン,デジタル化等の無断複製は著作権法上での例外を除き禁じられています。本書を代行業者等の第三者に依頼してスキャンやデジタル化することは,たとえ個人や家庭内での利用でも著作権法違反です。

●●● は じ め に ●●●

1　本書のねらいと特徴

　本書は，これからマーケティングを学ぼうとする方，あるいは，体系的に学び直したい方を対象としたケース主体のテキストである。ただし，単に複数のケースを束ねたケース集ではなく，各章のテーマに即したケースとその解説部分から構成されており，キーワードを中心にマーケティングの基礎概念を学んでいくスタイルをとっている。そして，本書全体を通して，マーケティング戦略の基本的枠組みを理解し，また，その今日的課題や新たな展開が把握できるように，章構成の面でも工夫している。

　すでにマーケティングのテキストは数多く存在する。にもかかわらず，このようなスタイルのテキストを新たに加えようとしたのは，次のような理由，ないしねらいからである（同時に，これらが「ケースに学ぶ」シリーズの1冊である本書の特徴でもある）。

　まず第1に，マーケティングの分野に限らず抽象的な理論から入り，そのままの形で概念や用語を学ぶことは困難である。むしろ，具体的な企業の製品・サービスに即して，それらの概念を理解するほうがはるかに容易であり，学習意欲もわく。とはいえ，単に断片的な事例を連ねただけの説明では，テーマとなるマーケティング上の課題や戦略の全体像が見えてこない。当該企業が置かれている状況も含めて，ストーリー性のあるケースのなかで説明してこそ基礎概念の理解も進む。これが，本書をケース主体のテキストとした理由であり，類書にない特徴であると考える。

　第2に，各章で取り上げる基礎概念を最も重要なものに絞り込み，それらをキーワードとして各章の扉ページで明示した。そのうえで，ケース中でキーワードの簡単な説明を行い，解説部分ではキーワードを用いたケース内容の整理と分析を行っている。限られた紙幅のなかで，多くを盛り込み中途半端になるよりも，基礎概念の深い理解こそが重要であると考えたからである。これにより，本書を使って授業を行う場合，前段部分では，ケースの文脈においてキー

ワードに具体的イメージを与えつつ，後段部分では，キーワードを用いてケースを理論的に解説することが可能となる。

第3に，STP（セグメンテーション，ターゲティング，ポジショニング）といった戦略的マーケティングの基本的枠組みや4P（製品，価格，流通チャネル，プロモーション）を柱とする戦術的マーケティングの諸施策についての説明はもちろんのこと，ブランド構築やサービス・マネジメントといった今日的課題，あるいは，経験価値やリレーションシップ，ウェブ・マーケティングなどの新たな展開についても紙幅を割いて取り上げた。現実のマーケティングはダイナミックに変化しており，その今日的課題や新たな展開を把握するうえでも，実際のケースを主体としたテキストというスタイルは最適であると考える。幸い，これら新たな展開の章を執筆してくださった先生方は各領域の専門家であり，読みごたえのあるケースと解説となったと自負している。

2　本書の構成

本書は，4つの部，15の章によって構成されている。前述のように，前段の第Ⅰ部と第Ⅱ部では，STPをはじめとする戦略的マーケティングの基本的枠組み，および，戦略策定の前提となる消費者行動やリサーチを取り上げている。次に，中段の第Ⅲ部では，戦術的マーケティングの施策として4Pを取り上げ，そして，後段の第Ⅳ部では，マーケティングの今日的課題や新たな展開に焦点を当てている。なお，各部各章の具体的な内容と取り上げるケースについては，以下の通りである。

▶第Ⅰ部　マーケティング戦略のフレームワーク

企業の提供物が製品であれ，サービスであれ，市場において存続し成長していくためには，顧客に認められるような価値を創造し提供していかなければならない。また，市場には数多くの競争企業が存在するため，その提供物に際立った特徴を持たせることが不可欠である。第Ⅰ部では，このような企業の対市場活動としてマーケティングを位置づけ，その戦略策定における視点や枠組みについて検討していく。

まず，第1章では，CASIOの「G-SHOCK」を取り上げ，マーケティングの前提となる市場創造に着目し，そこで展開される企業のマーケティング活動に

ついて，さまざまな側面から理解を深める。続く第2章では，インターネット販売に特化した生命保険会社であるライフネット生命に焦点を当て，日本生命および第一生命という国内大手生保2社と対比させつつ，競争戦略の枠組みについて議論していく。第3章では，パナソニックの携帯用電動歯ブラシである「ポケットドルツ」を取り上げ，市場を複数の顧客集団（セグメント）に分解していくセグメンテーションと，そのなかから標的顧客を選び出すターゲティングの考え方について学ぶ。最後の第4章では，セルフサービス式カフェのドトールとスターバックスを取り上げ，顧客の頭（心）の中に自社ブランドを位置づけるポジショニング戦略を，両者の違いを通して検討していく。

▶第Ⅱ部 消費者行動とリサーチ

上述のようにマーケティング戦略を策定する場合，その前提として，企業は自社を取り巻く環境や市場について十分に知っておく必要がある。とくに，市場を構成する消費者のニーズや購買行動についての深い理解と適切な分析が不可欠である。第Ⅱ部では，状況設定として架空の個人や団体が登場するケースを用いて，消費者の購買意思決定プロセスの内容とマーケティング・リサーチの手順について解説していく。

まず第5章では，先輩の結婚式に招待されたケースの主人公がドレス選びをするという設定で，購買意思決定プロセスの諸段階について説明していく。同様に，第6章でも，ある架空のJリーグクラブが観客動員数を増やすための方策をリサーチするという設定で，マーケティング・リサーチの手順を解説していく。

▶第Ⅲ部 マーケティング戦略の実践

市場における当該企業の競争上のポジションが把握され，また，STPの明確化により戦略の方向性が定まったなら，次の段階は，具体的なマーケティング活動への落とし込みである。すなわち，製品（Product），価格（Price），流通チャネル（Place），プロモーション（Promotion）という4つのPにおける施策展開となる。第Ⅲ部では，これら4つの柱ごとにマーケティング活動の詳細を検討していく。

まず，第7章では，伊藤園の「お〜いお茶」を取り上げ，その開発経緯を通して新製品開発のプロセスを確認し，製品開発における製品コンセプトの大

切さについて学ぶ。続く第8章では，福岡県の久原本家グループという地方企業を取り上げ，同社の辛子明太子のブランドである「椒房庵（しょぼうあん）」と，「茅乃舎（かやのや）だし」を例に，価格戦略の要点について検討していく。第9章では，ライオンの「ラクトフェリン」という健康食品の導入過程を取り上げ，直接流通と間接流通とを対比させながら，流通チャネル戦略の枠組みを検討していく。最後の第10章では，アサヒビールの「スタイルフリー」を取り上げ，広告，販促（SP），人的販売，パブリシティといったマーケティング・コミュニケーションにおけるミックスのあり方について解説していく。

▶第Ⅳ部　マーケティングの新しい展開

　ある企業が，さまざまな差別化に取り組み，競争上の優位性を築こうとしても，競合他社は，絶えず追随し模倣や同質化を試みてくる。その結果，企業間での差別性は失われ，いわゆる「コモディティ化」が進行する。近年，数多くの市場でコモディティ化が進み，そこから脱却するための「脱コモディティ化」が課題とされている。第Ⅳ部では，脱コモディティ化の手段であるブランド構築をはじめとして，マーケティングの今日的課題と新たな展開について検討していく。

　まず第11章では，敷島製パン（Pasco）のブランドである「超熟」を取り上げ，「売れ続ける仕組みづくり」としてのブランド構築の要点について検討していく。続く第12章では，石川県和倉温泉の老舗旅館「加賀屋」を取り上げ，海外でも高く評価されている日本式サービス（おもてなしサービス）を提供する仕組みを学ぶ。第13章では，東京ディズニーリゾートを取り上げ，来場者に驚きと感動を与える同社の取り組みを通して，経験価値の重要性について検討する。第14章では，ハーレーダビッドソンジャパンを取り上げ，販売店や顧客との絆形成という観点から，リレーションシップ・マーケティングの枠組みについて解説する。最後に，第15章では，東急ハンズのオンライン・コミュニティを取り上げ，インターネット上の企業ウェブサイトやソーシャル・メディアを活用したマーケティングのあり方について解説していく。

3　本書での学び方

　本書の各章は，「*1*　この章で学ぶこと」「*2*　ケース」「*3*　ケースに学ぶ」という

3つの節，および「ディスカッション・ポイント」と「文献ガイド」を加えた5つの部分から成り立っている。

まず，「*1* この章で学ぶこと」では，その章で取り上げるマーケティング上の課題や戦略について，ケースやキーワードとの関連で，簡単にまとめてある。まずはその章のテーマやケースの位置づけについて，おおよそのイメージを固めてほしい。

次に「*2* ケース」では，その章のテーマに即して実在する企業の製品やサービスに関する具体的なケースが提示されている（一部には架空のケースもある）。その章のテーマを意識しながら，業界や企業の歴史，製品・サービスの置かれている状況の変化などもふまえ，読んでみよう。

「*3* ケースに学ぶ」では，当該ケースについてキーワードである基本概念を中心に解説されている。単にキーワードに関する具体的事例としてケースを読むだけでなく，キーワードである基本概念を使って，どのようにケースの内容を説明できるか考えてみよう。

「ディスカッション・ポイント」では，その章で学んだことを深めるための課題が示されている。どの程度内容が理解できているかを確認する意味でも取り組んでほしい。

「文献ガイド」では，その章のテーマの理解を深めるための参考文献を簡単な解説を付けて載せている。いずれの章でも基本的な文献が挙げられているので，積極的に読んでみることをお薦めする。

最後に，本書は，主に経営学部や商学部などで半期または通年で開講される「マーケティング論」のテキストとして使用されることを想定して書かれている。しかし，筆者らとしては，上述のような特徴を持つ本書が，これらの学部以外で学ぶ人たちにとっても，マーケティングという企業活動に興味を持つ契機となり，さらに深く学ぶための導入書となることを願っている。また，マーケティングに携わる実務家の方にとっても，日常の業務経験から得られた知識を再整理し，新たな着眼・着想を得るための手引書として活用していただければ幸いである。

青木　幸弘

執筆者紹介

執筆順，＊は編者
AUTHORS

＊**青木 幸弘**（あおき ゆきひろ） ●はじめに，おわりに
学習院大学経済学部教授
主要著作　『消費者行動の知識』日本経済新聞出版社，2011 年；『消費者行動論』（共著）有斐閣，2012 年

新倉 貴士（にいくら たかし） ●第 1 章
法政大学経営学部教授
主要著作　『消費者の認知世界』千倉書房，2005 年；『消費者行動論』（共著）有斐閣，2012 年

松下 光司（まつした こうじ） ●第 2 章
中央大学ビジネススクール（大学院戦略経営研究科）教授
主要著作　「セールス・プロモーションによるブランド・エクイティ構築」『消費者行動研究』第 15 巻第 1/2 号，2009 年；『消費者行動論』（共著）有斐閣，2012 年

土橋 治子（つちはし はるこ） ●第 3 章
青山学院大学経営学部教授
主要著作　「消費者行動研究と食生活」『青山経営論集』第 46 巻第 3 号，2011 年；「ライフコース・パースペクティブに基づいた食選択研究の現状と課題」『青山経営論集』第 47 巻第 1 号，2012 年

徳山 美津恵（とくやま みつえ） ●第 4 章
関西大学総合情報学部教授
主要著作　『ケースで学ぶケーススタディ』（共著）同文舘出版，2015 年；『プレイス・ブランディング』（共著）有斐閣，2018 年

柴田 典子（しばた のりこ） ●第 5 章
横浜市立大学国際商学部准教授
主要著作　「ブランドに投影される自己」『横浜市立大学論叢 社会科学系列』第 63 巻第 1・2・3 合併号，2012 年；「交通拠点における図書館サービスポイントへの役割・期待」（共著）『横浜市立大学論叢 社会科学系列』第 66 巻第 3 号，2015 年

斉藤 嘉一（さいとう かいち） ●第 6 章
明治学院大学経済学部教授
主要著作　『リテールデータ分析入門』（共編著）中央経済社，2014 年；『ネットワークと消費者行動』千倉書房，2015 年

髙橋 広行（たかはし ひろゆき） ●第 7 章
同志社大学商学部教授
主要著作　『カテゴリーの役割と構造』関西学院大学出版会，2011 年；『消費者視点の小売イノベーション』有斐閣，2018 年

執筆者紹介

太宰　潮（だざい　うしお）　　　　　　　　　　　　　　　　　●第8章
　福岡大学商学部教授
　主要著作　「消費者の価格知覚におけるバランス仮説」『消費者行動研究』第14巻第1/2号，
　　2008年；『リテールデータ分析入門』（分担執筆）中央経済社，2014年

榊原　健郎（さかきばら　たけお）　　　　　　　　　　　　　　　●第9章
　ライオン株式会社アドバイザー，学習院大学経済学部非常勤講師
　主要著作　『マーケティング・チャネル政策の再構築』唯学書房，2010年；『グラフィック経営
　　学入門』（共編著）新世社，2023年

宮澤　薫（みやざわ　かおる）　　　　　　　　　　　　　　　　　●第10章
　千葉商科大学サービス創造学部教授
　主要著作　『価値共創時代のブランド戦略』（分担執筆）ミネルヴァ書房，2011年；「他者との関
　　係性から見る消費者行動」『マーケティングジャーナル』第33巻第4号，2014年

乳井　瑞代（にゅうい　みずよ）　　　　　　　　　　　　　　　　●第11章
　学習院大学経済学部非常勤講師
　主要著作　『製品・ブランド戦略』（分担執筆）有斐閣，2004年；『ライフコース・マーケティン
　　グ』（分担執筆）日本経済新聞出版社，2008年

藤村　和宏（ふじむら　かずひろ）　　　　　　　　　　　　　　　●第12章
　香川大学経済学部教授
　主要著作　『医療サービスと顧客満足』医療文化社，2009年；「地域伝統芸能の継承と変容が市
　　場創造に及ぼす影響に関する考察」『香川大学経済論叢』第84巻第4号，2012年

菅野　佐織（かんの　さおり）　　　　　　　　　　　　　　　　　●第13章
　駒澤大学経営学部教授
　主要著作　「デジタル時代のブランド・リレーションシップ」『デジタル時代のブランド戦略』有
　　斐閣，2023年；「マーケティングにおける心理的所有感の研究──近年のレビューを
　　中心に」『マーケティングジャーナル』43（1），2023年

井上　淳子（いのうえ　あつこ）　　　　　　　　　　　　　　　　●第14章
　成蹊大学経営学部教授
　主要著作　『顧客接点のマーケティング』（共著）千倉書房，2009年；「新製品導入時のサンプリ
　　ング・プロモーション」『流通研究』第16巻第2号，2014年

山本　晶（やまもと　ひかる）　　　　　　　　　　　　　　　　　●第15章
　慶應義塾大学商学部教授
　主要著作　「知覚認知率がクチコミ受信意向と購買に与える影響」（共著）『マーケティング・サ
　　イエンス』第19巻第1号，2011年；『キーパーソン・マーケティング』東洋経済新報社，
　　2014年

目次

はじめに ——————————————— i

第Ⅰ部　マーケティング戦略のフレームワーク

第1章　マーケティングを学ぶ　　●新倉 貴士　　2
CASIO「G-SHOCK」のブランド・マーケティング

1　この章で学ぶこと ……………… 3
2　ケース ………………………… 4
　　CASE ● CASIO「G-SHOCK」

- 2.1　SHOCK THE WORLD ……………… 4
- 2.2　腕時計という市場 ………………… 5
- 2.3　プロジェクトチーム・タフの結成 ……… 7
- 2.4　G-SHOCK の成長と衰退 …………… 8
- 2.5　「ABSOLUTE TOUGHNESS」の実現に向けて …… 12

3　ケースに学ぶ …………………… 15
- 3.1　市場の創造 ……………………… 15
- 3.2　技術（コンテンツ）とコンテクスト …… 16
- 3.3　ロングセラー化への対応 ………… 17
- 3.4　脱コモディティ化への対応 ……… 18

● ディスカッション・ポイント ● ……… 19

第2章　競争戦略　　●松下 光司　　21
ライフネット生命のニッチャー戦略

1　この章で学ぶこと ……………… 22
2　ケース ………………………… 23
　　CASE ● ライフネット生命

- 2.1　ライフネット生命の概要 ………… 23
- 2.2　生命保険の役割と種類 …………… 24
- 2.3　生命保険の市場特性 ……………… 26
- 2.4　国内大手生保とライフネット生命のマーケティングの対比 …… 27

目次 ix

3 ケースに学ぶ ·············· 33
 3.1 プロダクト・ライフサイクルとマーケティング ··········· 33
 3.2 経営資源に基づく競争地位の識別 ···· 35
 3.3 競争対応戦略（1）：リーダーとチャレンジャーの戦略 ········· 37
 3.4 競争対応戦略（2）：ニッチャーとフォロワーの戦略 ············ 38

● ディスカッション・ポイント ······· 39

第3章　セグメンテーションとターゲティング　●土橋 治子　41
パナソニック「ポケットドルツ」：新たなセグメントの創造

1 この章で学ぶこと ············ 42
2 ケース ·················· 43
 CASE● パナソニック「ポケットドルツ」
 2.1 電動歯ブラシ市場の概要 ········· 43
 2.2 ポケットドルツ誕生の背景：新たなセグメントの発掘 ········· 44
 2.3 ポケットドルツのマーケティング・ミックス ··············· 48
 2.4 ターゲットの拡大 ············· 50

3 ケースに学ぶ ·············· 52
 3.1 セグメンテーションの意義 ······· 52
 3.2 セグメンテーションの基準 ······· 53
 3.3 効果的なセグメンテーションの条件 · 55
 3.4 ターゲティングの5つのパターン ··· 56

● ディスカッション・ポイント ······· 57

第4章　ポジショニング　●徳山 美津恵　60
ドトールとスターバックスのマーケティング戦略

1 この章で学ぶこと ············ 61
2 ケース ·················· 62
 CASE● ドトールとスターバックス
 2.1 私たちの生活のなかでのカフェ ···· 62
 2.2 日本におけるカフェの普及 ······· 64
 2.3 セルフサービス・カフェチェーンの登場 ···················· 64
 2.4 スターバックスの進出 ·········· 66
 2.5 ドトールのマーケティング戦略 ···· 67
 2.6 スターバックスのマーケティング戦略 ················ 69

3 ケースに学ぶ ……………………… 73	2.7	コーヒー飲用の多様化 ……………………… 71
	3.1	STPのなかのポジショニング ……………… 73
	3.2	知覚マップとポジショニング ……………… 74
	3.3	ポジショニングと持続的競争優位 ……… 75
	3.4	市場ダイナミズムへの ポジショニング対応 ……………………… 76

●ディスカッション・ポイント● ……… 78

第Ⅱ部 消費者行動とリサーチ

第5章 消費者行動　　●柴田 典子　82
はじめての結婚式列席用ドレス選び

1 この章で学ぶこと ………………… 83		
2 ケース ……………………………… 84	2.1	ドレスがない！ ……………………………… 84
CASE●結婚式列席用ドレスの購入	2.2	悩み始める ……………………………………… 85
	2.3	情報を集める …………………………………… 86
	2.4	ドレスを決める ………………………………… 90
	2.5	ドレス用のストッキングを買う ……… 92
	2.6	最終的に満足する ……………………………… 93
3 ケースに学ぶ ……………………… 94	3.1	購買意思決定プロセス ………………………… 94
	3.2	内部情報探索と外部情報探索 ……………… 96
	3.3	態　　度 ………………………………………… 98
	3.4	関　　与 ………………………………………… 99

●ディスカッション・ポイント● …… 100

第6章 マーケティング・リサーチ　　●斉藤 嘉一　102
Jリーグクラブの観客動員数を増やすマーケティングの提案

1 この章で学ぶこと ………………… 103		
2 ケース ……………………………… 104	2.1	観客動員数が問題だ！ ……………………… 104
CASE●あるJリーグクラブとリサーチ企業 のマーケティング・リサーチ	2.2	問題はどんな観客を増やすかだ！ … 107
	2.3	買うメカニズムのどこを 調べるか？ ……………………………………… 109

	2.4	データを収集・分析する ……… 113
	2.5	課題解決のためのマーケティングを提案する ……… 114
3 ケースに学ぶ ……… 115	3.1	マーケティング・リサーチ・プロセス ……… 115
	3.2	因果的リサーチ ……… 116
	3.3	仮説のつくり方 ……… 117
	3.4	仮説検証の方法 ……… 119
●ディスカッション・ポイント● …… 120		

第Ⅲ部　マーケティング戦略の実践

第7章　新製品開発　　●髙橋 広行　122
緑茶戦争を勝ち抜く「お～いお茶」の製品戦略

1 この章で学ぶこと ……… 123		
2 ケース ……… 124	2.1	「お～いお茶」とは ……… 124
CASE ● 伊藤園「お～いお茶」	2.2	「お～いお茶」の発売まで ……… 125
	2.3	「生茶」の参入による緑茶戦争 ……… 128
	2.4	「伊右衛門」の参入による緑茶戦争の再燃 ……… 131
3 ケースに学ぶ ……… 135	3.1	製品の定義（製品コンセプト） ……… 135
	3.2	差別化とは ……… 136
	3.3	製品ラインナップ ……… 137
	3.4	新製品開発の手順 ……… 138
●ディスカッション・ポイント● …… 139		

第8章　価格戦略　　●太宰 潮　141
久原本家の高品質にこだわる価格設定

1 この章で学ぶこと ……… 142		
2 ケース ……… 143	2.1	久原本家グループの紹介 ……… 143
CASE ● 久原本家	2.2	辛子明太子「椒房庵」 ……… 144
	2.3	「茅乃舎だし」 ……… 146

			2.4	製品以外の価格対応 ……………… 148
3	ケースに学ぶ ……………… 150		3.1	価格決定の3大要素「コスト・需要・競争」 150
			3.2	「値引き」に関する基礎知識と価格管理 ……………… 152
			3.3	価格に対する「消費者の異質性」…… 154

● ディスカッション・ポイント● …… 155

第9章　流通チャネル戦略　　　　　　●榊原　健郎　158
ライオン「ラクトフェリン」の新・流通チャネル構築

1	この章で学ぶこと ……………… 159		
2	ケース ……………… 160	2.1	新たな流通チャネルへの挑戦 ………… 160
	CASE● ライオン「ラクトフェリン」	2.2	日用雑貨業界の流通チャネルとは ‥ 161
		2.3	日用雑貨業界の流通環境の変化 …… 164
		2.4	通販チャネルの構築 ……………… 166
3	ケースに学ぶ ……………… 169	3.1	間接流通と直接流通 ……………… 169
		3.2	流通チャネルの特徴を見る3つの視点 ……………… 171
		3.3	チャネル・パワー ……………… 173

● ディスカッション・ポイント● …… 174

第10章　マーケティング・コミュニケーション　●宮澤　薫　175
アサヒビール「スタイルフリー」のコミュニケーション展開

1	この章で学ぶこと ……………… 176		
2	ケース ……………… 177	2.1	「スタイルフリー」の市場導入 ……… 177
	CASE● アサヒビール「スタイルフリー」	2.2	「スタイルフリー」のターゲット …… 179
		2.3	コミュニケーション・メッセージと伝達手段の選択 ……………… 181
		2.4	「スタイルフリー」のコミュニケーション展開 ……… 183
3	ケースに学ぶ ……………… 186	3.1	コミュニケーション・ミックス …… 186
		3.2	プッシュ戦略とプル戦略 ……………… 188
		3.3	広　　告 ……………… 189
		3.4	販売促進，パブリック・

リレーションズ，人的販売 ········ 190
●ディスカッション・ポイント● ···· 191

第Ⅳ部　マーケティングの新しい展開

第11章　ブランド構築　　　　　　　　　　●乳井 瑞代　194
Pasco「超熟」ブランドのロングセラー化

1　この章で学ぶこと ···················· 195
2　ケース ································ 196
　　CASE● Pasco「超熟」

2.1　「超熟」誕生以前の製パン市場 ········· 196
2.2　「超熟製法」への挑戦 ··············· 197
2.3　「超熟」の浸透を支えた
　　　ネーミングとパッケージ ········· 198
2.4　食パンのNo.1ブランドへ ········· 199
2.5　シリーズ展開による
　　　ブランド力の強化 ················ 200
2.6　さらなるロングセラー化に向けて ·· 203

3　ケースに学ぶ ························ 205
3.1　ブランドとは ······················ 205
3.2　ブランド要素と
　　　コミュニケーションの重要性 ······· 206
3.3　ブランド拡張 ······················ 208
3.4　ロングセラー化の要件 ············· 209

●ディスカッション・ポイント● ···· 210

第12章　サービス・マネジメント　　　　●藤村 和宏　212
加賀屋の「おもてなし」を支える組織文化とシステム

1　この章で学ぶこと ···················· 213
2　ケース ································ 214
　　CASE● 加賀屋

2.1　加賀屋とは ························ 214
2.2　加賀屋の創業と発展 ··············· 215
2.3　顧客満足と生産性の向上を
　　　支えるシステム ··················· 217
2.4　加賀屋流のおもてなしサービスを
　　　支える従業員に対するサービス ·· 221

3 ケースに学ぶ …… 224	2.5 ケイパビリティの確立と海外展開 … 223	
	3.1 顧客満足 …… 224	
	3.2 サービス・デリバリー・システム … 225	
	3.3 インターナル・マーケティング …… 227	
	3.4 ケイパビリティ …… 229	

●ディスカッション・ポイント● …… 230

第13章　経験価値マーケティング　●菅野 佐織　232
東京ディズニーリゾートの価値創造

1　この章で学ぶこと …… 233
2　ケース …… 234
　　CASE● 東京ディズニーリゾート

2.1　夢の国の誕生 …… 234
2.2　ウォルト・ディズニーの思想 …… 237
2.3　TDR の経営哲学と質の高いサービス …… 239
2.4　経験価値を演出する非日常的空間 … 241
2.5　テーマパークから滞在型のテーマリゾートへ …… 244

3　ケースに学ぶ …… 245

3.1　経験価値マーケティングとは …… 245
3.2　さまざまな経験価値 …… 246
3.3　経験価値マーケティングを支える経営哲学，従業員教育，従業員満足 …… 247
3.4　経験価値の共創 …… 248

●ディスカッション・ポイント● …… 249

第14章　リレーションシップ・マーケティング　●井上 淳子　251
ハーレーダビッドソンが築くディライトフル・リレーションシップ

1　この章で学ぶこと …… 252
2　ケース …… 253
　　CASE● ハーレーダビッドソン

2.1　ハーレーダビッドソンとは …… 253
2.2　日本におけるハーレーダビッドソン …… 255
2.3　ディライトフル・リレーションシップ …… 258

3　ケースに学ぶ …… 263

3.1　関係性志向 …… 263

	3.2 信頼とコミットメント	264
	3.3 関係性の種類	265
	3.4 価値共創	267

● ディスカッション・ポイント …… 267

第15章　ウェブ・マーケティング　●山本 晶　269
東急ハンズのトリプルメディア戦略

1　この章で学ぶこと …………………… 270
2　ケース …………………………… 271
　CASE ● 東急ハンズ

2.1	コミュニケーション・チャネルとしてのウェブ	271
2.2	ソーシャルメディアの活用	272
2.3	販売チャネルとしてのウェブ	276
2.4	消費者が集う場としてのウェブ	278
2.5	リアル対ウェブではなく，リアルとウェブの共存共栄	280

3　ケースに学ぶ ………………………… 281

3.1	トリプルメディア	281
3.2	Eコマース	282
3.3	オムニチャネル戦略とO2O	283
3.4	オンライン・コミュニティ	284

● ディスカッション・ポイント …… 285

おわりに ─────────── 287
索　引 ─────────── 290

第5章イラスト：イナアキコ

第 I 部

マーケティング戦略のフレームワーク

CHAPTER 第 1 章　マーケティングを学ぶ
CASIO「G-SHOCK」のブランド・マーケティング●新倉貴士

第 2 章　競争戦略
ライフネット生命のニッチャー戦略●松下光司

第 3 章　セグメンテーションとターゲティング
パナソニック「ポケットドルツ」：新たなセグメントの創造
●土橋治子

第 4 章　ポジショニング
ドトールとスターバックスのマーケティング戦略●徳山美津恵

第 1 章 マーケティングを学ぶ

CASIO「G-SHOCK」のブランド・マーケティング

新倉 貴士

KEYWORDS
- 市場の創造
- 技術（コンテンツ）
- コンテクスト
- ロングセラー化
- コモディティ化

（カシオ計算機株式会社提供）

さまざまなコンテクスト（使用状況）とともにある G-SHOCK

1 この章で学ぶこと

　本章では，CASIO 社が G-SHOCK を，腕時計市場において世界に誇る日本発のブランドに成長させた過程を通じて，マーケティングの基本的な考え方を理解する。マーケティングは，市場という取引の場に関する学問である。そこでは，取引対象となる製品やブランド，取引を行う企業や消費者の行動，それらの関係のあり方やその進展プロセスなど，さまざまな視点から考察することができる。

　ここでは，まずはじめに，マーケティングの前提となる市場の創造に着目し，そこで展開される企業のマーケティング活動について理解していく。次に，企業がマーケティングを実践していくための主体としてブランドを捉える。つまり，ブランドをマーケティングするという視点である。

　本章では，そのブランドとして G-SHOCK を取り上げる。G-SHOCK は周知のように，耐衝撃性を基本性能として，30 年以上もの間，世界で人気を博している腕時計のブランドである。「落としても壊れない」という意味づけにより，壊れやすい精密機器であった腕時計の常識を覆し，その存在を誇ってきた。現在では，その壊れないという耐衝撃性をさらに拡大させ，究極のタフさを表現する ABSOLUTE TOUGHNESS という世界観を実現すべく，巨大イベントを世界各地で展開し，この世界観を世界中のユーザーに共有してもらい，G-SHOCK のファンになってもらうことをマーケティングの目的としている。

　そして次に，ブランドの両輪を構成するコンテンツとコンテクストの役割について把握していく。コンテンツとは，ブランドを構成する技術のことである。コンテクストとは，そのコンテンツを成り立たせる背景のことであり，一般的に消費者の生活背景，使用状況，消費文脈などといわれているものである。

　また，ブランドは売れ続けなくてはならず，そのロングセラー化が求められる。G-SHOCK は，きめ細やかなマーケティングを実践することにより，ロングセラー化をはたしてきた。さらに，ブランドを単なる製品としてしまうコモディティ化という現象を阻止するために，いくつかの対抗策をも講じている。このような G-SHOCK のケースをもとにして，マーケティングに関する基本的

な考え方を詳細に解説する。

2 ケース：CASIO「G-SHOCK」

2.1 SHOCK THE WORLD

2013年12月8日，日曜日の午後3時。東京ドームシティホールでは，カシオ計算機株式会社（以下，CASIO社）が主催する「SHOCK THE WORLD 2013：REAL TOUGHNESS TOKYO」が華々しく開催されており，大勢の参加者で埋め尽くされた会場は熱狂の渦に包まれ大いに盛り上がっていた。

このイベントは，CASIO社が世界に誇る時計ブランドであるG-SHOCKの生誕30周年を記念するイベントの1つである。ここでは，BMX，スケートボード，ストリートダンス，フリースタイルフットボールといったストリートカルチャーを代表する競技が繰り広げられ，また著名なアーティストやDJのパフォーマンスも数多く行われる。G-SHOCKなどの各ブランドを含めた全社的な統合的コミュニケーションを担当する，コーポレートコミュニケーション統轄部長である樫尾隆司氏は，「今回もなんとかうまく成功しそうだな。世界の各地でも，うまく成功させたいものだ」とつぶやきながら，今後も世界各地で多数企画されているイベントの成功を祈りつつ，会場の隅でそっと見守っていた。

このSHOCK THE WORLDというイベントは，2013年だけでも世界の主要12都市で開催されていた。2008年のニューヨーク，ソウル，香港，東京での同時開催を皮切りに，2009年に12都市，2010年には17都市へと拡大し，2014年3月末までには通算で33カ国66都市での開催を推し進めてきた。

SHOCK THE WORLDは，いわばG-SHOCKの世界展開を視野に入れたブランド・マーケティングの具体的な施策である。G-SHOCKのブランド価値を向上させるため，ユーザーはもちろん，メディアや流通業者にもアピールするコミュニケーション・プログラムなのである。このようなコミュニケーション・プログラムは，G-SHOCKの持つABSOLUTE TOUGHNESSという価値を多くの若者ユーザーに伝えることによって，ブランドの認知や理解を向上させ，さらには関心や共感を生み出すことにより，「G-SHOCKのファン」になってもらうためのものである。また同時に，新たな販売網となる流通経路の開拓をも

視野に入れているのである。イベントはおおむね2部構成であり，1部はプレスカンファレンス，2部はライブパフォーマンスとして構成されている。

1部のプレスカンファレンスは，ブランド発信という位置づけであり，G-SHOCKの卓越した機能に関する理解向上に向けて構成される。各種メディアや流通業者を対象に，ブランドのコンセプトをはじめ，開発のポリシーやヒストリー，具体的な製品仕様における技術（コンテンツ）やデザインに関する詳細がプレゼンテーションされる。2部のライブパフォーマンスは，G-SHOCKの持つ世界観を演出し，情緒的な共感やつながりの実現に向けて構成される。ここでは，G-SHOCKのブランド価値を世界中に発信するという想いを込めたSHOCK THE WORLDという統一ビジョンのもとで展開される。具体的には，ユースカルチャーとしてMusic, Sports, Art, Fashionという4つの分野を設定し，それぞれの分野でG-SHOCKのファンである著名人にアンバサダー（親善大使）を依頼し，G-SHOCKへの自らの熱い想いを大いに語ってもらう。そして，ユーザーにその想いを共感してもらい，ともにG-SHOCKのファンであることを確認し，誇りに思ってもらうというものである。

G-SHOCKは2008年以降，このようなワールドワイドのイベントに相当な努力を注ぎ込んでいる。そこには，G-SHOCKがこれまでのブランド・マーケティングで体得してきた貴重な教訓が込められているのである。

2.2 腕時計という市場

G-SHOCKは，腕時計という製品カテゴリーの市場で展開されているブランドである。この腕時計という市場は，1970年から80年代にかけて，産業構造の面で大きな変化があったのである。それは1969年に，後に「クウォーツ革命」と呼ばれるようになった，IC（Integrated Circuit：集積回路）と水晶振動子を使ったクウォーツ式腕時計が出現したことによるものであった。それまでは，機械式が主流であった腕時計に，表示デバイス（装置）や小型電池技術といった電子技術が一気に導入されたのである。これは，腕時計という精密機器にエレクトロニクスの進歩が融合され，腕時計の技術（コンテンツ）を根底から変革させた技術的なイノベーション（革新）なのであった。

そして，それまで世界の頂点にあったスイスの時計業界は，このクウォーツ

革命に乗り遅れて急速に衰退していった。また，そのスイスに肉迫していたアメリカの時計業界も同様に壊滅状態に陥ったのである。逆に1970年代には，このクウォーツ革命の波に乗じて，日本を含めた多くのエレクトロニクス企業が時計市場に参入し始めたのである。

こうした参入が相次ぐなか，時計を構成する重要な構成要素（キーデバイス）となるムーブメント（IC，水晶振動子，ステップモーターからなる半完成品）を外部に販売することによって製品仕様の標準化が進んだ。その結果，競争が激化し，ムーブメントの出荷価格が下落してしまったのである。また完成品についても，このムーブメントを使用することによって容易に時計をつくることができるため，腕時計市場への参入障壁が格段に下がり，エレクトロニクス企業が多数参入する結果となった。その数，なんと約200社にも及んだといわれている。こうした状況により，完成品としての腕時計の価格も大幅に下落し，革新的であったクウォーツ式腕時計も次第に単なる製品と認識されるようになり，コモディティ化していくことになったのである。

このような市場背景を受けて，一時衰退していたスイスの時計産業は1980年代に息を吹き返したのである。それは，1983年に発売されたスウォッチの登場によるものであった。従来，スイスが得意としていたのは機械式腕時計であり，これは部品点数も多くきわめて複雑なものであり，その製造プロセスには熟練した時計職人を必要としていたことから，消費者には貴重な精密機器として捉えられていた。そのために価格も高価であり，消費者は1つの腕時計を生涯大切に使い続けるというのが一般的であった。

これに対してスウォッチは，部品点数を大幅に減らし，薄型のプラスチック製腕時計を開発し，腕時計にファッション性や楽しさという要素を取り入れて，高品質でありながらも低価格を実現するという戦略をとった。そこでは，1人ひとりの消費者が複数の腕時計を所有し，それら複数の腕時計を状況に応じて使い分けるという新たな使い方の提案をしたのである。このようなスウォッチの戦略は，「精密機器としての腕時計」から，時と場合に応じて使い分けができる「ファッションとしての腕時計」へと製品の意味づけを変えながら，腕時計市場のなかにファッションというサブカテゴリーを形成する新たな市場を創造したのである。

2.3 プロジェクトチーム・タフの結成

スウォッチが発売された1983年，CASIO社からG-SHOCKの第1号機が発売された。G-SHOCKは，耐衝撃構造を特徴としたクウォーツ式デジタル腕時計である。この第1号機は，3人の若い技術者により開発されたものであり，その開発の発端は，開発メンバーの1人であった伊部菊雄氏の経験したある偶然による出来事にあった。伊部氏が以前プレゼントされた大切な腕時計を人とぶつかった際に落としてしまい，その落下衝撃によって壊してしまったのである。この経験を活かして，「落としても壊れない腕時計」という発想が生まれたのである。精密機器であった腕時計は当時，「衝撃に弱く，取り扱いに注意を要する貴金属品」という見方が一般的であった。「落としても壊れない腕時計」への開発者の挑戦は，「世の中にない製品を生み出すことで社会に貢献する」というCASIO社の企業姿勢に相通じるものがあった。

開発は1981年，「プロジェクトチーム・タフ」が結成されることにより開始された。開発に先立ち，「寿命10年，10気圧防水，落下強度10m」という"トリプル10"の設計思想が掲げられた。チームの先頭に立っていた伊部氏は，研究所の各階にあるトイレの窓から何度も時計を地面に落とし，落下強度の実験を重ねていた。しかし，時計は元来，精密機器であったために，ちょっとした衝撃でもキーデバイスであるムーブメントがすぐに破損してしまう。開発上の最大の課題は，外からの衝撃に対して，その衝撃力を内部に伝えにくくする構造をどのように考えるかであった。「とにかく当時は，会社ではもちろんのこと，家でもそのことばかりを考えていた」と伊部氏は開発当初のことを振り返る。

当時のCASIO社の社内文化には，開発者それぞれが担当する各テーマについて，「"できません"という言葉を使ってはならない」という開発のポリシーがあった。しかしながら，開発に行き詰まった伊部氏は上司に説明をしなければならない日が迫るなか，「"できません"でした」という答えを用意せざるをえなかった。そんなある日，会社近くの公園のベンチで考えにふけっていると，小さな女の子がゴムボールを弾ませて遊んでいる光景をふと目にした。「これだ，弾むボールのなかでは衝撃は伝わらない」。これをヒントにして，落下時に時計の中心部に衝撃が直接伝わらないように，段階的に衝撃を吸収できるよ

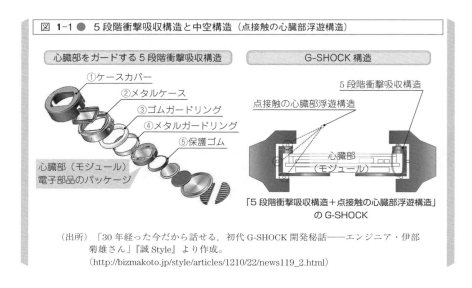

図 1-1 ● 5段階衝撃吸収構造と中空構造（点接触の心臓部浮遊構造）

（出所）「30年経った今だから話せる，初代 G-SHOCK 開発秘話──エンジニア・伊部菊雄さん」『誠 Style』より作成。
(http://bizmakoto.jp/style/articles/1210/22/news119_2.html)

うにしたうえで，ケース内でモジュールを宙に浮かせる中空構造を考え出した。従来の時計では，外側のケースとモジュールの接触面全体を覆うようにしてつなげていたために，外からの衝撃力がすべて，直接的にモジュールに伝わっていた。中空構造とは，ケースとモジュールを点と点で結びつける点接触により，接触する面積を大幅に減らし，落下による衝撃振動を外部に分散させて和らげる仕組みなのである。図 1-1 は，衝撃を吸収するために開発された5段階衝撃吸収構造と中空構造を図示したものである。こうした構造により，高いところから落としても壊れないという耐衝撃構造を持った G-SHOCK が誕生することになったのである。

2.4 G-SHOCK の成長と衰退

1983 年，200 個以上もの試作機を経て，ウレタンで全面をカバーしながら，モジュールを点で支える中空構造を組み込んだ G-SHOCK の初代モデルである DW-5000 が誕生した。G-SHOCK という名称は，「自由落下＝重力（GRAVITY）」に由来しており，強い衝撃に耐えられる腕時計としての意味が込められている。スウォッチが「ファッションとしての腕時計」という市場を開拓する一方で，

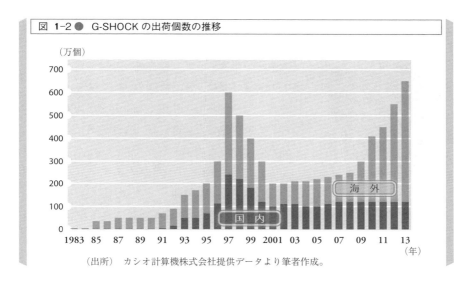

図 1-2 ● G-SHOCK の出荷個数の推移

（出所）カシオ計算機株式会社提供データより筆者作成。

CASIO 社も「強い衝撃に耐えられる腕時計」という新たな市場を創造したのである。

　図 1-2 は，1983 年から 2013 年までの G-SHOCK の出荷個数の推移を示している。発売された 1983 年では，国内 1 万個，海外 2 万個の計 3 万個の出荷個数にすぎなかった G-SHOCK は，その後一大ブームを巻き起こした。1997 年のピーク時には，国内 240 万個，海外 360 万個の計 600 万個にまで成長したのである。しかし，急速なブームの衰えを迎え，ブランド・マーケティングの建て直しを行いながら巻き返しを図った。直近の 2013 年では，国内 120 万個，海外 530 万個の計 650 万個と，ピーク時を上回る過去最高の出荷個数を記録した。この数字はブームによるものではないようである。こうした G-SHOCK の成長と衰退，そして，そのブランド・マーケティングの建て直しのストーリーに追ってみよう。

　発売の翌年である 1984 年，アメリカでアイスホッケーの選手が，競技で使うパックの代わりに G-SHOCK をスティックで打つという CM を放映した。この CM について，「これは誇大広告ではないか」という意見が多数寄せられた。そこで，アメリカの人気のテレビ番組が CM と同じ状況を設定した実験を行い，

DW-5900-1
（カシオ計算機株式会社提供）

G-SHOCK の耐衝撃性能を検証したのである。その結果，G-SHOCK は強烈なスティックの打撃にも見事に耐え，正確に時を刻み続けていた。こうした実証結果は，実質志向の強いアメリカ人の心をとらえ，腕時計を使用するコンテクストに潜んでいた耐衝撃性という潜在的なニーズに火をつけることになったのである。

また，G-SHOCK はサイズから見ても，アメリカ人の大柄な腕にうまくフィットしたため，アウトドア愛好家や，消防士や警察官というタフな仕事を持つ人々を中心に受け入れられていった。G-SHOCK は 1990 年までに，アメリカ市場において，累計 200 万個以上を販売するまでに成長した。さらに，アメリカ海軍の特殊部隊や有名ハリウッドスターなどの着装も話題を呼び，その後もアメリカ市場では順調に成長を続けていった。

一方の日本市場では，一部のアウトドア愛好家などには受け入れられていたものの，ブランドとしてはそれほど認知されずに，年間の総販売個数も 1 万個程度に留まっていた。薄型が主流であった当時の腕時計市場にあって，大きくて無骨なデザインであった G-SHOCK は，CASIO 社のほうでも特別にプロモーションをすることもなかったので，それほど売れることもなかった。

耐衝撃性を軸とする機能面では評価されていた G-SHOCK に新たな方向性が見出されたのは，1990 年に発売した DW-5900-1 である。従来にはない斬新な液晶グラフィックを採用し，デザイン面ではかなり優れた仕上がりをみせ，ファッション的なセンスのよさが強調された。これが，アメリカ西海岸のスケーターたちの心をとらえた。その彼らのファッションを日本の雑誌が紹介したことをきっかけに，日本でも注目や関心が集まり始めたのである。

当時の DW-5900-1 は，海外のみの販売であったことから，輸入小物として洋服店の店頭などに並び始め，ファッションに敏感な若者の間で徐々に浸透していった。また，有名ミュージシャンやアクション映画の主人公が G-SHOCK を身につけていたことで急速に人気が拡大した。さらに，歴代モデルの系譜を

図解入りで紹介する記事が雑誌を賑わせ，生産が終了した過去のモデルにも注目が集まり，G-SHOCK の一大ブームが湧き上がった。こうして，日本での年間出荷個数は，1990 年の約 1 万個から，1995 年には約 70 万個へと飛躍的に増大し，腕時計市場では異例の大ヒットとなった。このころの G-SHOCK は，もはや「強い衝撃に耐えられる腕時計」に留まらず，「ファッショナブルなカジュアルウォッチ」という意味づけを持ち合わせていた。

「ファッショナブル」という意味づけがなされる裏側では，実は2つの方向性が打ち出されていた。1つはカラーバリエーションである。従来からのG-SHOCK はすべて黒に統一されていたが，さまざまなカラー展開を行うとともに，素材を活かした半透明色のスケルトンなども展開した。ほかの1つは，限定モデル展開である。独自企画による限定モデルを少量ずつ，多種類展開していくという方向性である。企画モデルでは，1996 年に Baby-G とのペアモデルである「Lover's Collection」が大ヒットした。また限定モデルには，テーマモデルとコラボモデルの2つがあった。そのテーマには，ファッション，音楽，ファウンデーション，スポーツ，カルチャーの5つが設定されていた。コラボモデルは，さまざまな団体やファッションブランドとのコラボレーションによるモデルのことである。一般によく使われる「コラボ」という言葉は，G-SHOCK が展開したこのコラボモデルに端を発しているといわれている。G-SHOCK のブームを一過性とさせないよう，きめ細やかなマーケティング対応により，1997 年には，日本市場で年間 240 万個を販売するまでに成長した。

しかし，順風満帆に突き進んでいるように見えた G-SHOCK であるが，その爆発的な人気の後に，急速な衰退を迎えることとなった。日本国内では，ブームを反映して品薄状態がしばらくの間続いていた。それを埋め合わせるかのごとく，海外旅行の土産物として相当数が逆輸入される事態になっていた。また，こうした逆輸入品や苦労して手に入れた品を高値で売買するという現象も数多く見られるようになった。本来の購買需要のほかに，転売を目的とした派生需要が生じていたのである。このような事態がマネジメント上の判断ミスを生じさせた。品薄が続く状況を苦慮した CASIO 社は，販売店の要求に応えるべく供給量を確保するために，大幅な増産に踏み切るとともに，通常では対応しないはずの大手ディスカウント・ストアなどへも出荷することを決めた。従来，

家電量販店を中心に販売を行ってきたが，量をさばくために，低価格イメージの強いディスカウント・ストアでの販売を余儀なくされてしまった。

このような対応により，G-SHOCKは多くの消費者の手に容易に行き渡るようになった半面，逆にブランドの希少性がなくなってしまい，ブランドとしての価値が急速に希薄化していった。また，転売目的の派生需要が本来の購買需要を予想以上に覆い隠していたことに気づくのが遅れ，需要と供給のバランスが一気に崩れ，市場における飽和感が過剰在庫という形で顕在化し始めたのである。

G-SHOCKはその価値の低下に伴い，表向きにはブランド・イメージの低下という問題に悩まされながら，またその裏側では，売行きの急速な低下に伴う過剰在庫という重大な問題を抱えることになった。生産を急速に増大した分，過剰在庫に伴う管理費用の発生がボディブローのように徐々に効き始め，G-SHOCKは一層の苦境に立たされることになったのである。さらに悪いことに，この時期，携帯電話の急速な普及とも重なった。「ケータイがあれば，腕時計はいらない」と考えるユーザーが増え，"腕時計離れ"という現象が進行していた。つまり，腕時計という市場の存在すら危ういものとなり，その市場を足場とするG-SHOCKにとっては，まさに正念場を迎えることになったのである。

2.5 「ABSOLUTE TOUGHNESS」の実現に向けて

このような苦い経験を踏まえて，G-SHOCKはロングセラー化を目指し，新たにブランドの建て直しを模索していた。機能面では，ブーム頂点の翌年である1998年にタフソーラーを搭載した機種をはじめ，2000年には電波受信機能を搭載した機種，2002年には電波ソーラー機能を搭載した機種を発売するなど着実な進化を遂げていた。こうした動きは，1990年代にファッション寄りとなっていたG-SHOCKを，本来の機能的側面から見直すという原点回帰でもあった。しかし，機能や性能での卓越さだけでは，ユーザーの心をつかむことはできない。そこで，時計離れへの対応も考慮し，時計の魅力を原点に立ち返って訴求する試みを開始した。

「時計って，持つ喜びとか，自分を表現するコミュニケーションという面がありますよね。でも，時計を着けたことがない人にそれを訴求しても仕方ない。時計を着ける習慣がない人に『時計を着けてみたい』と思ってもらうには，どうしたらいいのか？ ということで始めたのが，『BACK TO THE 90'S』キャンペーン。文字通り，90年代をテーマにした企画です。(ストリートファッションの) セレクトショップでキャンペーンを行ったり，当時日本上陸 15 周年だった HMV と一緒にフリーマガジンを制作して店頭に置いたり，クラブイベントツアーを行ったり……訴求する場として，時計売り場だけではダメだと。若者の導線に，G-SHOCK との出会いの場を作ろうという目的のキャンペーンでした……これが，SHOCK THE WORLD の原点になっているんです」(「ブームが終わり，若者の時計離れが進む中で G-SHOCK はどうなった？──田中秀和さん」『誠 Style』〔http://bizmakoto.jp/style/articles/1303/29/news061.html〕)。

戦略統括部 SP 戦略部長の田中秀和氏は雑誌の対談のなかでこう語っている。
　こうした模索期間を経た 2008 年，本格的な建て直しを目指した SHOCK THE WORLD が始まった。ここでは，G-SHOCK のブランド価値を ABSOLUTE TOUGHNESS と定めた。これは，耐衝撃構造・耐振動・防水という物理的・機能的な特徴をユーザーへの「絶対的・機能的価値」とし，また Music, Sports, Art, Fashion を通じて G-SHOCK からもたらされる感覚や気分といったユーザーとの感情的な絆と G-SHOCK から得られるライフスタイルや自己表現などの「情緒的価値」をあわせたものである。このブランド価値の伝達と共感を実現すべく，イベントという形で統合的なマーケティング・コミュニケーションが展開される。ブランド価値という目に見えないものを発信し，それをユーザーと共有し合いながら，それに共感するための仕組みづくりである。しかも，それをグローバルに全世界で展開するという大胆な試みなのである。
　グローバルな発信内容は日本の本社で統制し，ブランド価値とターゲット・ユーザーがブレないよう，綿密なコミュニケーション企画が練られる。グローバルな発信拠点をニューヨーク，東京，ロンドンに設定し，次に北米，アジア，ヨーロッパの各エリアにおける主要都市へと拡散させていく。さらに，各

エリアでは，エリア内での波及効果が期待される地域を選定していく。そこでは，グローバルに展開させながらも，実はきめ細やかにローカルなエリアマーケティングが重要視されているのである。

「今の時代，広告だけではブランドは創れません。ブランドは，製品・流通・コミュニケーションの三位一体です。そうでないと空回りをしてしまいます。流通となる店頭が成立していない地域では，絶対に展開させません」と前出の樫尾氏は語る。また，「こうしたイベントを通じて，G-SHOCKについて，ファン自身が語り，そしてファンを増やしていくメカニズムとなることを望んでいます。現在では，開発の思想を"ファンづくり"として，社内の合言葉にもしています」とも付け加えた。このようなブランド価値をブレさせない，コミュニケーションの慎重な拡散の仕組みを構築しているのである。

すでに30年を超えるロングセラーとなったG-SHOCKは，その世界観を演出すべくブランドのフォーメーションとなる製品ラインを綿密に構築している。これは，1990年代の野放図な限定モデル展開を省みて，ブランドの体系立てた管理を徹底させたものである。その最高峰に，30万円にもなるプレミアムラインとしてMR-Gを位置づけた。次のMT-G/GIEZラインは，洗練されたメタル仕様で強さと美しさを象徴させた。また同レベルに，SKY COCKPITラインを設け，Triple G Resist構造を持つ究極のタフさを象徴させた。中位にはMaster of Gラインを位置づけ，G-SHOCKの真髄とした。普及ラインのBIG CASEでは，さまざまなバリエーションを展開させる。そして最終ラインには，本流となるBASICと伝統のORIGINが位置づけられる。

流通に関しては，流通を資産として捉え，グローバルな流通と国内の流通の2本立てで推し進められている。全世界での拠点となる店舗の構築実績は，2014年3月末時点で，CASIO WATCH STOREが全世界に730店舗である。直営のG-SHOCK STOREは，ニューヨーク，ロンドン，パリ，ミラノ，台北，北京に構築され，今後，全世界で10店舗を目標に進められており，G-Factory Premiumというプレミアムな店舗も，シンガポール，バリ，北京で展開されている。また，ニューヨークのMacy's，パリのPrintemps，ケルンのKaufhofなどの高級百貨店でも販売されている。さらに，ニューヨークの高級時計専門店であるTOURNEAUでの取り扱いも始まった。ROLEXやCartierといった高

級ブランドとともに並べられるまでに G-SHOCK は育ってきた。こうしたラグジュアリーチャネルへの進出は，ブランドとして取り扱われること自体がステータスとなる。国内流通は，従来から家電量販店を軸にしながら，時計専門店や百貨店でも展開してきた。現在では，お台場や福岡にアンテナショップである G-SHOCK ストア，国内各地に G-SHOCK のコンセプトショップ（ブース）である EDGE を展開し，ブランドの発信拠点づくりを推進している。

このように今日，ブランドを支える製品と流通とコミュニケーションが三位一体となり，日本国内だけではなく世界各地で，ABSOLUTE TOUGHNESS という G-SHOCK 独自の世界観が浸透しつつある。「日本人にとって，われらが誇る"Made in Japan のブランド，G-SHOCK"と思ってもらえるブランドにしたい」という熱い想いを語りながら，樫尾氏は窓の外に晴れわたる青い空を見上げた。

3 ケースに学ぶ

G-SHOCK のケースを通じて，マーケティングについての基本的な考え方を理解する。そのために，マーケティングの始まりとなる市場の創造について認識したうえで，その市場でマーケティングを実践するときの主体となるブランドと，その構成要素である技術（コンテンツ）とコンテクストの役割について把握する。そして，ブランドを大切に育てるためのロングセラー化への対応について検討する。さらに，ブランドのコモディティ化を阻止するために，脱コモディティ化への対応について考察する。

3.1 市場の創造

一般的に，マーケティングは企業の対市場活動と考えられており，その活動の場となる市場は，自社企業以外の外部において，最終消費者の獲得をめぐって展開されるさまざまな取引の場として捉えられている。取引の対象は，直接的に最終消費者の場合もあれば，最終消費者を間接的に取り次ぐ流通業者である卸売問屋や小売店舗の場合もある。

CASIO 社のケースからは，腕時計という市場について，取引の対象となる

最終消費者の獲得をめぐる展開と，間接的な流通業者への対応が理解できる。最終消費者の獲得をめぐる展開は，腕時計市場における意味づけ競争という形で行われた。貴重な精密機器という意味を持ち，生涯大切に使い続けるという消費習慣を持つ腕時計という全体市場のなかに，スウォッチは「ファッション」という意味を持つ部分**市場を新たに創造**したのである。それまでの消費のあり方と消費習慣に対し，低価格を実現しながら，時と場合に応じて複数の腕時計を使い分けるという新しい消費の意味と消費習慣を提供したのである。

また，「衝撃に弱く，取り扱いに注意を要する」ことが当たり前であった腕時計に対し，G-SHOCKは「落としても壊れない」という新たな意味を創造し，衝撃を気にせずに使用できるという消費習慣を根づかせたのである。そして，耐衝撃性という新たな部分市場の創造に成功したうえで，耐衝撃性に基づくアクティブな使用から「ファッショナブルなカジュアルウォッチ」という意味づけが付加され，ファッションという部分市場をも取り込んでいったのである。

一般的に，腕時計のような製品カテゴリーを1つの全体市場として捉え，その全体市場を細分化したサブカテゴリーを部分市場として捉えることが多い。その細分化にはさまざまな基準があり，G-SHOCKでは，耐衝撃性という製品の性能，ファッションという消費者の感性が部分市場を創造する基準となっていた。

取引対象としての間接的な流通業者への対応については，SHOCK THE WORLDで流通業者をも対象としている点と，グローバルな拠点づくりのなかで，流通業者として，高級百貨店や高級時計専門店の開拓を進めている点が見て取れる。間接的な流通業者を巻き込むことにより，新たな市場の創造を推し進めることができるのである。

3.2　技術（コンテンツ）とコンテクスト

市場においてマーケティングを実践するとき，その主体となるのがブランドである。ブランドには，コンテンツとコンテクストという両輪が必要となる。製造業であれば，自社の得意とする技術が**コンテンツ**となり，そのコンテンツを背後から支えるのが**コンテクスト**となる。技術としてのコンテンツを成り立たせる背景となるコンテクストとは，一般的に消費者の生活背景，使用状況，

消費の文脈と呼ばれるものである。

　G-SHOCK のケースからは，コンテンツとコンテクストの役割が理解できる。腕時計という製品カテゴリーでは，精密機器であるための機械技術やエレクトロニクス技術，ファッション性を醸し出す薄型加工やプラスチック加工の技術，耐衝撃性能や電波ソーラー性能を実現する技術がコンテンツとなり，ブランドの片方の輪としての役割を担っている。

　もう1つの輪がコンテクストである。スウォッチの使い分け提案にみられた「時と場合」という使用状況としてのコンテクストからは，日常使いやハレの日使いなど，さまざまな使用状況や消費シーンというコンテクストの役割が理解できる。また，G-SHOCK の開発に掲げられた「落としても壊れない」という生活背景としてのコンテクストも理解できよう。腕時計を落とすというアクシデントは，日常生活において想定範囲内のコンテクストであろう。実は，こうしたコンテクストのなかにこそ，重要な消費者ニーズが埋め込まれているのである。

　ブランドによる市場創造には，企業の誇る技術としてのコンテンツと，消費の文脈となるコンテクストの適合が必要なのである。コンテンツをもとにコンテクストの適合化を図る場合もあれば，その逆もある。G-SHOCK の場合，コンテクストに基づいて技術としてのコンテンツの開発が進められた。「落としても壊れない」という耐衝撃技術である。これらの最適な組合せにより，「強い衝撃に耐えられる腕時計」という G-SHOCK が誕生したのである。

3.3 ロングセラー化への対応

　ブランドは長期的に売れ続けなければならない。いわゆる**ロングセラー化**である。ロングセラー・ブランドであるためには5つの条件が必要とされる。これらは，

① 明確な核となる便益
② 独自技術を基盤とした優位性
③ 便益を伝える優れたコミュニケーション
④ アイデンティファイア（そのブランドを識別するためのブランド名，ロゴ，デ

ザインなどのこと）の一貫性
⑤　市場変化への積極的対応

である。
　G-SHOCKは，これらの条件を兼ね備えている。明確な核となる便益としては，「落としても壊れない」という耐衝撃性能という便益である。これはきわめて明確であり，G-SHOCKの中核となる便益である。5段階衝撃吸収構造と中空構造という独自技術を基盤に持ち，耐衝撃性能という便益では，ほかのブランドを寄せ付けない絶対的な優位性を発揮している。便益を伝える優れたコミュニケーションとしては，SHOCK THE WORLDがある。プレスカンファレンスでの機能的な便益に関するプレゼンテーションと，ライブパフォーマンスにおける感情的な便益の訴求という巧みなコミュニケーションが図られている。しかもグローバル展開で，繊細なエリア対応を実践している。アイデンティファイアの一貫性については，G-SHOCKというインパクトのある名称とその無骨なデザインである。発売当初から今日まで，これらは一切ブレずに，一貫したものである。市場の変化に対しては，カラー展開や限定モデル展開を行い，さまざまな使用状況を反映したニーズに対応したり，電波受信機能や電波ソーラー機能を搭載するなど，さまざまなバリエーションを展開することにより，積極的に対応してきた。また，携帯電話の普及という大きな市場変化に対しては，腕時計の存在意義を根底から見直し，時計売場以外での消費者の導線に立ち，腕時計の新たな意味を模索しながら積極的な対応を行ってきたのである。

3.4　脱コモディティ化への対応

　特段の差別性もなく，価格競争に陥りやすい製品やサービスをコモディティ（commodity）という。そして，ブランド間での模倣や同質化の結果，差別性が失われ，その製品カテゴリーにおける一般的な製品やサービスとみなされてしまう状態を**コモディティ化**という。このコモディティ化は常に，ブランドをブラックホールに引き込むかのごとく作用する。引き込まれたが最後，ブランドは単なる製品，つまりコモディティと化してしまう。ブランドであり続けるためには，常にコモディティ化に対抗していかなくてはならない。

その対応策として,

① 感覚価値・観念価値の訴求
② サブカテゴリー化の深耕
③ カテゴリー創造

が有効とされる。G-SHOCK では,ABSOLUTE TOUGHNESS が独自のブランド価値であり,その世界観ともなる観念価値である。物理的特徴を絶対的な機能的価値とし,感覚的な絆を情緒的価値として,これらを SHOCK THE WORLD というグローバルイベントのなかで表現させ,ユーザーや流通業者,そしてプレス関係者を巻き込みながら,その感覚価値と観念価値が繰り返し訴求される。

また G-SHOCK は,体系立てたライン管理により,さまざまなサブカテゴリーを開拓しつつある。MR-G によるプレミアム・サブカテゴリーや,SKY COCKPIT による重力加速度耐性へのサブカテゴリーを開拓し始めた。また,Master of G ラインでは,方位・気圧／温度・高度のトリプルセンサーを搭載し,防水・防塵／防泥・防錆などの構造を完備し,これらのサブカテゴリーに対応するサブラインを構築し始めている。このように G-SHOCK は,きめ細やかなサブカテゴリーの深耕を着実に進めている。

カテゴリー創造については,現在のところ,腕時計という製品カテゴリーに留まっている。しかし,今後の状況によっては,さまざまなカテゴリーが創造されていく可能性もある。耐衝撃性能を実現する技術としてのコンテンツと,消費者の生活背景となるコンテクストとの適合性のなかに,ABSOLUTE TOUGHNESS という観念価値が見出せるのであれば,そこに G-SHOCK にとっての新たなカテゴリーが創造されていくことになるのである。

● ディスカッション・ポイント ● ─────────── Discussion Point

1-1 市場の創造について,新たなカテゴリーを創造した事例,新たなサブカテゴリ

ーを創造した事例をいくつか考えてみよう。

1-2 消費者の生活背景について，どのような視点から浮き彫りにできるかを考えてみよう。

1-3 ロングセラー化に成功しているブランドを取り上げて，なぜロングセラーになり続けているのか，その要因を整理してみよう。

1-4 コモディティ化が進行していると考えられる業界やカテゴリーをいくつか考えてみよう。そして，進行しているコモディティ化に対して，どのような対応ができるかを考えてみよう。

● 文献ガイド

和田充夫・恩蔵直人・三浦俊彦［2012］『マーケティング戦略（第4版）』有斐閣アルマ。
　市場の選択，市場の分析，市場への対応，市場との対話という形で構成された，マーケティング戦略の全体像を丁寧に解説した基本的なテキストです。

田村正紀［1998］『マーケティングの知識』日経文庫。
　企業の市場創造活動としてマーケティングを捉え，そのエッセンスをコンパクトにまとめています。マーケティングの基本的な知識が獲得できます。

小川孔輔［2009］『マーケティング入門』日本経済新聞出版社。
　本格的なマーケティングのテキストです。理論と実践を融合した構成であり，欧米のテキストにも負けない迫力十分な内容です。

池尾恭一［2011］『モダン・マーケティング・リテラシー』生産性出版。
　最新のマーケティング・トピックスが随所に盛り込まれており，実践的なビジネスに必要となる体系的なマーケティングを理解することができます。

第 2 章 競争戦略

ライフネット生命のニッチャー戦略

松下 光司

KEYWORDS

- STP（マーケット・セグメンテーション，ターゲティング，ポジショニング）
- マーケティング・ミックス
- フィット（適合）
- 分化型マーケティング，全方位型マーケティング，集中型マーケティング
- プロダクト・ライフサイクル（導入期，成長期，成熟期，衰退期）
- 経営資源（量的経営資源，質的経営資源）
- リーダー，チャレンジャー，ニッチャー，フォロワー

（ライフネット生命保険株式会社提供）

ライフネット生命の保険料見積り画面の一例

1 この章で学ぶこと

　マーケティングについて学ぶとき，何よりも強調されることがある。それは，マーケティングは，顧客のニーズに焦点を当てる顧客起点の企業活動であるということである。しかし，マーケティング活動を行う指針である「マーケティング・コンセプト」においては，選択した顧客に対して「競合他社よりも」効果的に顧客価値を生み出すこともあわせて強調されている。顧客志向の考え方は，マーケティングの理論や実践について理解を深めるうえできわめて重要であることは言うまでもない。しかし，企業が有効なマーケティングを展開するにはそれだけでは十分ではない。他社との競争に負けないよう，自社の強みを意識し，その強みを活かしてマーケティング戦略を策定すべきなのである。本章で目指すのは，企業がいかなるマーケティング戦略を採用すべきなのかを，競合他社に対する競争優位性という観点から理解することである。本章では，この点について，個人保険（顧客個人が生命保険会社と個々に契約を結んで加入する保険）に焦点を当てながら学んでいく。

　そのなかでも，インターネット専業として始まった新しい生命保険会社である「ライフネット生命」に注目する。ニッチャーの戦略として特徴づけられるライフネット生命のマーケティング戦略を，リーダーやチャレンジャー戦略を採用しているとみなせる国内大手生保2社（日本生命保険相互会社，第一生命保険株式会社。以下，日本生命，第一生命）のそれと比較することで理解していく。

　なお，第4章において学ぶ「ポジショニング」も，マーケティング戦略における競争的側面を捉えるコンセプトである。ポジショニングは，ある特定のブランドやアイテムなどをどのようにデザインし，いかに顧客の頭の中に位置づけるのかを考えるものである。一方で，本章の競争戦略の捉え方はそれとは異なる。本章のアプローチは，自社の持つ他社が模倣できない強み（経営資源）が競争優位の源泉となり，有効なマーケティング戦略の成否を決めるという資源ベースの考え方である。

2 ケース：ライフネット生命

2.1 ライフネット生命の概要

ライフネット生命保険株式会社（以下，ライフネット生命）は，2008年5月に営業を開始した，新しい生命保険会社である（資本金105億40万円，2015年3月末現在）。そのマーケティングの特徴を端的にいえば，生命保険料（生命保険に加入するために支払うお金）を安く抑えた保険商品を，インターネットを通じて販売していることである。

日本生命出身の出口治明氏（現在，ライフネット生命代表取締役会長兼CEO）が，岩瀬大輔氏（現在，同代表取締役社長兼COO）とともにスタートさせたこの会社は，「20代，30代の子育て世代のために，生命保険料を半分にしたい」という理念を持っている。その理由は，ライフネット生命が，子育てを終えた世代よりも，むしろ子育て世代のほうが経済的に苦しいという事実に注目したためである。彼らの苦しい現状は，世帯人員1人当たりの平均所得金額を世帯主の年齢階級別に見ることで知ることができる（厚生労働省『平成25年 国民生活基礎調査の概況』）。子育てを終えた世代である65歳以上の所得金額が193.7万円であるのに対して，子育て世代の所得金額は29歳以下で169.9万円，30～39歳は173万円となっている。

実際にライフネット生命の保険に加入している主な顧客は，20代，30代（男性）で7割を占める。その加入した顧客の保険料を調べてみると，確かに彼らの保険料を半額に下げることに成功していると見ることができる。ライフネット生命の契約者を対象に，2014年1月に実施したアンケート（出所，ライフネット生命ウェブサイト）によれば，有効回答3041名のうち，1278名が「他社からライフネット生命へ保険を見直して保険料が削減できた」と回答し，その平均月額削減金額は9014円であった。実に，保険料は，見直し前の1万7239円から，8225

ライフネット生命のロゴ
（ライフネット生命保険
株式会社提供）

24　第Ⅰ部　マーケティング戦略のフレームワーク

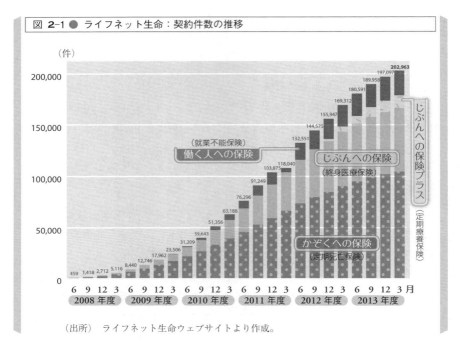

（出所）ライフネット生命ウェブサイトより作成。

円に下がったことになる。また，この「保険料が削減できた」と回答した顧客のうち，51％は保障内容を「減らした」としているものの，23％が「増やした」，26％が「変わらない」と答えている。

　ライフネット生命の業績は営業が開始されてから順調に伸び続け，創業から2年経った2010年には保有契約が5万件，2011年10万件，2012年15万件，そして2014年には20万件を突破した（図2-1）。また，2012年には，死亡保険の保有契約高が1兆円を超えるまでに成長した。

　では，ライフネット生命のマーケティング戦略には，いかなる巧みさが備わっていたといえるのだろうか。そのことを理解するため，まずは生命保険とはどのような役割を持つものかを確認していく（真屋［2004］）。

2.2　生命保険の役割と種類

　私たちは，家族の死，事故によるケガ，病気を患うことなどによって，いつ経済的な不安定さに直面するかは予期することはできない。そのため，その不

安定さを，さまざまな方法によって回避しようとしている。保険はその1つの手段である。そもそも保険とは，事故や人の死などといった，偶然性を有する人の生死や健康に関するさまざまなリスクに対して金銭的に備える仕組みである。生命保険であれば，毎月（あるいは一括で）のお金（保険料）を納めることで，不幸にも家族が亡くなってしまったときに起こってしまうであろう生活の不安定さを少しでも回避すべく，金銭的な助け（保険金）を得られるようにする方法なのである。

その他の準備手段として，貯蓄を挙げることができる。ただし，貯蓄は漠然とした将来に対する備えとして，あるいは，ある特定の目的を達成するために必要な資金として金銭を蓄えることを目的としているため，その動機は多岐にわたっている。また，目標額に到達するまで長い間継続していくことは必ずしも簡単なことではない。この比較からわかるように，保険は，より少ない費用負担で必要な金額を必要なときに，加入すれば早いうちに経済的な準備が得られるという意味で，優れた仕組みであるといえる。

共働きの世帯は，1980年614万世帯，1990年823万世帯，2000年942万世帯，2010年1012万世帯と増加傾向にある（内閣府『平成23年度版 男女共同参画白書』）。しかし，子育て世代にとって，生活の経済的基盤の大部分が1人（典型的には父親）の所得に依存していることは少なくない。そのため，もし，その大黒柱である人に不幸があったなら，残された人々の生活は大きく揺らいでしまう。ましてや，貯蓄があまり蓄えられていないことが多い若い世代にとって，このような不幸はきわめて大きな打撃となることは明らかである。

ところで，保険は，その種類によっていくつかに分類することができる。まず，人に関わる保険か，物に関わる保険であるかによって大きく分かれる。物に関わる保険は，第2分野と呼ばれ，具体的には，海上保険，運送保険，火災保険，自動車保険などが含まれる。人に関わる保険は，人の生死に関わる保険（第1分野）と，病気・ケガ，介護，所得の低下などの生死以外の事故に関する保険（第3分野）に分けられる。今後，本章では，このうち第1分野と第3分野を主な対象とする。

2.3 生命保険の市場特性

次に，生命保険市場全体の特性を理解していく。第1は，市場規模と市場成長率である。市場規模は，ある領域における全企業の活動規模を指す言葉である。これは，全体の生産，売上，出荷を金額ベースで捉えたり，数量ベースで捉えたりとさまざまな数値で捉えることができる。また，市場成長率は，市場規模の数値を異なる時点で比較した値であり，全企業の活動規模の増減をつかむことができる。

国内の生命保険全体の市場規模（保険料ベース）は，2012年度で見ると約44.5兆円である。10年前の44.6兆円と比べて大きな変化はない。この値から判断すると，全体として見て生命保険の市場成長率は大きいとはいえず，成熟市場として捉えることができる。日本の生命保険（個人年金保険含む）の世帯加入率は，2012年において実に90.5％となっている（生命保険文化センター『平成24年度 生命保険に関する全国実態調査』）。また，それらの加入世帯は，平均4.1件の保険に加入し，年間41.6万円ものお金を保険料として振り込んでいる。これ以上の成長が見込みにくい市場であることが直感的に理解できるだろう。

第2は，市場シェアである。市場シェアとは，ある領域における全企業の活動規模のなかで，特定の企業が占める比率を指す言葉である。その意味で，この値は，市場における競争優位性を反映している値であるといえる。2013年における国内大手生保2社の個人保険の保有契約件数シェアの合計は20.4％である。この2社が，市場において比較的高い競争優位性を発揮していることが見て取れる。この2社のシェアの推移は，2009年の19.4％から同程度であり，そこから見る限り2社の競争優位性は近年あまり変わっていない。個別企業で見れば，2013年のシェアは，それぞれ日本生命12.5％，第一生命8％である。一方，ライフネット生命の2013年の市場シェアは，それと比べて小さく0.14％となっている（『インシュアランス 生命保険統計号 平成26年版』）。

これらの市場シェアから，市場における各企業の競争地位について判断できる。市場で最大のシェアを有する企業をリーダーと呼ぶ。生命保険業界においては，個人保険保有契約件数で見れば，日本生命がリーダー企業であるといってよいだろう。また，リーダーの市場シェアに追いつくことが可能な位置にいる2番手以降の企業はチャレンジャーと呼ばれる。第一生命は，ここに属する

と見てよいだろう。一方で，ライフネット生命は，独自の製品やサービスを提供し，独自の生存領域を獲得しているニッチャーと呼ぶことができよう。

次からは，ライフネット生命によるニッチャーのマーケティング戦略を国内大手生保によって展開されるリーダーやチャレンジャーのマーケティング戦略と対比しながら整理していく。

2.4　国内大手生保とライフネット生命のマーケティングの対比

マーケティング戦略を策定する際には，まず**STP**と呼ばれる3つの要素を適切に実行することが求められる。セグメントと呼ばれる比較的ニーズや行動が類似している顧客グループを見出したうえで（**マーケット・セグメンテーション：S**），そのなかで，ビジネスの対象とするグループを選定する（**ターゲティング：T**）。そして，ターゲットとする消費者から，自社の製品やサービスを他社のそれよりも高く評価してもらうための位置づけを明確化するのである（**ポジショニング：P**。マーケット・セグメンテーション，ターゲティング，ポジショニングについては，第3，4章を参照）。

続いて，これらの3要素を前提としながら，**マーケティング・ミックス**が検討されることになる。マーケティング・ミックスとは，売上高やシェアといったマーケティング目標を達成するために企業が用いる手段のことである。製品（product），価格（price），プロモーション（販売促進，promotion），チャネル（place）の4つに区分され，その頭文字をとって4Pと呼ばれている（マーケティング・ミックスのそれぞれの要素の議論は第Ⅲ部を参照）。

それでは，いかなるマーケティング戦略が有効となるのであろうか。それを見極めるための重要な視点は，標的とするセグメントに対してマーケティング・ミックスが**フィット**（**適合**）しているかどうかである。4Pが①ターゲットとするセグメントに対してきちんとフィットしているか，そして，②各4Pがバラバラとなることなく相互にフィットしているかを確認することが重要となる。次から，このフィットを確認していく。

▶チャネル政策

チャネル政策のなかでも，自社の製品やサービスを顧客の手元に届ける方法の決定は，チャネル選択といわれ，きわめて重要な決定である。なぜなら，いっ

たん構築されたチャネルは，マーケティング・ミックスの諸要素と比べて，競争優位の源泉として持続することが多いためである。国内大手生保およびライフネット生命のマーケティング・ミックスの柱は，このチャネル選択である。

国内大手生保2社は，多数の営業職員により自社の保険商品を顧客に提供するチャネルを選択している（表 2-1）。つまり，営業を通じた対面販売である（人的販売）。営業職員からの保険加入の比率は，1990年代前半までは実に9割に迫るものであった（生命保険文化センター『平成21年度 生命保険に関する全国実態調査』）。

生命保険は，購買頻度の低い商品であり，比較的複雑な商品特性を持つことが少なくない。そのため，顧客は保険商品に対して馴染みがない（低い商品知識）ことが多い（松下［2010］）。したがって，パンフレットに掲載されるような定型的な文字情報による商品説明よりも，口頭によるわかりやすい商品説明や推奨を求める傾向にある。対面販売というチャネルの選択は，市場の多くを構成する低知識のセグメントに対して適切にフィットしていたと見ることができる。

一方で，ライフネット生命には営業職員はおらず，インターネットによる通信販売というこの業界では特殊なチャネルを採用していた（表 2-1）。国内大手生保が採用している人的販売は，その維持や展開にコストがかかりすぎる。そのため，当初の目標である低価格での保険商品の提供を目指すには適さない。そこで，インターネットという低コストのチャネルを選択する必要があった。もちろん，インターネットは対面販売に比べて欠点もある。対面での商品説明はされないし，人的販売に比べて顧客への積極的な働きかけもできないため，顧客自身が能動的に保険の必要性を感知し，情報を探索してもらわないと購入に至ることはない。しかし，ライフネット生命は，多数派ではないものの，ネットを通じて対応可能な顧客がある程度存在していると予想していた。能動的に保険に関する情報を集め，比較的シンプルな商品を求める，論理的で合理的な顧客がそれである。ライフネット生命は，多数派ではないものの一定数存在するであろう，このようなセグメントに市場機会を見出していたのである（栗木・佐々木［2014］）。

▶商品政策

国内大手生保の商品の特徴は，顧客それぞれのニーズによってカスタマイズ

表2-1 ● 生命保険各社の保険商品数・営業職員数（2013年）

会社名▼	全商品数（個人向け）	死亡保障系商品数	医療保障系商品数	営業職員
日本生命	47（27）	10	4	50,263
第一生命	43（23）	12	4	43,366
ライフネット生命	4（4）	1	2	0

（出所）『インシュアランス 生命保険統計号 平成26年度版』および各社ホームページより作成。

可能なところである。具体的には，基本的な商品特性に加え，配当や解約払戻金，特約なども付加できる商品である。このようなカスタマイズ可能な商品特性は，営業職員によって可能になるコミュニケーションにフィットしている。対面販売では，やりとりを頻繁に繰り返しながら個別のニーズを聞き取ることができるので，顧客それぞれに合致したカスタマイズ商品を提供できるのである。

一方でライフネット生命は，国内大手生保とは対照的に，口頭での説明がなくても，ウェブサイトを見れば誰でも保険商品について理解できるように，簡単な構成の商品を採用した。特約，配当，解約払戻金といったオプションがない商品である。言うまでもなく，ネット通販の場合，顧客が自分自身の判断で情報をネット上で読み，納得することなしには購買に至らない。そのため，このようなシンプルな商品構成は，インターネットというチャネルによくフィットするものである。

また，商品ライン（製品ラインともいう）についても対照的な特徴があった（表2-1）。商品ラインとは，物理的な特性などが類似しているグループを指す。生保大手各社は，個人保険だけでなく，団体保険（企業等の法人が契約者となり企業福祉制度の一環としてその従業員に保障を提供する保険）においても専用の商品を保有している。また，個人保険では，死亡保障系商品，医療保障系商品という各分野それぞれにおいて複数の商品を保有している。つまり，多くの分野にわたって比較的多数の商品を保持する広い商品ラインを有している。

ライフネット生命は，取り扱う保険商品の商品ラインを絞り込んでいた。ラ

イフネット生命は、団体保険専用の商品は持たず、個人保険の分野でしか商品を展開していない。また、死亡保障系商品を1つ（定期死亡保険）、医療保障系商品を2つ（「終身医療保障」「終身医療保障（女性専用）」）、そして病気やケガで長期間働けなくなった場合のリスクに備える就業不能保障商品を1つしか保有していない。つまり、狭い商品ラインを採用している。一般的には、他の条件が等しいとき、保持する商品アイテム数を少なくし、投入する経営資源を集中したほうが、商品力は高まる傾向にある。このことを前提とすれば、ライフネット生命は、商品力の向上を目指していると見ることができる。ライフネット生命の商品が、いくつかの雑誌において商品ランキングの上位に選ばれていることは、1つの証拠といえるだろう（たとえば、『週刊エコノミスト』2012年6月26日号「専門家が選ぶお勧め商品ランキング」死亡保障部門において第1位、医療保障部門において第6位など）。

▶プロモーション政策

最後にプロモーション政策を対比してみる。国内大手生保は、テレビ広告といった媒体を用いたマス・プロモーションを行うことも少なくない。テレビタレントなどの有名人を登場させながら、企業名や商品名などを訴求するのがその典型的な形であろう。

それと呼応する形で、大手2社の企業認知度は日本生命73.5%、第一生命74.4%と、両社とも業界のなかで上位の認知度となっていた（マイボイス株式会社「生命保険会社のイメージに関する調査（第9回）」、回答者1万1651名、調査期間2012年12月1〜5日）。また、各企業に対して「信頼できる」という企業イメージを持っている顧客は、日本生命34.6%、第一生命33.3%となっていた（株式会社RJCリサーチ「生命保険会社の認知と企業イメージに関する調査報告書 企業イメージシリーズNO. 4」、回答者1208名、調査期間2010年6月4〜6日）。この点についても両社は業界のなかで上位に位置していた。実は、この信頼度という企業イメージは、とりわけ低知識の顧客の購買を促すことに有効であるといわれている。生命保険に関する知識の少ない顧客は、商品の選択において失敗するリスクを強く感じ、それを避けようとするため、信頼感の高い企業を選ぶ傾向にあるからである。

それに対して、ライフネット生命は当初は、テレビ広告などのマス・プロモ

ーションは行っていなかった。これによって，付加保険料が増えることを避けるためであった。その代わりに，経営陣の出口氏や岩瀬氏が雑誌や新聞などのパブリシティに数多く登場していた。パブリシティとは，広告費を支払うことなく，第三者（具体的には雑誌や新聞の記事，テレビ番組など）によって情報が提供される媒体のことである。これによって，ライフネット生命のエピソードや理念などが徐々に顧客に伝わっていった。また，狭く濃い交わりが有効であるという考えのもと，出口氏が全国のどこにでも10名以上集まれば訪問して対話をする集会を数多く開いている。このように，大手生保と比べてかなり特殊な訴求をしていることがうかがえる。

なお，ライフネット生命の知名度は，2012年には39.6％に上昇してきているが（マイボイス株式会社「生命保険会社のイメージに関する調査（第9回）」），この値は，先に述べた大手生保の70％台と比べて低いものである。しかし，認知者のうちで加入意欲を持っている者の割合を算出すると様子が変わってくる。この数値を支持度と呼ぶとすれば，この値は12％を超えており（2010年12月時点），業界のなかでは上位に位置している（マイボイスコム，ネットアンケート，回答者1万4565名，調査期間2010年12月1〜5日）。つまり，ライフネット生命を知名している顧客数は多くはないものの，その対象には確実な支持を得ているのである。インターネットを通じた保険販売を実現するには，顧客による能動的な保険商品の探索が必要となるため，この値の高さはライフネット生命にとって追い風であることは間違いない。

▶価格政策

本章の冒頭で述べたように，ライフネット生命は，他の保険会社の商品に比べて安い価格（保険料）の商品を導入した。ライフネット生命によれば，このような価格商品は，保険の最も大事な部分である保障内容の部分を削減してつくられているわけではなかった。顧客が支払う保険料は，保険会社が手数料として受け取る部分（付加保険料）と保険金や給付金の支払いにあてられる部分（純保険料）から構成されている。死亡保険についていえば，純保険料の部分については大きな差はなく，顧客が支払う保険料の差は付加保険料によって生じてくるといわれている。つまり，保険料の差の大部分は，具体的には，店舗費，人件費，広告宣伝費などの経費によって生じるというわけである。そこでライ

フネット生命は，純保険料については削減することなしに，インターネットをチャネルとして採用して店舗費や人件費を抑えたり，マス広告にあまり出稿せずに広告宣伝費を抑制するなどして，付加保険料の部分を削減し，安い保険料を実現した。

この見方によれば，大手生保の保険料は広告費や人件費などが加算されているため，相対的には保険料は高くなる傾向にあった。しかし，先に述べたように，大手生保がターゲットとしている顧客は，比較的低知識であるがゆえに，営業職員によるアドバイスの価値を認め，マス・プロモーションによっても醸成される知名度や信頼度の高さも積極的に評価する。その意味で，この対照的な価格政策は，それぞれ理にかなったものであるといえる。

▶市場対応の方法

国内大手生保2社は，**分化型マーケティング**と呼ばれる市場対応の方法を採用しているといってよいであろう。これは，市場全体をいくつかのセグメントで捉えたうえで，そのうち多くのセグメントのみを標的として，マーケティング・ミックスを適合させていく方法である。とりわけ大手生保の場合は，比較的低知識の顧客を中心としながら，ほとんどすべてのセグメントに対応しているという意味で，**全方位型マーケティング**に近い市場対応戦略を採用しているといってもよい。それに比して，ライフネット生命は，**集中型マーケティング**と呼ばれる市場対応の方法を採用していた。市場全体をいくつかのセグメントとして見据えながらも，そのうち少数のセグメントのみを標的として設定し，彼らに対して少ない種類のマーケティング・ミックスを適合させていく方法である。

▶ま と め

これまでの説明は次のように整理できる。国内大手生保2社は，市場の多数を構成していると思われる比較的商品知識の浅い顧客に対して，対面販売を軸としながら複数のマーケティング・ミックスを提供していた。それ対してライフネット生命は，インターネット通販を中心としながら，低価格，絞り込んだ商品といったユニークなマーケティング・ミックスをある特定のセグメントにフィットさせていた。ライフネット生命は，大手生保とは同じ土俵にのらずに，独自の生存領域を作り上げる，ニッチャーの戦略を採用しているといってよい

表 2-2 ● 国内大手生保2社とライフネット生命のマーケティング戦略の比較

		国内大手生保2社	ライフネット生命
市場対応の方法		▶分化型, 全方位型	▶集中型
マーケティング・ミックス	チャネル	▶営業職員	▶インターネット
	商品	▶フレキシブルな商品 ▶広い商品ライン	▶シンプルな商品 ▶狭い商品ライン
	プロモーション	▶マス・プロモーション	▶パブリシティ ▶特殊な訴求
	価格	▶相対的に高価格	▶相対的に低価格

であろう。以上の対比は，表 2-2 の通りである[1]。

3 ケースに学ぶ

3.1 プロダクト・ライフサイクルとマーケティング

あらゆる企業にとって有効となるマーケティング戦略の成功パターンは，残念ながら存在しない。しかし，ある一定の環境下における適切なパターンについての一般的な論理を導き出すことはできる。この点を示しているのが，**プロダクト・ライフサイクル**の考え方である。プロダクト・ライフサイクルとは，製品にも生物と同様に生まれてから生涯を終えるまでのサイクルが存在することを示した概念である。そのサイクルは，売上や利益によって，導入期，成長期，成熟期，衰退期という段階に分けられ，段階ごとに適切なマーケティング戦略が提示されてきている（図 2-2）。

企業が新規の製品カテゴリーを市場に投入する**導入期**は，市場規模も市場の成長率も不確実な状況ということもあり，競合となるライバル製品はほとんど存在しない。また，多くの消費者は，その製品の使用が消費者自身にもたらす便益だけでなく，その製品の存在自体も知らないことが多い。そのため，製品の知名度を向上し，試用を促進することによる市場の拡大がマーケティング目

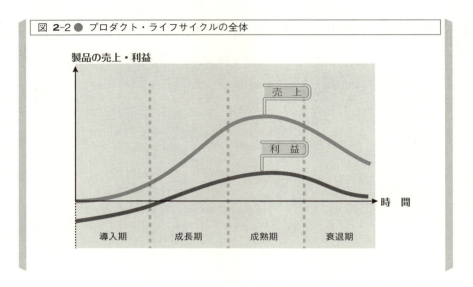

図 2-2 ● プロダクト・ライフサイクルの全体

標として設定されることになる。

　徐々に新製品を採用する消費者が増え，市場が立ち上がってくる段階は，**成長期**と呼ばれる。この時期は，製品の存在やベネフィットは多くの消費者に知れ渡ってきている。また，市場の成長とともに競合の参入も増えてくる。よって，マーケティング目標の重点が，市場の拡大から，市場シェアの拡大に置かれるようになる。

　売上の増加が鈍化してくる時期は，**成熟期**と呼ばれる。この時期は，製品がすでに市場に行き渡っているので，買い替えの需要をめぐっての争いとなる。したがって，マーケティングの重点は，他社へのスイッチの防止，自社ブランドへのロイヤルティの確立に向けられることになる。また，限られた市場をめぐって，競争相手との取り合いが明確に意識されるようになるため，市場対応だけでなく，適切な競争対応が，企業の成長にとってきわめて重要となる。この段階になると，有効なマーケティング・ミックスのあり方が，競争相手との力関係によって変わってくることもポイントである。

　最後に，当該製品の売上が減っていく**衰退期**である。この時期，売上の減少とともに多くの企業が撤退していく。ただし，その製品の使用にこだわり続ける消費者もなかにはいる。よって，比較的高価格の設定を維持できることがあ

る。同時に，設備投資が不要であることも加味されて，結果として比較的高利益を確保できる場合もある。利益の確保がこの時期のマーケティング目標となるのは，そのためである。また，市場の衰退傾向が，新しい成長の契機を含まないかを見極めることも，この時期のポイントとなる。

本章で紹介してきた生命保険の市場は成熟期とみなすことができた。そのため，そこでのマーケティング展開は，競争対応を意識したものであり，かつ競合他社と比べて競争優位性を持つものでなくてはならなかった。ライフネット生命は，国内大手生保とは異なり，正面衝突をしないような方法でターゲット市場を選択し，マーケティング・ミックスを選定していた。つまり，企業間の力関係に応じた形で市場機会を見出し，巧みにマーケティング・ミックスのフィットを確立していたのである。

3.2 経営資源に基づく競争地位の識別

それでは，その力関係は，一般的にどのように捉えることができるだろうか。第2節ではシェアの観点から競争地位を考えたが，ここでは，経営資源という考え方によって競争地位を識別し，その関係を捉えることにする（嶋口［2004］）。

経営資源とは，企業の有するヒト・モノ・カネ・情報やノウハウを指すもので，企業の経営力を示すものである。この経営資源には，2つのタイプを考えることができる。第1は，**量的経営資源**である。これは，営業所や営業人数，供給力や生産能力，投入資金力などのヒト・モノ・カネに関わる企業の力に関係している。第2は，**質的経営資源**である。企業やブランドのイメージ，広告や営業のノウハウ，技術の水準など無形の企業の力である。

この2つの見方を使えば，それぞれの企業は当該市場に投入できる相対的な経営資源の量の大きさ，経営資源の質の高低で二分しマトリクスを描くことができる。そして，その区分からリーダー，チャレンジャー，ニッチャー，フォロワーという競争地位が抽出できる（表2-3）。

リーダーは，市場において質量ともに最大の経営資源を持つ企業であり，最大の市場シェアを持つ当該市場のトップである。**チャレンジャー**は，リーダーに匹敵する経営資源の量を持ち，リーダーと市場シェアを争う意欲を持つ企業を指すが，リーダーと比べると，経営資源の質において相対的な優位性は持っ

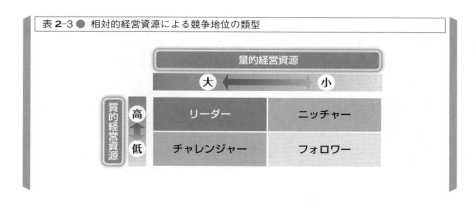

表 2-3 ● 相対的経営資源による競争地位の類型

ていないこともある。**ニッチャー**とは，経営資源の量では及ばないものの，何らかの独自の質的経営資源を持つ企業である。**フォロワー**とは，経営資源の質量ともに相対的に劣っているものの将来の可能性を持つ企業を指す。

　日本生命は，営業職員数，高い認知度や信頼度から，リーダー企業と呼ぶことができよう。第一生命は，保有契約件数で見た市場シェアでは日本生命に遅れをとっているものの，日本生命に近い水準の営業職員数を保持しており，量的資源は十分であるといえる。また，トップ企業に果敢に挑戦し続けている姿もうかがい知ることができる（「第一生命，保険料収入で日生抜き首位　4～9月期」『日本経済新聞』2014 年 11 月 29 日付）。よって第一生命は，チャレンジャー企業と呼ぶことができるだろう。ライフネット生命は，高い商品力や支持度に加え，他社にはないインターネット通販のノウハウなども蓄積しているため，ニッチャーとして捉えることができるだろう。

　前節で見たように，このような生命保険会社の経営資源は，ターゲットとする顧客に対して適切にフィットするマーケティング・ミックスを支えるものであった。それと同時に大事なことは，これらの資源が，競合他社が模倣することが容易でない持続的競争優位の源泉であることである。この点を，この業界のマーケティングの柱であるチャネル政策で確認してみよう。

　大手生保にとって，重要な経営資源である営業職員は，簡単に競合他社に模倣されるものではない。競合他社が多くの優れた営業職員をすぐに育成できるわけではないし，優秀な営業職員を簡単には集めることはできないからである。

また，ライフネット生命のインターネットというチャネルにおいても同様である。顧客が商品理解から契約にまでスムーズに至るようなサイトは，ネット上の顧客動線を確認して課題を抽出し，改善するというプロセスを繰り返すことで完成されていく。このノウハウは容易に蓄積できるものではないのである。

3.3 競争対応戦略（1）：リーダーとチャレンジャーの戦略

　最大シェアを獲得しているリーダーの市場目標は，最大シェアの維持・拡大に向けられることになる。また，高シェアを背景として高い利益も目指すと同時に，企業イメージやブランド・イメージの確保にも目を向けることにもなる。そのような目標のもと，リーダーの基本方針は，あらゆるセグメントに対して全方位型に対応しながら，オーソドックスな戦略を採用することになる。生命保険の業界においても，日本生命は，「日本最大であることにこだわりを持ち」（『日本経済新聞』前掲記事）ながら，全方位型の戦略を採用していた。

　リーダーの戦い方には次のような3つの定石があると考えられている。同質化戦略，周辺需要の拡大，非価格競争である。リーダーは，経営資源の質と量を兼ね備えている企業なので，競合他社のマーケティング戦略との同質化を常に採用していくことで競争を有利に運ぶことができる。また，新規の需要の創出分は，リーダーが最も大きな見返りを得ることができるため，需要のすそ野を広げる努力も定石となる。価格競争については，リーダー自身だけではなく，市場における企業の多くが利益を落とすことにつながる。リーダーは業界における価格設定のリーダーシップをも握っているため，安易な低価格競争はすべきではないといわれている。

　次に，チャレンジャーの競争対応である。リーダーに追いつくことを至上命題とするチャレンジャーは，リーダーを目指して市場シェアを拡大することが目標とされる。しかし，圧倒的な経営資源を背景としたリーダーの同質化戦略に対抗するためには，リーダーと同じような戦略をしているわけにはいかない。そのため，チャレンジャーは，リーダーと同じようなセグメントをねらいつつも，常に何らかの差別化ポイントを置くことになる。第一生命が，全方位的なマーケティング戦略はとりつつも，貯蓄型の商品を積極的に販売するなど，注力する分野を持っていることはその一例であろう。

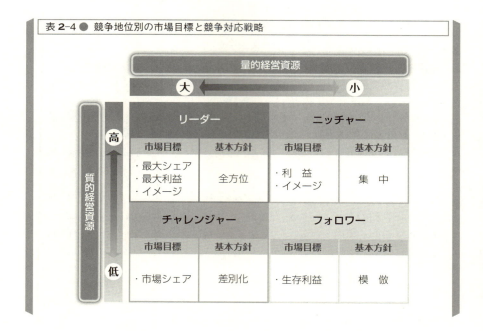

表 2-4 ● 競争地位別の市場目標と競争対応戦略

3.4　競争対応戦略（2）：ニッチャーとフォロワーの戦略

　ニッチャーはその経営資源量の少なさから，リーダーやチャレンジャー企業と互角に闘い，市場シェアをねらうことは難しい。そこで，自らが持つ質的経営資源を背景として優位性が狙える特定のセグメントに集中し，そのなかで利益やイメージの獲得を目指すことになる。ニッチャーは，ある一定のニッチ市場のなかでリーダーの戦略定石を遂行するミニ・リーダーとみなすことができる。

　ライフネット生命は，自ら持つ質的経営資源を背景としながら，日本生命や第一生命とは直接的に競合しない土俵でマーケティング戦略を行っていた。正面衝突を避けるこの戦略こそが，ニッチャーとしての基本戦略である。ライフネット生命は，インターネットによる保険販売という市場のなかでの，ミニ・リーダー企業といってよいであろう。

　フォロワーは，その経営資源の量と質において競合に対する優位性は持ちえていない。そのため，当面はビジネス遂行のなかで経営資源の蓄積をしてニッ

チャーやチャレンジャーとしての位置づけへと移行することが求められる。市場目標として掲げられるのは，そのための生存利益の確保ということになる。このときの方針は，他社の方法を模倣することである。直接的な競争を挑むのではなく，他社が用いている有効な方法を取り入れていくことになる。

　これまでの4つの競争地位別の戦略は，**表2-4**に整理されている。

● ディスカッション・ポイント ─────────────── Discussion Point

2-1　日本のいくつかの業界（醬油，ビール，化粧品など）を選び，その業界の市場シェアの推移を自分で算出してみよう。そこから何が読み取れるか，議論してみよう。

2-2　ここで紹介した競争地位別のフレームワークが，生命保険の業界のほかに，どのような業界で適用できるか考えてみよう。

2-3　生命保険の業界では，ライフネット生命と同様のインターネット通販を主体とした生命保険会社が登場してきている。このような状況のなか，ライフネット生命の今後のマーケティング戦略はいかにあるべきかを考えてみよう。

2-4　その他のテキストも参照しながら，競争戦略を分析するフレームワークを複数整理してみよう。それぞれの方法を用いるメリット，デメリットを考えてみよう。

● 文献ガイド ● ● ● ● ●

田村正紀［2010］『マーケティング・メトリクス――市場創造のための生きた指標ガイド』日本経済新聞出版社。
　📖 マーケティングの意思決定には判断指標（メトリクス）が欠かせない。多様なメトリクスの概略を知ることができる。

嶋口充輝・石井淳蔵［1995］『現代マーケティング（新版）』有斐閣Ｓシリーズ。
　📖 いわゆる戦略的マーケティングの視点から書かれたテキスト。マーケティング・マネジメントと事業戦略や企業戦略との接点を見ることができる。

大滝精一・金井一賴・山田英夫・岩田智［2006］『経営戦略――論理性・創造性・社会性の追求（新版）』有斐閣アルマ。

📖 伝統的な経営戦略論のフレームワークに加え，新しい論点も加えたテキストである。経営戦略論のなかにマーケティングを位置づけることができる。

加護野忠男・井上達彦［2004］『事業システム戦略――事業の仕組みと競争優位』有斐閣アルマ。
　　📖 企業の競争優位性を事業の仕組みによる競争として捉えたテキスト。持続的な競争優位性を生む源泉について理解を深めることができる。

● 注 ●●●●●

1) 1995年に行われた55年ぶりの保険業法の抜本改正が，チャネル政策，価格政策，商品政策など，生命保険会社のマーケティング戦略が多様化することの契機となったとみてよいだろう。詳しくは，出口［2009］を参照のこと

● 参 考 文 献 ●●●●●

嶋口充輝［2004］「競争戦略」慶應義塾大学ビジネス・スクール編／嶋口充輝・和田充夫・池尾恭一・余田拓郎『ビジネススクール・テキスト マーケティング戦略』有斐閣。

栗木契・佐々木一郎［2014］「インターネットに見いだした市場機会」『マーケティングジャーナル』第33巻4号：106-116頁。

出口治明［2009］『生命保険入門（新版）』岩波書店。

松下光司［2010］「生命保険業界におけるオープン型マーケティング」池尾恭一・青木幸弘編『日本型マーケティングの新展開』有斐閣。

真屋尚生［2004］『保険の知識（第2版）』日経文庫。

第3章 セグメンテーションとターゲティング

パナソニック「ポケットドルツ」：
新たなセグメントの創造

土橋 治子

KEYWORDS
- セグメンテーションの基準
- セグメンテーションの条件
- ターゲティングのパターン

（パナソニック／時事提供）
携帯に便利なパナソニックの小型電動歯ブラシ「ポケットドルツ」

1 この章で学ぶこと

　2010年4月，おしゃれな電動歯ブラシが発売された。当時のパナソニック電工（以下，パナソニック）の「ポケットドルツ」だ。それまで重い，かさばる，うるさいといった理由で女性から敬遠されていた電動歯ブラシを，軽く，小さく，静かにした。まるでマスカラのようなそのデザインは，それまでの電動歯ブラシのイメージとは一線を画すものであり，多くの女性，とりわけ働く若い女性の心をつかんだ。

　この章では，このポケットドルツを題材として，セグメンテーションとターゲティングについて学んでいくことにしよう。それぞれは以下のように定義される。「セグメンテーション」とは，あるマーケティング・ミックスに対して類似の反応を示す集団（セグメント）に市場を分けることを指す。そのなかから，1つまたは複数のセグメントを標的顧客として選び出すことを「ターゲティング」と呼んでいる。

　当然，どのようなセグメントをターゲットとするかによって，有効となるマーケティング・ミックスも異なってくる。たとえば，歯周病を予防したい中高年男性と歯のホワイトニング効果を期待する若い女性とでは，求められる電動歯ブラシの機能やデザイン，価格帯，販売場所，広告コミュニケーションの方法などが違ってくることは容易に想像できるだろう。このように，セグメンテーションとターゲティングは，マーケティング・ミックスの内容を規定し，方向づける活動であるという意味で，マーケティングを行う際の出発点ともいうべき重要な活動として位置づけることができる。

　ケースに話を戻そう。ポケットドルツが成功したのは，「おしゃれな電動歯ブラシをつくったから」だけではない。実は，この電動歯ブラシをいったい「誰に」向けて売ろうとしていたのかというところにそのポイントがある。その決定に至るプロセスには，市場を構成する消費者をどのように捉えていたのか，またそのなかで有望なターゲットをどのように絞り込んでいったのかなど，重要な示唆がいくつも含まれている。このケースを通して，セグメンテーション，ターゲティング，マーケティング・ミックスの策定という一連の流れを学

んでいってほしい。それではケースをひもといてみよう。

2　ケース：パナソニック「ポケットドルツ」

2.1　電動歯ブラシ市場の概要

　日本において電動歯ブラシが市場に出回り始めたのは1970年代末，実際に家庭で使われ始めたのは1980年代の終わりごろであった。同時期は虫歯予防や歯周病予防として，磨き残しのない歯磨き，いわゆるプラーク・コントロールが重要であると認識され始めた時期と重なる。

　しかし，電動歯ブラシ市場は，その誕生以来，緩やかな成長しか見られず，長年にわたり小規模な市場であり続けた。2000年代初頭は低価格の電動歯ブラシの登場により，一時的に市場は拡大したものの，それも長くは続かず，その後，市場は停滞気味であった。製品ライフサイクルでいう「導入期」（第2章参照）から，なかなか脱することができない市場の典型であったといえる。

　ある調査によれば，1993年から2003年における電動歯ブラシの使用率は平均して9%前後[1]であった。つまり市場に導入されて20年以上経過しているにもかかわらず，実際に電動歯ブラシを使っているのは，10人に1人いるかいないかという悲惨な状況であった。

　このようななかにあっても電動歯ブラシを使い続け，この市場を支えてきたのが40代～50代の「中高年男性」であった。日本では成人の約8割が歯周病にかかっているといわれているが，歯茎に炎症が見られる人の割合は40代あたりから急速に増加する。また歯石の付着状況，歯周ポケットの進行状況など，あらゆる兆候から見て，男性のほうが女性よりも歯周病の有病率が高いことも知られていた。実際，このセグメントのなかには，治療のプロセスにおいて歯科医から勧められて電動歯ブラシを使い始めるケースも少なくなかった。歯周病の予防と治療には，プラーク・コントロールが欠かせなかったのである。

　電動歯ブラシには本格的で高機能な「充電式」と携帯に便利な「電池式」の2つのタイプがあるが，このセグメントに支持されてきたのは充電式のほうであった。充電式は価格が高かったが，歯垢除去率の高さは電池式のそれとは比べものにならないくらい高かったからである。しかし，高性能のモーターや大

容量のバッテリーを搭載しなければならず，そのサイズは長く，太く，そして重かった。洗面所には充電スタンドを置くスペースが必要だったし，外出先でそれを使うには大きすぎるというデメリットがあった。そのため，その使用場所は自ずと自宅に限定される傾向があった。

　メーカーもこぞって，このセグメントが求める電動歯ブラシを開発してきた。その際に最も重視されてきたのはやはり「歯垢除去率」の向上であった。一般に振動数が多いほど歯垢除去率が高くなるとされ，1分間の振動数が約2万～4万回の「音波式」，それ以上の振動数を誇る「超音波式」と呼ばれる機種が充電式には含まれていた。またこれらは，家電量販店の健康器具売場で，体脂肪体重計や血圧計などと一緒に販売されることが多かった。

　一方，電池式は，何と言っても価格の安さが強みであった。充電式が1万～3万円ほどするのに対して，電池式は数千円，場合によっては1000円を下回るものも少なくなかった。また本体がコンパクトで軽いため，携帯用として旅行や外出先で使用するには便利だった。しかし，充電式と比べると，歯垢除去効果はあまり期待できなかった。電動ということで，手磨きよりは楽に歯磨きできるものの，多少，効果的に歯垢がとれる程度の性能であった。また販売場所も充電式とは大きく異なり，スーパーやドラッグストアでの販売が主流であり，普通の歯ブラシと同じ棚で販売されることが多かった[2]。

2.2　ポケットドルツ誕生の背景：新たなセグメントの発掘

　パナソニックが電動歯ブラシ市場に参入したのはプラーク・コントロールが重視され始めた1980年代の終わりごろであった。「パワーブラシ」「デンタルバイワン」「スピードスイング」といったブランドを次々と展開し，2002年，ポケットドルツの親ブランドにあたる「ドルツ」を市場に導入した。「ドルツ」は優れた歯垢除去効果を持った本格的で高機能な音波式の電動歯ブラシであった。音波式には「ドルツ」以外に「ソニッケアー」「ブラウンオーラルB」などの競合ブランドがあったが，発売から3年後の2005年には，それらをおさえてトップシェアを獲得するなど，国内の電動歯ブラシ市場をリードするブランドへと成長した。

　しかしながら先に見たように，電動歯ブラシ市場は停滞気味の市場であった。

表 3-1 ● 歯磨きの状況

(%)

調査年	総数（人）	磨かない者	ときどき磨く者	毎日磨く者 1回	毎日磨く者 2回	毎日磨く者 3回以上	回数不詳	不詳
1969年	20,415	8.1	11.8	62.8	15.1	1.8	—	0.4
1975年	15,816	4.3	9.2	53.4	24.6	2.6	—	5.8
1981年	14,462	2.4	7.1	46.4	36.6	7.5	—	—
1987年	12,474	1.3	5.5	38.6	41.7	13.0	—	—
1993年	9,827	1.1	3.9	33.0	44.9	16.1	—	1.0
1999年	6,903	1.3	2.5	28.7	47.5	18.8	—	1.2
2005年	4,606	1.3	2.4	25.4	48.7	20.8	—	1.4
2011年	4,253	1.2	1.8	21.9	48.3	25.2	0.0	1.6

（出所）厚生労働省『平成23年度 歯科疾患実態調査』より作成。

　この状況を何とか打破し，電動歯ブラシの市場自体を拡大することが，この市場をリードするパナソニックにとっては長年の課題となっていた。

　「ポケットドルツ」はその突破口を開いた電動歯ブラシであった。その誕生のきっかけは，ある女性社員の素朴な疑問にあったといわれている。彼女は入社して間もなく，驚くべき光景を目にした。ランチ後の女子トイレが，歯磨きをする女性社員であふれ返っていたのである。学生時代には経験したことのない習慣であった。前述したように，パナソニックは電動歯ブラシ市場においてリーダー的な存在である。しかし，女子トイレにいるほぼ全員が普通の歯ブラシで手磨きを行っていた。自社が発売している電動歯ブラシを使わないことに，この女性社員は違和感を覚えたのである。この話を聞いた当時の上司は，「働く若い女性」そして「ランチ後の歯磨き」という要素がこれまでの電動歯ブラシ市場にはない新しいコンセプトであることを直感した。

　やがて2009年春，彼女を中心としたマーケティング担当10名，製造開発担当10名のチームが結成され，本格的にポケットドルツの開発が進められることとなった[3]。

　プロジェクト・チームは，この新たなセグメントの特徴を把握することから始めた。まずは歯磨きの回数についてである。厚生労働省によって実施されている歯科疾患実態調査の結果によると，いまや，あらゆる世代の日本人にとって，歯磨きは「毎日するもの」という習慣が根づいている。1日に少なくとも

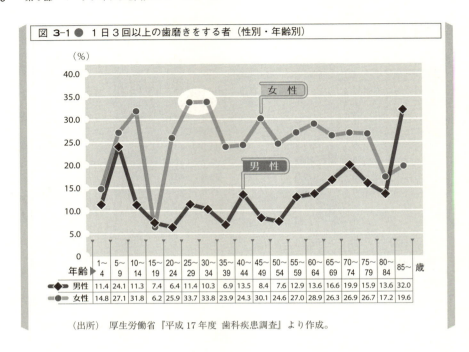

（出所）厚生労働省『平成17年度 歯科疾患調査』より作成。

1回以上歯を磨く人は，2005年時点で全体の94.9%にのぼっていた（表3-1）。

そのなかでもプロジェクト・チームが注目したのは，1日に「3回以上」磨くという人の割合であった。「ランチ磨き」をする層はここに区分される可能性が高いからである。その割合は2005年時点で20.8%となっており，調査開始以来，一貫して増加する傾向にあった。

1日に「3回以上」磨くという人のデータを男女別にみたものが図 3-1 である。この図 3-1 からは，1日3回以上歯を磨くという傾向が，全般的に女性に多く見られること，そしてなかでも20代後半から30代前半の女性がそれを牽引していることがわかった。

また総務省によれば2005年時点における20代後半から30代前半の女性就業者数は約580万人となっており，このうち33%強の女性がランチ後も歯磨きをしているとすれば，その規模は195万人から200万人程度であると考えられた。従来の電動歯ブラシ市場が220万台で推移していることを考えれば，セグメントの規模としても十分であった。

次に，プロジェクト・チームはこのセグメントがなぜランチ後に歯磨きを行うのかについて検討を重ねた。どうやら従来のターゲットである「中高年男性」とは異なる理由があるように思えた。調査のプロセスにおいて多く挙がってきたのは，身だしなみやエチケット，午後からの仕事に向けた気分転換，白く美しい歯を保ちたいといった理由であった。彼女たちは，仕事上，顧客や取引先など，人と接する場面も多い。そのようなとき，口臭などで相手に不快な思いをさせるのは避けたいと思う気持ちが強かった。

また近年，ネイルやまつ毛などの美容に取り組む「パーツケア」と同じように，歯磨きを美容行為の1つとして捉える女性が増えつつあった。歯の着色汚れ（ステイン）に効果的なデンタル・ペーストが登場したり，歯のホワイトニングを取り入れる歯科医院が増加しているのも，彼女たちのこうしたニーズに対応したものだと思われた。

このように，このセグメントは美容への関心が他のセグメントに比べて相対的に高い。自分磨きの一環である。しかし，手間や時間がかかるケアを敬遠することも十分に想定された。

プロジェクト・チームはこのことを「ナイトスチーマーナノケア」の開発を通じて把握していた。同製品は2008年に発売された美容家電で，仕事を持つ女性に支持され大ヒットした製品であった。枕元に置いて寝るだけで，肌や髪の潤いがアップするという効果をもたらすものであった。仕事が忙しく，エステに通う時間がない女性にとって，寝ている間に肌や髪のケアができるというのは，とても魅力的だったのであろう。

同様に，電動歯ブラシも，わずか2分という短時間で手磨きよりもしっかりと歯が磨けるという手軽さを兼ね備えている。この「ナイトスチーマーナノケア」と同じように，手間や時間をかけることなく本格的なオーラルケアができるという点をこのセグメントに訴求できれば，購買につながる可能性は十分にあると考えられた。

次にプロジェクト・チームは，このセグメントがなぜ外出先で電動歯ブラシを使わないのか，その理由について調査を進め，大きく2つの理由があることをつかんだ。1つは，大きい，重い，かさばる，音がうるさいなど「使い勝手」に関する理由であった。彼女たちは，手磨き用の普通の歯ブラシを化粧ポーチ

に入れて持ち運んでいた。そのような使用シーンを想定した場合，25cm もある従来の電動歯ブラシは長すぎて入らない。また外出先へ持って行くには，重く，かさばった。彼女たちが歯磨きをするのは，たいてい女子トイレであった。そこは自分以外にも化粧直しをしたり，歯磨きをしたりする人が必ずいる，いわば公共のスペースである。そのような場所で音がうるさい電動歯ブラシを使うのは気が引けるとの意見もあった。

もう1つの理由は，電動歯ブラシに対する「イメージ」に関するものであった。彼女たちにとって，電動歯ブラシのユーザー・イメージはまさに「中高年男性」であった。もしランチ後の歯磨きに電動歯ブラシを使えば，歯について悩んでいると思われる。周囲からそのように見られることが電動歯ブラシを使わない大きな理由となっていた。

2.3　ポケットドルツのマーケティング・ミックス[4]

このように，新たに発掘されたセグメントの特徴を検討した結果，プロジェクト・チームは，「コンパクトさ」「音の静かさ」「デザイン性」という3つの製品コンセプトを掲げた。ターゲットとなった「ランチ磨き」をする「働く若い女性」に支持されるには，これら3つのコンセプトをすべて満たす電動歯ブラシをつくらなければならない。

最初の壁は，コンパクトさの実現であった。このセグメントが歯ブラシを化粧ポーチに入れて持ち運んでいることを考えると，理想的な電動歯ブラシの長さは 16 cm であった。この長さであれば化粧ポーチに収まるが，これは従来機種の約3分の2の長さしかなかった。当然，従来のモーターは使えず，より小型のものを使うことにした。音波式のハイエンドモデル「ドルツ」と比べると，その振動数はスペックダウンとなったが，それでも普通の歯ブラシで手磨きするよりは短時間でしっかりと歯磨きができるものに仕上がった。最終的には，1分当たりの振動数が1万6000回とハイエンドモデルの半分程度の仕様に落ち着いた。

音も 51dB と従来モデルよりも静かなものとなり，電池式を採用することで重さもわずか 45g となった。1日に1回2分使うとして，単4電池1本で90日の連続使用が可能であった。また価格は基本的にオープン価格であったが，

実売価格は3000円から4000円と，1万～3万円するハイエンドモデルに比べると，かなり手頃な価格となっていた。

　また，デザイン性にもこだわった。化粧ポーチに入れても見劣りしないデザインを追求するために，外観デザインからパッケージに至るまで，コスメの質感を徹底的に研究した。目指したのは，マスカラのようなデザインだった。電動歯ブラシでははじめてキャップを採用し，ブラシ部分を覆うことで歯ブラシらしさをなくした。これによって，マスカラのような形状により近づいた。またキャップには空気穴が開けられており，ブラシ部分の衛生面にも配慮した。本体の色は，黒やシルバーといった落ち着いた色に加えて，薄いピンク，赤，オレンジの計5色を揃えた。色み，ツヤ感やてかり，発色に至るまで，コスメの質感にこだわった。

　こうしてコンパクトで静か，デザイン性に優れた電動歯ブラシがついに完成した。軽量化のために電池式を採用したが，従来品とは異なり，音波式ならではの性能も兼ね備えたものに仕上がった。

　このセグメントの特徴は，どこで販売するか，すなわちチャネル戦略にも反映された。これまではドルツを家電量販店の健康器具売場で販売してきたが，これに加えて「美容家電」売場への設置を推し進めた。美容スチーマーの「ナノケア」，脱毛器の「ソイエ」など，パナソニックが手がけてきた美容家電とともに陳列され，「パナソニックビューティ（Panasonic Beauty）」というブランドのなかで展開していくことにした。

　また家電量販店に加え，女性という点を意識してドラッグストアやホームセンターといったルートの開拓も行った。なかでもドラッグストアでは，歯磨き売場だけでなく，化粧品売場での展開を考えていたが，当初，その提案はなかなか受け入れてもらえなかった。

　この状況を打破するには「ランチ磨き」というコンセプトをもっと知らしめる必要がある。そう感じたプロジェクト・チームは，プレスリリースの時期を通常の発売1カ月前から4カ月前に前倒しし，発売前の話題づくりに奮闘した。ターゲットである「働く若い女性」は通勤に電車を使う可能性が高い。首都圏の路線を中心に中吊り広告や映像広告などの交通広告を積極的に活用した。

　また，いくつかの女性誌とタイアップし，各雑誌のイメージカラーを取り入

れたカラー・バリエーションを取り揃えた。女性誌とのコラボレーションという形で，ポケットドルツを入れる化粧ポーチをつくったりもした。これら一連のプロモーション活動のなかで重視したのは，「ランチ磨き」という文化を世の中に浸透させるという考え方であった。女性誌とのタイアップにあたっては，特集のなかで単に製品を紹介するのではなく，3回にわたる特集のうち，オーラルケアの重要性に関する記事を掲載してもらい，最終回にランチ磨きの必需品としてポケットドルツを紹介してもらうなどの取り組みを行った。テレビ広告の予定はなかったが，発売前からマスメディアでも取り上げられるようになっていった。結果として，発売を待ちわびる消費者を作り出すことに成功した。

2.4 ターゲットの拡大

2010年4月，ポケットドルツの発売後，店頭では品切れを告げるPOPを目にすることが多くなった。初年度に155万台，2013年4月までの累計販売台数は450万台に達している。ポケットドルツ発売以前の電動歯ブラシ市場は220万台程度で推移していたが，これにより2009年から2010年のわずか1年で，それまでの市場規模は2倍近くに拡大した（図3-2）。

ポケットドルツはその後も新しいモデルを次々と市場に導入した。2012年5月に発売されたモデルには，歯の着色汚れを手軽に除去できるステインケア・アタッチメントを搭載するとともに，長い爪の女性でも使いやすくするために，プッシュ式スイッチから回転式スイッチに変更した。また本体の長さを16cmから14.5cmへと短くし，コンパクトさをさらに高めた。ルージュ・カラーやシャンパン・カラーなど，新たなモデルが追加されるたびにカラー・バリエーションも豊富になっていった。

このようななか，自社が行った調査から意外な事実が判明した。「働く若い女性」をターゲットとして開発されたポケットドルツであったが，その購入者の約4割は男性だったのである[5]。身だしなみを気にする若い男性，そしてこれまでのコア・ユーザーである「中高年男性」にも支持された結果となった。出張や外回り時の携帯用歯ブラシとして利用されたほか，デザイン性の高いポケットドルツは，格好良いランチ磨きを可能にした。しかし女性向けのカ

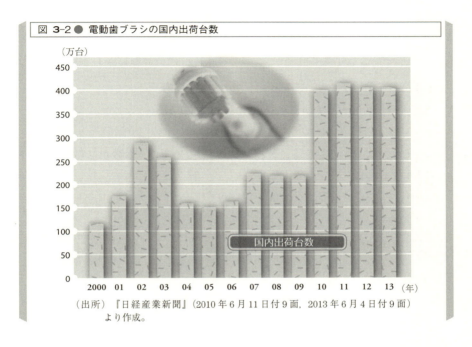

図 3-2 ● 電動歯ブラシの国内出荷台数

（出所）『日経産業新聞』（2010 年 6 月 11 日付 9 面，2013 年 6 月 4 日付 9 面）より作成。

ラーではなかなか手が出ない。また男性の手には 14.5 cm という長さは短すぎる。こうしたニーズをふまえ，2 年目にあたる 2012 年からは，黒，白，青といった男性向けのカラーを投入するととともに，このカラーのものだけは長さを初期モデルの 16 cm へと戻すこととした。

これらと並行して，パナソニックはその後，2011 年「ポケットドルツキッズ」を市場に投入し，ターゲットを幼児およびその保護者にまで拡大した。小さい子どもの歯を保護者が「仕上げ磨き」するというシーンが想定されたものであり，それにあわせて，口の中を照らすライトを取り付けたり，大人用よりソフトな音波振動を採用することで，デリケートな乳歯や歯茎をいたわりながらもプラーク・コントロールができるという特徴を持っていた。

これまで多くのメーカーが女性，子ども，高齢者など，さまざまな世代にアプローチし，新規顧客の開拓を試みてきたが，電動歯ブラシ・ユーザーとして定着しなかった。しかしながら，ポケットドルツは「働く若い女性」を中心に，そのユーザー層を着実に広げつつある。

3 ケースに学ぶ

3.1 セグメンテーションの意義

　この章の目的は，ポケットドルツのケースを用いてセグメンテーションとターゲティングについて学ぶことであった。その解説に入る前に，セグメンテーションの実施はそもそも企業にとってどのような意義があるのかを確認しておくことにしよう。

　一般に，1つの製品で，市場全体をターゲットとする手法を「マス・マーケティング」，特定個人をターゲットとする手法を「One to One マーケティング」と呼んでいる（図3-3）。後者はフル・オーダーでつくられた洋服や靴を想定してもらえばよい。消費者のニーズを完全に満たすことを追求する場合には，この手法が適切である。しかし実際は大量生産によるコストダウンができないため，企業がこれを実践するのは困難を伴う。

　1つの製品を大量生産し，それに伴うコストダウンのメリットを享受できるのはマス・マーケティングのほうである。ただしこれは市場にいるすべての消費者のニーズが同質であるというのが条件となる。もし，さまざまなニーズを持った消費者によって市場が構成されている場合には，たった1つの製品でそれらをカバーすることは難しくなってくる。

　このように，マス・マーケティングと One to One マーケティングは，消費者ニーズの追求と大量生産によるコストダウンという2つの点で，実はトレードオフの関係にある。

　しかし，セグメンテーションの実施は，通常はトレードオフ関係にあるこれら2つを同時に達成できる手法となっている。冒頭で述べたように，セグメンテーションとは，あるマーケティング・ミックスに対して類似の反応を示す集団（セグメント）に市場を分けることをいうが，類似の反応を示すということは，そこには同質的なニーズを持った消費者集団を想定することができるからである。このセグメントが，ある程度のコストダウンを可能とする規模さえあれば，消費者ニーズへの適応も，大量生産によるコストダウンも同時に達成できるのである。ここに企業がセグメンテーションを行う意義を見出すことができる。

図 3-3 ● ターゲティング（標的市場）の範囲

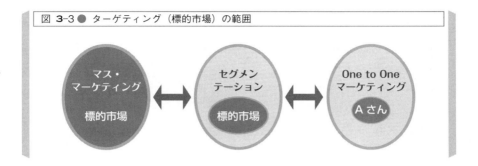

3.2 セグメンテーションの基準

では具体的に，いかなる基準を用いて市場を分けることができるのだろうか。表3-2は，シャンプーや飲料などの消費財市場において利用される代表的な**セグメンテーションの基準**である。

地理的な基準（エリア，人口密度など）や人口統計的な基準（性別，年齢，所得水準など）は，企業にとって把握することが容易であり，最もよく利用される基準となっている。本ケースでも，「40代から50代の中高年男性」，「20代から30代の働く若い女性」といったように，働いているか否か，年齢や性別などの基準でセグメンテーションを行っていたことがわかる。

しかし，同じ性別，同じ年代であったとしても，そのセグメントに属するすべての消費者が一様に同じニーズを持っているとは限らない。そのような場合には，心理的な基準（ライフスタイル，パーソナリティなど）や行動的な基準（ベネフィット，使用頻度など）を併用しながらセグメンテーションを行うこともある。本ケースからは，歯磨きという行為に対して，それぞれのセグメントが求めていたベネフィットに違いがあることが示唆されていた。従来のコア・セグメントであった「中高年男性」は，歯周病の治療や予防など，病的な状態の解消を求めていた。一方で，「働く若い女性」が求めるベネフィットは，身だしなみやエチケット，白く美しい歯を保つといった美容目的が主なものとなっていた。

このように，セグメンテーションを行う場合には，いくつかの基準を併用することが一般的である。しかしながら，多くの基準を用いて細かく市場を分け

表 3-2 ● セグメンテーションの基準（消費財市場）

地理的変数	
地　域	太平洋沿岸，日本海沿岸，関東，関西，中部，九州，北海道
都市の人口規模	4999 以下，5000 ～ 1 万 9999，2 万～ 4 万 9999，5 万～ 9 万 9999，10 万～ 24 万 9999，25 万～ 49 万 9999，50 万～ 99 万 9999，100 万～ 399 万 9999，400 万以上
人口密度	都市圏，郊外，地方
気　候	北部，南部

人口統計的変数（デモグラフィック変数）	
年　齢	6 歳未満，6 ～ 11 歳，12 ～ 19 歳，20 ～ 34 歳，35 ～ 49 歳，50 ～ 64 歳，65 歳以上
世帯規模	1 ～ 2 人，3 ～ 4 人，5 人以上
家族のライフサイクル	若い独身者，若い既婚者で子どもなし，若い既婚者で末子が 6 歳未満，若い既婚者で末子が 6 歳以上，年輩の既婚者で子どもあり，年輩の既婚者で 18 歳未満の子どもなし，年輩の独身者，その他
性　別	男性，女性
所　得	299 万以下，300 万～ 599 万，600 万～ 899 万，900 万～ 1199 万，1200 万以上
職　業	専門職・技術職，マネジャー・役員・経営者，事務員・販売員，職人，熟練工，退職者，学生，主婦，無職
教育水準	中卒以下，高卒，短大卒，大卒，大学院卒
宗　教	カトリック，プロテスタント，ユダヤ教，イスラム教，ヒンズー教，その他
人　種	白人，黒人，アジア系，ヒスパニック系
世　代	ベビーブーム世代，ジェネレーション X
国　籍	アメリカ，イギリス，フランス，ドイツ，イタリア，日本，中国，韓国
社会階層	最下層，下層の上，労働者階級，中流階級，中流の上，上流の下，最上流

心理的変数（サイコグラフィック変数）	
ライフスタイル	文化志向，スポーツ志向，アウトドア志向
パーソナリティ	神経質，社交的，権威主義的，野心的

行動変数	
ベネフィット	経済性，品質，サービス，迅速性，プレステージ性
ユーザーの状態	非ユーザー，元ユーザー，潜在的ユーザー，初回ユーザー，レギュラー・ユーザー
使用割合	ライト・ユーザー，ミドル・ユーザー，ヘビー・ユーザー
ロイヤルティの状態	なし，中程度，強い，絶対的
購買準備段階	認知せず，認知あり，情報あり，関心あり，購入希望あり，購入意図あり

（出所）　Kotler and Keller［2006］邦訳 307 頁を加筆修正して作成。

図 3-4 ● 効果的なセグメンテーションの条件

条件	説明
測定可能性	セグメントの市場規模や購買力が測定できること。（市場規模がわからなければ、そのセグメントにアプローチすべきか否か判断できない）
実質性	最低限の市場規模ないし収益確保の見込みがあること。（市場規模があまりに小さすぎれば、アプローチしても意味がない）
到達可能性	そのセグメントに効果的にアクセスできること。（効果的な販売チャネルやコミュニケーションがとれるメディアがなければアプローチできない）
実行可能性	そのセグメントにアプローチできる経営資源があること。（魅力的なセグメントであっても、アプローチできる能力がなければ効果がない）

（出所） Kotler and Keller ［2006］邦訳 326-327 頁を加筆修正して作成。

すぎることや、当該セグメントに自社がアプローチしにくいセグメンテーションを行うことは得策ではない。以下では、効果的なセグメンテーションを行うために必要となってくる条件について見ていくことにしよう。

3.3 効果的なセグメンテーションの条件

効果的な**セグメンテーションの条件**としては、図 3-4 の 4 つが知られている。各セグメントがこれらの条件を満たすか否かは、その後、ターゲティングを行う際の重要な判断材料となる。

測定可能性と実質性は、そのセグメントの市場規模が測定できるかどうか、そのセグメントをターゲットとすることで、売上高や利益が確保できるだけの市場規模があるかどうかを意味している。市場を細かく分けすぎると、1つひとつの市場が小さくなり、十分な売上高を確保できなくなる可能性が高くなる。また、そもそも市場規模を測定できないようなセグメントをターゲットとすることは、収益確保の見通しが不透明であるという点で非常にリスクが高い。

到達可能性と実行可能性は、当該企業が置かれている競争環境上の地位や所有している経営資源との関連において考慮すべき条件となっている。ターゲッ

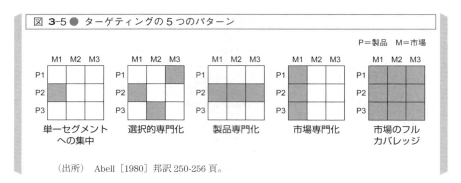

（出所）Abell［1980］邦訳 250-256 頁。

トとして考えているセグメントが収益性や規模性という点でいかに魅力的であったとしても，このセグメントにアプローチできるチャネル（販売場所）が確保できなかったり，このセグメントが求めている製品を開発できるだけの経営資源（たとえば技術力，研究開発の人材やノウハウ）がなければ，ターゲットとして選択すべきではない。

本ケースにおいて，ターゲットとして選択されたセグメントは，女性の就業者数，ランチ磨きをする女性の割合などから測定することは可能であった。またその市場規模は 195 万人から 200 万人と試算され，電動歯ブラシのそれまでの市場規模を考慮しても，小さすぎるということはなかった。同時にパナソニックは，ポケットドルツの開発に必要な電動歯ブラシに関する高い技術力を持っていた。さらに，「パナソニックビューティ（Panasonic Beauty）」というブランド力を背景に，電動歯ブラシを美容家電の 1 つとして消費者にイメージづけることを可能にした。

3.4　ターゲティングの 5 つのパターン

各セグメントの評価が終わると，次に企業は，どのセグメントを選択するかというだけでなく，いくつのセグメントをターゲットとするのかということも決定しなければならない。図 3-5 にあるように，ターゲティングのパターンは 5 つあることが知られている。

特定のセグメントに向けて特定の製品を販売する単一セグメントへの集中，魅力的なセグメントを企業の目的や経営資源などから判断してターゲットとす

る選択的専門化，特定の製品を複数のセグメントに販売する製品専門化，特定のセグメントに対して複数の製品を販売する市場専門化，そして企業が所有するあらゆる製品をあらゆるセグメントに向けて販売する市場のフルカバレッジである。

　当初，ポケットドルツのターゲットは「働く若い女性」であった。加えて「ランチ磨き」という使用シーンまでも想定していたことから，きわめて限定されたセグメントをターゲットとしていた。これは「単一セグメントへの集中」に該当するであろう。「働く若い女性」以外に売ることは考えていなかったというほど，セグメントを絞り込み，そのセグメントのニーズを徹底的に汲み取ったマーケティング・ミックスを策定したことが，ポケットドルツの成功要因といえるだろう。

　この成功を糧に，その後，ターゲットの範囲を男性や子どもを持つ保護者にまで拡大したことを考えると，ポケットドルツのターゲティングは「単一セグメントへの集中」から「製品専門化」へと移行していることがわかる。ポケットドルツの新しいモデルには，カラー・バリエーションを追加したり，サイズに変更を加えたり，ライト付きといった機能を付加するに至っている。これは新たにターゲットとなったセグメント・ニーズへの適応にほかならない。

　電動歯ブラシは一度使うと，手放せなくなる人も多いといわれる。「ランチ磨き」で電動歯ブラシを経験したセグメントが自宅用に本格的なオーラルケアが可能なハイエンドモデルの電動歯ブラシを購入する可能性は捨てきれない。また幼児のころから電動歯ブラシを使ってきたセグメントならば，大人になっても電動歯ブラシを使い続けるということも十分に想定できる。この意味において，電動歯ブラシ市場は，今後，より一層拡大していく可能性を秘めている。歯を磨くすべての消費者に選ばれるまで，ポケットドルツの挑戦は続くだろう。

● ディスカッション・ポイント ──────────── Discussion Point

3-1 ベネフィットに基づいたセグメンテーションの実例を考えてみよう。

3-2 最近ヒットした製品を 1 つ取り上げ，そのターゲットが選択された理由をセグメンテーションの観点から分析してみよう。

3-3 特定の製品を取り上げ，これまでにないまったく新しいセグメンテーションの基準を考えてみよう。

3-4 あなたは玩具メーカーの社員で，3 歳児向けのおもちゃを企画する責任者となりました。この玩具を売るための効果的なセグメンテーションとそこから想定される有望なセグメントについて整理してみよう。

● 文献ガイド ● ● ● ● ●

池尾恭一・青木幸弘・南知惠子・井上哲浩［2010］『マーケティング』有斐閣 New Liberal Arts Selection。

　マーケティングに関する体系的なテキストです。このテキストでは，セグメンテーションの程度とターゲティングの範囲を軸として，3 つのマーケティング戦略（無差別マーケティング，差別的マーケティング，集中マーケティング）が位置づけられており，本書とは異なったセグメンテーションやターゲティングの類型を学ぶことができます。

井出勝也［2013］「行動トレンドの変化とマーケティング戦略の合致——市場の停滞を打ち破った『ポケットドルツ』」沼上幹・一橋 MBA 戦略ワークショップ『戦略分析ケースブック Vol. 3』東洋経済新報社，41-69 頁。

　本章同様，ポケットドルツのケースを扱っています。コーホート分析から，電動歯ブラシのヘビー・ユーザーの変化および今後の動向に関して分析している文献です。

● 注 ● ● ● ● ●

1) ライオンの「生活者のオーラルケア意識調査：30 年間の変化」より抜粋。
2) 『日経産業新聞』2002 年 11 月 7 日付，25 面。
3) 『プレジデント』2011 年 5 月 2 日号，30-33 頁。
4) 以下の文献より引用。『日経トレンディ』2010 年 8 月号，96-99 頁，『プレジデント』2011 年 4 月 2 日号，78-81 頁，同 2011 年 5 月 2 日号，30-33 頁，パナソニックホームページ（http://panasonic.co.jp/jobs/worklife/person/business/ishibashi.html）。
5) 『日経流通新聞』2012 年 12 月 21 日付，2 面。

● 参考文献 ● ● ● ● ●

Abell, D. F. [1980] *Defining the Business: The Starting Point of Strategic Planning*, Englewood Cliffs, Prentice Hall.（石井淳蔵訳［2012］『［新訳］事業の定義——戦略計画

策定の出発点』碩学舎)。

Kotler, P. and K. L. Keller [2006] *Marketing Management*, 12th ed. Prentice Hall. (恩藏直人監修 [2014]『コトラー&ケラーのマーケティング・マネジメント (第 12 版)』丸善出版)。

第 4 章 ポジショニング

ドトールとスターバックスのマーケティング戦略

徳山 美津恵

KEYWORDS
- ポジショニング
- ＳＴＰ
- ニーズ
- 知覚マップ
- 持続的競争優位
- コモディティ化
- リポジショニング

店舗の外観も大きく異なるドトールとスターバックス

1 この章で学ぶこと

　私たちは日常生活のなかで，消費者として常に選択している。コンビニエンス・ストアで飲み物を買おうと思ったら，そこではソフトドリンクからアルコール飲料まで幅広いカテゴリーの製品が取り扱われている。そのなかから緑茶（緑茶飲料）を選ぼうと思っても，大手メーカーの有名なブランドの製品（ナショナル・ブランド）からコンビニエンス・ストアの独自製品（プライベート・ブランド）まで複数の製品のなかから選択しなければならない。

　たくさんの選択肢のなかから自分の欲しいものを選ぶのは大変かもしれない。企業側としても，数ある選択肢のなかで自社の製品またはサービスを選んでもらわなければならないので必死である。ライバルがひしめくなかで，どうしたら自社の製品やサービスを選んでもらえるか。この問題を考えていくための重要な理論が「ポジショニング」である。前章で学んだセグメンテーションとターゲティングの結果，自社にとっての重要な顧客（見込み客）が明確になったはずだが，次に考えるべきは，そのような顧客にとっての選択の理由の提供である。

　本章では，セルフサービス式カフェを代表するドトールとスターバックスの2つの事例を取り上げて，マーケティング戦略の要となるポジショニングについての基本的な理解を試みていこう。

　ドトールとスターバックスは，セルフサービス式カフェでありながらも，客層（すなわちターゲット）も店内での過ごし方も大きく異なるようである。それは両社のポジショニングが異なることを示している。この2つの事例を通して，まず最初にポジショニングとは何か，その定義について確認する。その後，消費者がポジショニングをどのように認識しているかを知る手がかりとしての知覚マップについて説明した後，持続的な競争優位を確立するためのポジショニングの要素について学んでいく。最後に，知覚マップを用いたポジショニング戦略の応用の1つとして，市場変化へのポジショニング対応について考えていく。

2 ケース：ドトールとスターバックス

2.1 私たちの生活のなかでのカフェ

　出先で歩き疲れたり，ちょっとした空き時間があったとき，あなたはどこで休憩しようと思うだろうか。そういうときに思いつくのがカフェ（喫茶店もしくはコーヒーショップともいわれる）である。そのなかでも，自分でカウンターに行って注文し，コーヒーを受け取る「セルフサービス式カフェ」は価格も安く，気軽に利用できる休憩スポットだろう。

　さまざまな要因によって長期減少傾向にあるカフェ・喫茶店市場だが，そのなかでもこうしたセルフサービス式カフェは好調であり，その成長を支えるのが「ドトールコーヒーショップ」（以下，ドトール）と「スターバックスコーヒー」（以下，スターバックス）である。

　ドトールを展開する株式会社ドトールコーヒーは1962年，鳥羽博道氏によってコーヒー豆の焙煎加工と卸売業を行う会社として設立された。同社はドトール以外にも「エクセルシオールカフェ」をはじめ複数の業態を展開しているが，現在の国内店舗数1355店のうちドトールが1095店と主力の業態となっている。2014年2月末現在の同社の売上は739億円，経常利益は41億円であり，会社としては2007年に日本レストランシステム株式会社と経営統合し，株式会社ドトール・日レスホールディングスの傘下となっている。

　一方のスターバックスはコーヒー豆の挽き売り専門店として，1971年にアメリカ・シアトルで創業した会社で，現在のようなカフェ業態をつくったのは途中入社したハワード・シュルツ氏であり，同社の実質的な創業者といわれる。日本では，スターバックスコーヒーインターナショナル社（米国スターバックス社の国際事業部門を担う子会社）と「サザビー」や「アフタヌーンティー」といった小売・飲食店業を展開する株式会社サザビー（現・株式会社サザビーリーグ）が提携して，スターバックスコーヒージャパン株式会社として1995年に設立された。現在の国内店舗数は1034店，売上高は約1257億円，約110億円の経常利益は，日本マクドナルドを抜いて外食産業トップである（2014年3月末現在）。では，それぞれの店に入ってみよう。

第4章 ポジショニング

　ドトールはクリーム色を基調とした明るい店内で，清潔感のある制服姿のスタッフの挨拶も明るく活気がある。朝や昼時はカウンターに列ができることも多いが，彼らはすべての注文をテキパキこなしていくので待たされる感じは少ない。駅近くのドトールにはとくにビジネスマンの姿が多く見られる。彼らはコーヒーを飲みながらタバコを吸ったり，手帳をチェックして，その日の仕事の予定を確認しているようだ。15分もすれば席を立ち，次の仕事に向かっていく。そのような客が入れ替わり立ち替わり店内に入ってくる。彼らはドトールをちょっとした息抜きの場所として使っているようだ。

　それとは対照的に，スターバックスの店内は緑と茶色を基調にした造りがやわらかな間接照明とあわさって薄暗く落ち着きがある。カウンターに行くと，緑色のエプロンをつけたスタッフ（バリスタと呼ばれる）が控えめに声をかけてくれる。注文をするときは「フォームミルク多めのスタバラテにキャラメル・ソースをかけて」というような，ちょっとしたカスタマイズに対応してくれる。その後，バリスタが丁寧に淹れてくれた自分仕様のラテを片手に席を探すことになる。スターバックスにはソファが置かれていることが多い。心なしか女性客が多いようだが，彼女たちはゆったりした大きめのソファに座って，コーヒーの香りを楽しみながら本を読んだり，友達と談笑したりと，それぞれの人が自分たちなりにゆっくりとくつろいでいるようである。

　1杯のコーヒーを飲むことは私たちにとって日常的な行為であり，そこには無数の選択肢がある。カフェでなくてもコーヒーを飲める飲食店は山ほどあるし，わざわざ飲食店に行かなくても，家で手軽にインスタントコーヒーを淹れて飲むこともできる。エスプレッソ・マシーンを備えて本格的なコーヒーを楽しむ人もいるだろう。コンビニエンス・ストアで朝，缶コーヒーを買うことを習慣にしている男性もいれば，チルドコーヒーを買う女性も増えている。近年ではコンビニエンス・ストア内で本格的なコーヒーが提供されるようになり，コーヒーをめぐる消費者の選択肢はさらに広がったように見える。

　このような数ある選択肢のなかで，ドトールとスターバックスは，それぞれに独自性を打ち出し，自分たちのお店でコーヒーを飲んでもらうための仕組みを構築しているようである。その経緯について，次から詳しく見ていこう。

2.2 日本におけるカフェの普及

日本最初のカフェは1888（明治21）年に東京で開店した「可否茶館」といわれる（髙井［2009］）。しかし，その独特な苦みになじみのなかった日本人にとってコーヒーは気軽に飲むものではなく，特別な飲み物であった。明治後期になると，「カフェー・プランタン」「カフェー・ライオン」「カフェー・パウリスタ」といったヨーロッパ式のカフェが東京・銀座に登場し，少しずつ本格的なカフェが開業していく。しかし，その当時のカフェはあくまでも西洋文化を知る場所であり，サロン（社交場）として知識人や文化人が訪れる場所だった。

大正期にはミルクホール[1]と呼ばれる，ミルクコーヒーを出す庶民的なお店が登場し，コーヒーの味は一般の人にも少しずつ受け入れられていく。昭和に入ってもコーヒーはぜいたくな嗜好品であることには変わりがなかったが，一般人にとってより身近な存在となり，カフェの数も着実に増えていった。

その後，第二次世界大戦でコーヒー豆の輸入が禁止されたことにより一時カフェの数は激減するが，戦後に供給業者であるコーヒー焙煎業者が増え，カフェも喫茶店と呼ばれるようになり，多様化の時代を迎える。1950年代後半には，ジャズ喫茶や名曲喫茶といった音楽を聴くためのものから同伴喫茶・美人喫茶といった怪しいものまで，さまざまなタイプの喫茶店が登場した。

1960年代の高度経済成長期には喫茶店のなかでもお酒類を取り扱わない純喫茶がブームとなる。その1つが，個人経営を中心としたフルサービスの喫茶店であり[2]，もう1つがコーヒー専門店であった。コーヒー専門店としては，1964年に1号店を開店した「喫茶室ルノアール」（銀座ルノアール），1970年に開店した「珈琲館」（現在はUCCコーヒー傘下），1972年に開店した株式会社ドトールコーヒーの「コロラド（カフェ・コロラド）」がある。高度経済成長期にさしかかり，日本人の労働時間が次第に長くなっていくなかで，こうしたコーヒー専門店は，ハードに仕事をこなす外回りの営業マンや生保レディの休憩の場として重要な役割をはたし，コーヒーは働く人にとってなくてはならないものになっていった。

2.3 セルフサービス・カフェチェーンの登場

こうしたカフェや喫茶店は，ウェイター／ウェイトレスと呼ばれる店員が客

席まで注文を取りに行きコーヒーを運ぶ「フルサービス式」が一般的である。それに対し、1980年代になると、客が自分で注文し席まで運ぶ「セルフサービス式カフェ」が登場する。この形式を日本で最初に広めたのがドトールである。

　フルサービスのコーヒー専門店である「コロラド」を展開していた株式会社ドトールコーヒーだが、1980年に東京・原宿の駅前にセルフサービス式カフェ「ドトールコーヒーショップ」をオープンする。人通りの多い原宿駅前という最高の立地ながらも店舗面積が狭いため、立ち飲み中心の店舗設計にする代わりに、主力のブレンドコーヒーの価格は150円（Sサイズ）に設定された。その値段は当時の喫茶店が提供するコーヒーの価格のほぼ半額であり、当時、大きな話題となった。

　価格設定の背景として、当時の日本では喫茶店の急速な普及に伴い、朝1杯のコーヒーを飲まなければその日の仕事が始まらないと考えるビジネスマンが増加してきたことにある。それにもかかわらず、2度にわたるオイルショック後の可処分所得の低下で、彼らは気軽にコーヒーを飲めなくなっていた。創業者の鳥羽博道氏は、ビジネスマンが毎日飲んでも負担にならない価格として150円に設定したのである。おいしいコーヒーが手軽に安く飲めるということで、ドトールは顧客の強い支持を受け、着実に店舗を増やしていった。

　この成功を見た競合他社は、ヨーロッパ系カフェ・チェーンと組んで低価格カフェの出店を試みる。1986年にキリンビール系の「カフェ・セボール」が、1987年8月にはダイエー系の「カフェ・ボンサンク」が、10月末にはジャスコ系の「チボー」が同様の店を開店し、巷では「150円コーヒー戦争」ともいわれたが、それらの企業はすぐにチェーン展開に行き詰まり撤退することになった（ジャスコは現・イオン、ダイエーも現在はイオングループ）。

　そのような動きを尻目に、ドトールは順調に出店数を増やし、1987年には100店舗を達成する。1991年に消費税の導入や家賃・人件費などのコストアップのためブレンドコーヒーを180円に値上げしたが、顧客が離れることはなく、その後も順調に店舗数を伸ばしていった。

2.4 スターバックスの進出

こうしたなか，アメリカで話題となっていたスターバックスが日本に進出する。1996年，銀座に1号店をオープンした後，丸の内や大手町，六本木といった集客力のあるオフィス街を中心に積極的に店舗を拡大した。セルフサービス式カフェながらもドリップコーヒーの価格は250円（ショートサイズ）とドトールに比べて高めに設定された。

当時のカフェや喫茶店はビジネスマンの利用が多いことから，喫煙者の休憩の場として利用されることが一般的だった。それに対し，スターバックスは店内を全面禁煙（テラスは喫煙可のところもある）にしただけでなく，その独自のメニューやインテリアをファッション誌やタウン誌がカフェ特集のなかで取り上げたことで，とくに20代から30代の女性を中心に高く評価された。

スターバックスに続いて，1997年にはタリーズコーヒー，1999年にはシアトルズベストコーヒーが日本に進出する。いずれもアメリカのシアトルが発祥のため，シアトル系カフェと呼ばれる。

ドトールが1000店舗を突破したのは，創業から24年経った2004年であるのに対し，スターバックスは1999年に100店舗，2003年に500店舗，2013

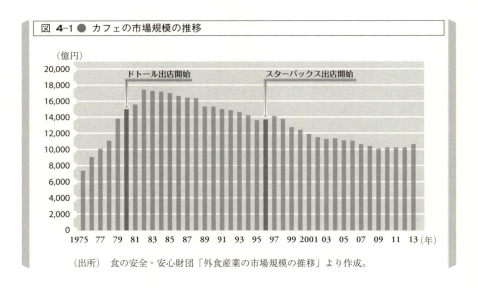

図 4-1 ● カフェの市場規模の推移

（出所）　食の安全・安心財団「外食産業の市場規模の推移」より作成。

年に1000店舗とさらに積極的に出店していった。

　2013年のカフェの市場規模は1兆602億円であり，1982年の1兆7396億円をピークに長期的に縮小傾向にある（図4-1）。2009年を底に下げ止まっているものの，1982年のピーク時から約4割減少している。ただし，その大きな要因は個人経営のフルサービス式喫茶店の減少であり，セルフサービス式カフェが大きな影響を与えていることがわかる。ちなみに，スターバックスとドトールの2013年の売上を合計すると1876億円となり，カフェ市場の約18％を占める。両社は着実に店舗数を増やしているため，この比率は今後も上がっていくと考えられる。

2.5　ドトールのマーケティング戦略

　ドトールの創業者である鳥羽博道氏は，幼いころに母を亡くし，苦労を重ねたすえ，1962年，24歳のときコーヒー豆の焙煎加工と卸売業を行う会社としてドトールコーヒーを設立した。社名のドトールは彼がブラジル・サンパウロで働いていたときの住所からとって名づけられた。

　鳥羽氏がセルフサービス式のドトールを創業するヒントとなったのは，1971年に参加した業界主催のヨーロッパ視察旅行だった。パリのカフェでは同じコーヒーに対し，立ち飲みと着席とでは異なる価格が設定されていて，出勤前のビジネスマンたちは安い立ち飲みコーヒーを飲んで仕事に向かっていた。また，ドイツでは人々がコーヒー豆をカフェの店頭で買っていた。このようにヨーロッパではカフェは日常生活に密着したものとして存在しており，コーヒーが普及しつつある日本においても，日本人の生活に密着したカフェが必要であると感じ，それをドトールとして具現化したのである。

　ビジネスマンに負担のない価格で毎日おいしいコーヒーを飲んでもらい，日々の生活に安らぎと活力を感じてもらいたいという思いから始まったドトールでは，150円という低価格とおいしさを両立させるためにさまざまな工夫がなされている。

　コーヒーの価格をこれまでの半分に設定しても利益の出る店にするためには，単純に倍以上のお客さんに来てもらう必要がある。そのためには毎日通ってもらえる味の提供とともに，客を待たせない仕組みづくりが必要となる。ドトー

ルでは店内の機械化を積極的に進めることで1店舗当たりの平均社員数が0.7人（スターバックスは1.9人）と人件費を抑えつつも，来店客数を増やして高回転率を維持しており，これによって狭くても利益の出る店舗となっている（大澤［2013］）。この仕組みを実現するためには，カウンターでいかに素早くコーヒーを提供できるかがポイントになる。経験の浅いアルバイトでもおいしいコーヒーを提供できるようドイツ製フルオートマチックのコーヒー・メーカーを導入したり，軽食用のパンを焼く機械や食洗機などを積極的に導入することで，彼らが効率よく働けるように工夫している。

それと同時に，毎日飲めるおいしいコーヒーを実現するために，世界11カ国から品質の高い豆を購入し，自社で直火式焙煎を行う仕組みを構築した。この直火式焙煎は人手と時間がかかるため，大手企業は通常，熱風焙煎を用いるが，コーヒーのおいしさを実現するためには妥協できない点であった。この仕組みは品質を維持できる一方，調達コストが割高になる。そのため売上原価は50％と，26.5％のスターバックスと比較して非常に高くなっている（大澤［2013］）。そこには，コーヒー豆の焙煎・卸から出発した同社のこだわりが感じられる。

また，忙しいビジネスマンに手軽に食べてもらえるようにと，コーヒーと一緒に販売する軽食にも力を入れている。オープン当初から売っている「ジャーマンドック」は，ヨーロッパ視察の際にドイツで食べたフランクフルトの味を再現するために，国内のソーセージ，パン，マスタード・メーカーと共同で開発したもので，ドトールの朝の定番となっている。1998年から登場した「ミラノサンド」も手軽なランチの定番として，メニューを変えつつも現在まで販売されている。

店舗に関しては，「安らぎと活力」を提供できるよう色彩心理学で母性愛を示すクリーム色と活力を示す赤茶色を基調にしており，明るく清潔で快適な店舗デザインとなっている。近年は公共の場での受動喫煙の防止がうたわれる健康増進法（2003年から施行）に対応して，店内の分煙も積極的に進められており，タバコを吸わない人たちにとっても気軽に利用できるようになった。

ドトールでは「頑張る人の頑張らない時間」というブランド・メッセージを2010年より発信している（同社ニュースリリース，2010年3月25日）。忙しく

て時間がないビジネスマンたちに，短時間でリフレッシュしてもらえるようなちょっとした息抜きの場を提供できるよう，コーヒーからサイドメニュー，店舗設計に至るまでさまざまな工夫がなされているのである。

2.6 スターバックスのマーケティング戦略

スターバックスはコーヒー豆の挽き売り専門店として，アメリカ・シアトルで1971年に創業された。その当時，コーヒー豆はアラビカ種が良質とされていたが，それらのほとんどはヨーロッパで消費されており，アメリカでは品質の劣るロブスタ種のコーヒー豆が消費されていた。先進国といえどもアメリカのコーヒー文化はまだ未熟であった。

そのようななか，実質的な創業者であるシュルツ氏は，コーヒー豆にこだわるスターバックスの虜(とりこ)になり，1982年に同社に入社する。その翌年，ミラノに出張したとき，彼はイタリアのカフェから大きな刺激を受けた。その1つが町中に何軒もあるエスプレッソ・バーであり，そこでお客を楽しませるバリスタの存在だった。もう1つはカフェラテである。シュルツ氏はエスプレッソにスチームミルクを入れたカフェラテの味が，これまでに飲んだことのあるコーヒーにミルクを注いだもの（カフェオレ）と大きく違うことを知る。こうした体験から，シュルツ氏はイタリアに根づくエスプレッソ文化をアメリカに広めたいと考えるようになり，カフェ業態の開発を目指した。

スターバックスの名を冠したカフェが本格的に展開されるのは，1987年からである。コーヒー豆の挽き売りからスタートしたスターバックスもドトールと同様，コーヒーの味にこだわりを持つ。トレーサビリティと品質管理を厳密に行うことで生産地の特徴的な風味特性を持つ希少価値の高いコーヒーのことをスペシャルティ・コーヒーというが，それを日本に広めたのはスターバックスである。

同社の提供するコーヒードリンクは高品質のアラビカ種コーヒー豆から抽出したエスプレッソがベースとなっている。さらにミルクを無脂肪にしたり，キャラメルやバニラといったシロップを追加したりといったカスタマイズのサービスをつけることで，それぞれの顧客の好みに合ったコーヒーをつくることができる。

ブレンドコーヒーやアイスコーヒーが主力商品のドトールに対し，スターバックスではカフェラテ（「スターバックス ラテ」と呼ばれる）やそこにバニラシロップとキャラメルソースを加えた「キャラメル・マキアート」，フローズンドリンクの「フラペチーノ」など甘めのドリンクメニューが人気となっている。これらは通常のコーヒーよりも苦みの強いエスプレッソへの敷居を低くさせるものであり，独特な苦みを敬遠してこれまでコーヒーを飲まなかったような消費者（とくに女性）にも広く受け入れられる要因となった。

　スターバックスの店内に入ると，カウンターでは緑のエプロンをつけたバリスタがコーヒーの注文を聞いてくれるが，彼らはコーヒーに関する研修を受けているため，コーヒー豆について質問しても快く答えてくれる。また，ドトールのコーヒーの提供は注文カウンターですぐに出されるクイックサービスだが，スターバックスの場合は注文するところとつくるところ，提供するところを別々に設けている。そのうえ，顧客のカスタマイズに対応しながら注文の1つひとつを丁寧につくっているため，注文してからコーヒーが出てくるまでに2～3分はかかるが，そこにはおいしいコーヒーを淹れることへのこだわりが感じられる。

　間接照明を活かした暗めの店内はコーヒーの香りで満たされており，座り心地のよいイスやソファが置かれている。このコーヒーの香りを大切にするために店内は禁煙になっている。バックに流れるジャズをはじめとする音楽も心地よく，1人で読書をしたり，友達とおしゃべりしたりと，スターバックスの店内ではゆったりとした時間を過ごすことができる。

　スターバックスのコンセプトは「サード・プレイス（第三の場）」である。「サード・プレイス」とは都市社会学者のオルデンバーグが提唱した言葉で（Oldenburg［1989］），人々にはファースト・プレイスである自宅やセカンド・プレイスである職場・学校とは異なる第3の居場所に対するニーズがあるという。このサード・プレイスとして，スターバックスはとくにこれまでのカフェや喫茶店を敬遠していた女性たちがくつろげる空間を提供することに成功したのである。

　街角にあるカフェで人々がコーヒーを片手に談笑するという場面は世界のどこでも見られる風景である。そのなかでも，鳥羽氏が視察したフランスやドイ

ツ，シュルツ氏が刺激を受けたイタリアなど，ヨーロッパではカフェ文化が深く根づいている。実際，国別1人当たりコーヒー消費量の上位はヨーロッパの国々が占めており，日本はアメリカに次いで12位となっている（2012年2月，AGFウェブサイト）。ヨーロッパには遠く及ばないが，アメリカそして日本においてもカフェは日常生活になくてはならないものとなっており，その立て役者がドトールとスターバックスであることに間違いはない。

2.7 コーヒー飲用の多様化

好調に見えるドトールとスターバックスだが，近年はさまざまな業種がこの2社のポジションを脅かすようになってきている。その1つがファーストフード・チェーンである。

日本マクドナルドは，2008年に高級コーヒー豆を使用した「プレミアムローストコーヒー」を100円で発売し，大きな話題を呼んだ。その翌年から「マックカフェ」業態を展開していくなかでカフェラテなどのカフェメニューを拡充している。その流れを追って，他のファーストフード・チェーンもコーヒーメニューを拡充すべく動き出している。

最近の動きとしては，「コンビニコーヒー」に注目が集まっている。2012年にローソン，ファミリーマートなどのコンビニエンス・ストアが店頭でのコーヒー販売を開始した。翌2013年1月に発売したセブン-イレブン・ジャパンの「セブンカフェ」はコンビニコーヒーでは最後発だったにもかかわらず，圧倒的な店舗数を持つ利便性に加え，1杯ずつ豆を挽き抽出する本格的なドリップコーヒーがレギュラーサイズ（150㎖）100円で飲めるという手軽な価格設定が消費者に受け，「日経MJヒット商品番付」の「横綱」になるなど，話題をさらっている。

コーヒーには毎日飲みたいというヘビー・ユーザーが存在するだけでなく，サンドイッチやデザートなどを一緒に買ってくれるという併売による相乗効果も大きい。また，オペレーションに手間がかからないうえに原価も低く利益率が高い。さまざまな業種がそのメリットに目をつけ，競争はますます激しくなっている。

全日本コーヒー協会『コーヒーの需要動向に関する基本調査（2012）』によ

表 4-1 ● 飲用場所別1人1週間当たりのコーヒー飲用杯数の推移

年	合 計	家 庭	喫茶店・コーヒーショップ	レストラン・ファーストフード	職 場	その他
2002	10.03	6.27	0.34	0.14	2.50	0.76
2004	10.43	6.42	0.38	0.12	2.69	0.76
2006	10.59	6.38	0.33	0.11	2.78	0.93
2008	10.60	6.52	0.22	0.10	2.77	0.91
2010	10.93	6.74	0.23	0.09	2.86	0.94
2012	10.73	6.85	0.21	0.11	2.56	0.93

（注）　四捨五入の関係で合計が一致しないことがある。
（出所）　全日本コーヒー協会『コーヒーの需要動向に関する基本調査（各年）』より作成。

ると，日本人は週に約 10.73 杯のコーヒーを飲むが，そのうちの 6.85 杯は家庭，2.56 杯は職場で飲まれ，カフェで飲むのは 0.21 杯しかない。しかも，表 4-1 にあるように，長期的な傾向を見ていくと，日本人が飲むコーヒーの量は増えているにもかかわらず，カフェで飲む量は減っている。さまざまな業種が絡んだ近年の競争が，カフェの集客に影響を与えているのは明確であろう。

いまやコーヒーも多様化の時代を迎えている。ファーストフード・チェーンやコンビニエンス・ストアで本格的なコーヒーが提供されるようになっただけでなく，簡易ドリップコーヒーや家庭用エスプレッソ・マシーンの普及など，さまざまな場所で本格的なコーヒーを手軽に飲むことができるようになった。その結果，喫茶店で飲むコーヒー以外に缶コーヒーとインスタント・コーヒーしか選択肢のなかった時代は終わり，消費者のコーヒーに対するこだわりは強くなってきている。

このような競争環境の変化に対応すべく，スターバックスコーヒージャパンでは 2014 年 9 月に米国スターバックス社による完全子会社化が発表され，米国本社主導でさらなる対応が模索されることになった。ドトールはどのように動くのだろうか。日本におけるカフェ文化の定着に寄与したスターバックスとドトールであるが，こうした本格的なコーヒーをめぐる戦いのなかで，さらなる対応が求められている。

3 ケースに学ぶ

3.1 STPのなかのポジショニング

ポジショニングという言葉を世界的に広めたのは，アメリカでマーケティング・コンサルタントをしていたアル・ライズとジャック・トラウトである。彼らはポジショニングを「見込み客の心のなかに，その製品の位置づけ（ポジショニング）を行うこと」だと定義する（Ries and Trout [1993]）。なぜポジショニングが必要かというと，数あるカフェや喫茶店のなかで，スターバックスやドトールが選ばれるためには，それぞれの店の独自性（uniqueness），すなわち違いを消費者に認識してもらわなければならないからである。違いがなければ，どれも同じとなってしまい，最終的には価格競争に陥ってしまう（同じならば安い店にしようということになる）。

ただし，注意しなければならないのは単なる違いだけでは駄目だということである。マーケティングの大家であるコトラーはポジショニングとはターゲットとなる消費者の頭の中において独自で価値ある位置を占めることができるよう，企業の提供物やイメージをデザインする行為であると定義する（Kotler [2003]）。言い換えるならば，消費者が評価してくれるような違いを出していくことがポジショニングには求められるのである。

ポジショニングは通常，セグメンテーション，ターゲティングと一体となって進められるため，それぞれの頭文字をとって**STP**ともいわれる。この3つは関連が深いために，ポジショニングにターゲティングを含めることも多く，3つが混同されることも多い。そこで，STPの関係を図**4-2**のように整理しておく。この図によると，セグメンテーション，ターゲティング，ポジショニングは，それぞれ消費者**ニーズ**への異なったアプローチとして捉えることができる。消費者ニーズを起点に市場を細分化することがセグメンテーションであり，当該ニーズを持ちうる消費者を明確化することがターゲティングとなる。この特定のニーズを持つ消費者に対して，自社の提供する製品やサービスをデザインしていくことがポジショニングの役割である。そのため，ポジショニングを行うことは必然的にセグメンテーションやターゲティングを行うことにつ

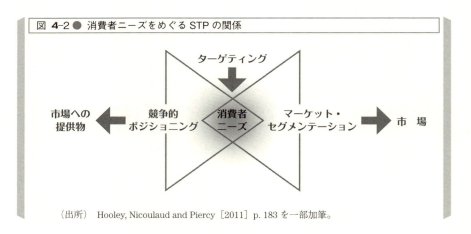

図 4-2 ● 消費者ニーズをめぐる STP の関係

（出所）　Hooley, Nicoulaud and Piercy［2011］p. 183 を一部加筆。

ながり，ポジショニングそのものがセグメンテーションやターゲティングに大きな影響を与える。だからこそ，STP は常に一貫性を持って実行されなければならない。

3.2　知覚マップとポジショニング

では，企業のポジショニングを，消費者はどのように認識しているのだろうか。それを知る手がかりとして用いられるのがポジショニング・マップや**知覚マップ**と呼ばれるものである。これはターゲットとなる顧客の頭の中でそれぞれの製品やサービスがどのように位置づけられているかを視覚化したもので，図 4-3 のように表されることが多い。

この図では 2 軸でカフェ・喫茶店のブランドが表されている。横軸は消費者の支払う価格帯が安いか高いかであり，縦軸は消費者の滞在時間が長いか短いかである。この図によると，ドトールは安くて滞在時間も短いということがわかり，スターバックスは価格が高めだがゆっくり過ごせることがわかる。同じようにゆっくり過ごせる場所としてはフルサービス式のカフェや喫茶店があるが，スターバックスよりも価格が高くなる（だからこそ，ゆっくり過ごすならばスターバックスのほうがよいということになる）。このように，知覚マップによって，消費者にとってそれぞれのカフェがどのように認識されているかが一目瞭然となる。フルサービス式のカフェとスターバックスの例に代表されるように，似

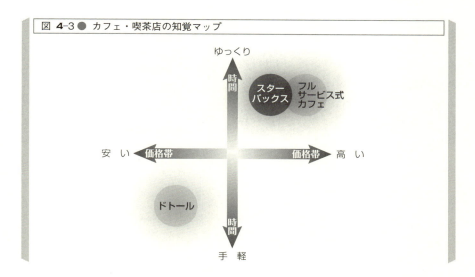

図 4-3 ● カフェ・喫茶店の知覚マップ

ていると認識されている場合は，さらなる差別化を考えていかなければならない。

3.3 ポジショニングと持続的競争優位

ポジショニングは自社の製品やサービスを差別化し，4P をはじめとするその後のマーケティング戦略を展開していくうえでの指針となる。では，具体的にポジショニングを策定していくためには何が必要だろうか。ここでは 3 つの要素について説明しておこう。

その 1 つは「ターゲット」である。表 4-2 にあるように，ドトールの場合，メイン・ターゲットは営業などの外回りの仕事が多いビジネスマンになる。20 代から 30 代の女性に支持されるスターバックスとは，ターゲットが明確に異なることがわかるだろう。

2 つめは「カテゴリー」である。カテゴリーを決めることは競合する製品やサービスを規定すること，すなわち，競争の範囲を確定することにつながる。セルフサービス式カフェという枠組みのなかで競争するのか，それともフルサービスを含めたカフェのなかで競争するのか。はたまた，ファーストフードを含めたセルフサービスの飲食業のなかで競争するのか。カテゴリーを規定する

表 4-2 ● ドトールとスターバックスのポジショニングの比較

	ドトール	スターバックス
ターゲット	外回りの多いビジネスマン	20代から30代の女性
カテゴリー	セルフサービス式カフェ	セルフサービス式カフェ
差別化ポイント	息抜きの場	くつろぎの場

ことはライバルを認識することにつながり，そこではじめて 3 番めに重要になる独自性につながるのである。

3つめは独自性，すなわち「差別化ポイント」である。競合する製品やサービスに対する優位性を規定するものであり，その製品の売りである「USP」（ユニーク・セリング・プロポジション）ともいう。ドトールの場合はちょっとした息抜きの場であり，スターバックスはくつろぎの場ということになる。以上のように，同じセルフサービス式カフェながらも，ドトールとスターバックスの差別化ポイントは大きく異なることがわかるだろう。

ドトールはちょっとした息抜きの場を提供するために，低価格で素早い提供，短時間でも心地よくいられる店内を考えている。反対に，スターバックスは顧客にくつろいでもらうための工夫として，コーヒーのカスタマイズや店内の禁煙，その他の雰囲気づくりを考えている。それがくつろぎの場となるからこそ，場所を取る大きなソファでもスターバックスにとっては重要なのである。

このように，2社のポジショニングは明確な違いを消費者に認識させることに成功し，長年にわたり顧客に支持されている。言い換えるならば，適切なポジショニングは製品やブランドの**持続的競争優位**を確立するうえで欠かせない戦略なのである。

3.4 市場ダイナミズムへのポジショニング対応

世の中はさまざまな製品であふれている。自由競争が進んだ結果，私たちの目の前には多くの選択肢が並ぶようになったが，それと同時に市場の**コモディティ化**も進んでいる。すなわち，「たくさんあるけど，どれも同じ」と消費者が認識してしまっている状況がそこには存在する。ポジショニングによって違

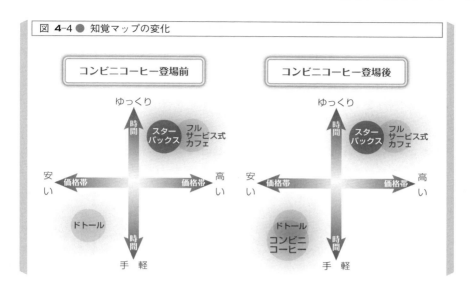

図 4-4 ● 知覚マップの変化

いを明確に打ち出すことは、このような競争を避けることでもある。

　ドトールとスターバックスは同じセルフサービス式のカフェであるが、この2つはうまく使い分けられているともいえないだろうか。たとえば、時間がちょっとしかないときはドトールですませ、1時間もあるときはスターバックスに行ってゆっくりと過ごす。このように、ポジショニングがしっかりしていると、消費者の頭の中で競合することはなく、価格競争による消耗戦は回避されるのである。それどころか、明確なポジショニングの違いによって、2社はこれまでカフェや喫茶店に来ることのなかった新たな顧客を引きつけ、セルフサービス式カフェの成長に貢献してきた。このように、消費者にとって価値ある違いが提供できるポジショニングは、最終的には市場そのものを成長させていくのである。

　ただし、競争は常に変化することを忘れてはならない。セルフサービス式カフェの場合、より安い価格で本格的なコーヒーが楽しめるコンビニコーヒーの登場は大きな脅威となっている。このような場合、知覚マップを見直す、すなわち**リポジショニング**の必要が出てくる。図 4-4 にあるように、コンビニコーヒーのポジショニングを知覚マップ上に表すと、コンビニコーヒーはとくにド

トールのポジションを脅かしていることがわかるだろう。ドトールでコーヒーをテイクアウトしていた顧客がコンビニコーヒーに流れるということが実際に起きている。だからこそドトールは，コンビニコーヒーとの違いを明確に出すために，リポジショニングしなければならない時期に来ているのかもしれない。

● ディスカッション・ポイント ─────────── Discussion Point

4-1 コンビニエンス・ストアにあるロングセラー・ブランドの製品（お菓子や飲料など）を1つ取り上げて，そのポジショニングの成功ポイントを考えてみよう。

4-2 その製品と競合する製品を考え，知覚マップで表してみよう。

4-3 コンビニコーヒーのポジショニングを「ターゲット」「カテゴリー」「差別化ポイント」の3つの要素で考えてみよう。

4-4 ドトールコーヒーはコンビニコーヒーに対し，どのようなリポジショニングをすべきだろうか，具体的な戦略を考えてみよう。

● 文献ガイド ●●●●●

A. ライズ＝J. トラウト／新井喜美夫訳［1994］『売れるもマーケ 当たるもマーケ──マーケティング22の法則』東急エージェンシー出版部。
　ポジショニングという言葉を世界中に広めたライズとトラウトによる本です。22の法則を紹介する形で書かれているため，初学者でも読みやすくなっています。

A. ライズ＝J. トラウト／川上純子訳［2008］『ポジショニング戦略（新版）』海と月社。
　ライズとトラウトのポジショニングの考え方について，さらに深く学べるので，上記の本でポジショニングに興味を持ったら挑戦してもらいたい本です。

P. コトラー＝K. L. ケラー／恩藏直人監修［2014］『コトラー＆ケラーのマーケティング・マネジメント基本編（第3版）』丸善出版。
　全体としては分厚い本ですが，ポジショニング戦略に関わる第9章を中心に読んでいくことで，ポジショニング戦略を体系的に学ぶことができます。

● 注 ●●●●●

1) ミルクホールとは，文字通り牛乳を提供する店で，温めたミルクをイスに腰掛けて飲むという斬新さが人気となる。やがて牛乳の乳臭さを消すために，コーヒーを混ぜたミルクコーヒーが提供されるようになり，人気となった（高井［2009］）。
2) 1970年代から80年代にかけては脱サラ・ブームが起こり，サラリーマンから喫茶店主に転職する人が多かったといわれる。

● 参 考 文 献 ●●●●●

大澤博一［2013］「セルフ式チェーンの『勝者なき競争』」『ZAITEN』2013年5月号。

全日本コーヒー協会『コーヒーの需要動向に関する基本調査（2012）』。

高井尚之［2009］『日本カフェ興亡記』日本経済新聞出版社。

Hooley, G., B. Nicoulaud and N. Piercy [2011] *Marketing Strategy and Competitive Positioning*, 5th ed., Prentice Hall.

Kotler, P. [2003] *Marketing Management*, 11th ed., Prentice Hall.

Oldenburg, R. [1989] *The Great Good Place*, Da Capo Press.（忠平美幸訳［2013］『サードプレイス――コミュニティの核になる「とびきり居心地よい場所」』みすず書房）

Ries, A. and J. Trout [1993] *The 22 Immutable Laws of Marketing*, Harper Collins.（新井喜美夫訳［1994］『売れるもマーケ 当たるもマーケ――マーケティング22の法則』東急エージェンシー出版部）

第 II 部

消費者行動とリサーチ

CHAPTER 第 5 章　消費者行動
はじめての結婚式列席用ドレス選び ●柴田典子

第 6 章　マーケティング・リサーチ
Ｊリーグクラブの観客動員数を増やすマーケティングの提案
●斉藤嘉一

第5章 消費者行動

はじめての結婚式列席用ドレス選び

柴田 典子

KEYWORDS
- 購買意思決定プロセス
- 内部情報探索
- 外部情報探索
- O2O
- CGM
- 態　　度
- 評価属性
- 関　　与

初めて列席する結婚式。商業施設のアパレルショップには、さまざまなタイプのドレスが並ぶ。いったい、何を基準にドレスを選べばいいのだろう

1 この章で学ぶこと

　市場を「消費者の集合」と考えるように,[1]マーケティングで最も重要な概念は消費者である。その消費者に焦点を当てた研究領域を「消費者行動論」(または消費者行動分析)といい，重要な領域の1つとなっている。

　たとえば，ある人がエナジードリンクを買ったとしよう。なぜ買ったのであろうか。それは「のどが渇いた」「元気をつけたい」というような，なんらかの理由やきっかけがあり，のどの渇きを潤し，なおかつ活力を与えてくれる最良の選択肢とその人が評価して，そのエナジードリンクを買ったと考えられないだろうか。

　つまり消費者の具体的な目に見える行動には，何かの理由やきっかけがあり，その製品を買おうという意思決定に至るまで，いくつかの心理的過程を経ていると考えるのが自然である。消費者が具体的な行動[2]になぜ（あるいはどのように）至ったのかを明らかにしようというのが，消費者行動論である。

　消費者行動論が扱う研究範囲は非常に広いが，本章では「購買意思決定プロセス」を紹介する。さまざまなモデルが提案されているが，「問題認識」→「情報探索」→「代替案評価」→「選択・購買」→「購買後評価」という，最も広く受け入れられているモデルである。

　本章のケースでは，その製品カテゴリーへの「思い入れ」度合いが異なる2つの購買を紹介する。この思い入れを「関与」というが，主人公は結婚式列席用のドレスでは思い入れが強い高関与の購買を行い，それに合わせたストッキングでは思い入れが弱い低関与の購買を行っている。

　いずれの購買でも，問題を認識し，情報を探索し，各代替案（製品またはサービス）の評価を行って選択し，購買後にその代替案に対する再評価を行っている点は同じだが，各段階における質は異なる。

　そして第3節では，ケースと照らし合わせながら，購買意思決定プロセスを核として「内部・外部情報探索」「態度」「関与」という重要な概念を解説する。

2　ケース：結婚式列席用ドレスの購入

本ケースは，はじめて結婚式に招待された女性の結婚式列席用ドレスの購入経験について，インタビュー等をもとに構成した架空のストーリーである。ドレスの必要性を認識し，悩みながらも購入するドレスを決定し，使用後においてもいろいろ考えるなど，いくつかの心理的過程を経ている点に注意しながら読み進めよう。

2.1　ドレスがない！

社会人生活も2年目に入ったばかりの4月下旬，横浜市在住の由美が新入社員歓迎会から帰宅するときれいな封筒を母から手渡された。差出人を見ると，大学のテニス・サークル時代の先輩の綾香と見覚えのない名前の男性との連名であった。結婚式の招待状である。7月最初の土曜日に結婚式を挙げるという。

綾香は由美の2学年上で，同じ経営学科ということもあり，在学中はサークルだけでなく，定期試験のノートをもらったり，苦戦した就職活動で相談に乗ってもらったり，何かと可愛がってもらった。おしゃれで学生時代から大人びた雰囲気のある綾香は，小柄で童顔な由美の憧れの女性でもあった。

中学生のときに従兄の結婚式しか出たことのない由美には，実質的にはじめての結婚式への列席である。当時は制服で済ませたが，社会人のいまはドレスが必要だ。「はじめてだし，6月にボーナスも出るし，何より綾香さんの結婚式。"良いドレス"を買おう」。しかし，これまで興味がまったくなかったため，ドレスの知識がほとんどない。ファッションに疎い父と兄は相談相手にならない。

母は結婚式列席の服装マナー相談にもドレス選びにも乗ってくれるだろうが，末っ子で小柄な由美はいつも子ども扱いされてきたので，今回はできるだけ母の助けを借りたくなかった。2カ月近くの時間があるし，結婚式の列席はこれからも続くはずだ。50代後半の母の知識と最近の常識にも少しずれがあるかもしれないので，今後のためにもできるだけ自分の力で決めようと思った。

そうは思いつつ，1つだけ母の力を最初から借りたいものがあった。パールのネックレスである。幼いころ母に隠れてこっそり眺め，いつか私もこれを

したいと思っていた。

「ママ，さっきの封筒，綾香さんからの結婚式の招待状だったよ」
「由美もそういう歳になったのねぇ。綾香さんって，由美がよく話していたきれいな先輩よね。ファッション関係に勤めたんじゃなかったっけ」
「うん。それでね，ママ。パールのネックレスを借りたいの」
「いいけど，由美に似合うかしら。でも，その前にドレスを持っていないじゃない。結婚式用の服装にはマナーがいろいろあるし，綾香さんはファッション関係でしょ。ああいう人たちは服を見る目が厳しいわよ。ちゃんとしたドレスを買わないとね。ママが選んであげようか？」
「わからなくなったら聞くかもしれないけど，今回は自分で選びたいの」
「あら，そうなの。あなたは背格好も普段着のセンスも子どもっぽいから心配ね。七五三みたいにならなきゃいいけど」

母にそう言われ，相変わらず子ども扱いされていると由美はちょっと悔しくなった。そこで年齢相応に可愛らしくも少しエレガントで大人の女性らしさが感じられるドレスを，母に頼らず自分で選んで買おうと決めた。

同時に，ドレスの見た目だけでなく，たくさん考慮すべき事柄があることも気になっていた。フォーマルな場で恥ずかしい思いをしたくない。それも憧れの女性の特別な舞台である。したがってマナー違反は何としても避けたい。そして綾香の印象に少しでも残りたいから，他の人と色やデザインで重なりたくない。列席者にはファッション業界の人が多そうなので，生地や縫製など，モノとしての品質も良いものを着て行きたい。だが，そうなると，いったいどのくらいの値段がするのだろうか。

単に「良いドレス」を買うといってもさまざまなポイントに注意しなければならず，喜びと同時に由美は不安も感じていた。

2.2 悩み始める

翌朝，いつもの満員電車に揺られながら，結婚式列席用のドレスのことを何も知らないなと改めて感じていた。

好きなテレビドラマの結婚式のシーンを思い返してみてもウェディングドレスの印象が強く，女性列席者は華やかだったというだけで具体的に思い返せない。だが，土日に街で見かける結婚式帰りの女性なら何となく思い返すことは

できた。たいてい，光沢のある素材のワンピース型で，色はさまざまだがスカートの丈は膝より少し上，そして丈の短いフォーマルなカーディガンを着ている人が多く，その色は黒が多かった気がする。

　由美としては，ドレスには可愛さに加えてエレガントな大人の女性らしさも欲しいし，新婦はファッション関係者で目が肥えているので，生地も縫製も良いものが欲しい。とはいえ，夏休みに海外旅行へ行きたいからできれば安いほうがいいが，ドレスの相場はよくわからない。また，結婚式当日は綾香と会話する時間はあまりないかもしれないが，彼女の印象に残りたいので他の人たちと色やデザインで違っていたい。加えて，自分のためにも綾香のためにもドレスマナーはしっかり守りたいし，母のパールのネックレスが映えるドレスにしたい。どこのブランドがいいのだろうか……。考えることが多すぎて，由美の頭はこんがらがってきた。

　これが普段着や大学時代に親しんだテニスのラケットならどんなに楽に選べるだろうと由美は思った。色，デザイン，機能や品質，メーカーやブランド，価格帯などそれなりの知識がある。買う際に注意を払うポイントも自分なりにある。買う店もだいたい決まっている。

　ところが結婚式列席用のドレスとなると，自分に知識がほとんどなくポイントもわからない。持っている知識といえば，白または白系統の色は花嫁の色なのでご法度ということと，ドレスのスカート丈にはロング，膝丈，ミニと何種類かあること，そして理由はわからないけれど，フォーマルな丈の短いカーディガンを着ている人が多い，ということくらいである。

　悩んでいても仕方ないので，職場や店の人たちに聞いたり，インターネット，雑誌や本などをいろいろ調べたりして情報を集めることにした。

2.3　**情報を集める**

　昼休みを使って由美がファッション通販サイトでドレスを見ていると，同期で気の合う桃子がその画面を見ながら声をかけてきた。桃子はファッションには敏感だが，結婚式列席用のドレスにはさほど詳しくないという。しかし自分も結婚式への招待がそのうちあるだろうからと興味津々である。

　そのとき由美が見ていたドレスは，上下で色を使い分けるバイカラー（2色

の意)のドレスであった。桃子によると，バイカラーは「別れ」を意味するので縁起が悪いとされていると告げられた。知識不足を自覚していたが，最初からつまずいてしまった。昼休み終了にはまだ余裕があり，相談に乗ってもらうことにした。まず検索エンジンにいくつかのキーワードを入れて，結婚式のマナーを調べてみた。するとそれまで想像したこともない細かなことがわかった。

　ドレスの色は白と黒以外の単色無地が基本で，桃子の指摘通りバイカラードレスは避けるべきであるという。その他にもスカート丈の長さ，肌の露出度，小物，ヒールの高さ，髪型，アクセサリーなど，ドレス以外にも一度で覚えきれないほどのマナーがあった。予想はしていたものの，ファッション通の桃子ですら驚くような細かさであった。

　自分だけならまだいいが，場合によっては招待してくれた新婦の綾香にも恥をかかせかねない。由美は，これはかなり真剣に選ぶ必要があると認識した。

　そこで桃子に，昨晩の母との会話や招待してくれた綾香について説明し，可愛らしくもあり大人の女性らしさもあるドレスをイメージしていること，マナーを遵守したいこと，モノとしての品質にもこだわりたいことなどを話した。

　桃子はマナーについてはわからないと前置きしたうえで，納得いくものが欲しいなら，とにかくたくさんのドレスを見てイメージをつかむのがいいだろうと言った。それにはインターネットが手っ取り早いが，彼女の経験からすると，普段着の購入の場合でも，ネットのカタログ写真は，色合い，生地，縫製，着用したときのシルエットなどのニュアンスが現物と違うことがあるという。リアル店舗販売もインターネット通販も両方しているブランドは多いから，両方を活用してイメージ固めと品質チェックしてはどうかとアドバイスしてくれた。そして「ZOZOTOWN」「MAGASEEK」など，桃子が普段からチェックしているファッション通販サイトをいくつか教えてもくれた。

　早速，次の土曜日に時間をつくり，通勤の乗換駅である横浜駅周辺の商業施設をめぐってみた。手始めに駅直結の横浜LUMINEへ行き，普段着を買うことの多い10代〜20代前半向けのブランドショップと，入ったことのない働く大人の女性向けのブランドショップへ入ってみた。ショップ店員に事情を説明していくつかのドレスを試着し，最近の流行やマナーについてのアドバイスを求めた。

どちらの店でも，色はピンクと紺，袖はノースリーブ，ミニスカート丈のドレスの多いことが共通していた。最近の流行だという。バイカラードレスも多かった。けっこう流行っているらしい。確かに目を惹くし，着てみたいと思うものも多かったが「マナーに反しているはずでは……」と由美はとまどった。

　実際に試着してみると，ウエストラインの絞りになる切替えが実際のウエストよりかなり上，ほぼ胸の下あたりにあるハイウエストタイプのドレスと，A字型のシルエットをしたウエストラインの切替えがないAラインと呼ばれるタイプのドレスは，由美の子どもっぽさをさらに増す結果となった。そこで，実際のウエストと洋服のウエストラインがほぼ同じ位置にくる，一見クラシカルな印象のドレスを試着してみると，体のウエストラインが綺麗に強調され，女性らしい雰囲気が出ることがわかった。

　袖のデザインでは，ノースリーブとパフスリーブ（提灯のような膨らみを持つ袖）のものを試着した。肩口から腕全体を露出するノースリーブのドレスだと女性らしさが出て，肩口をしっかり隠すパフスリーブだと可愛らしさが出ることもわかった。

　大人の女性らしさも出したいと思っていた由美は，ノースリーブのドレスに惹かれ出した。ただし，ノースリーブタイプのように肩を露出するドレスの場合，結婚式の挙式に列席する際は，ショールかボレロで肩を羽織って隠すのがマナーであることを店員に教えられた。由美が街で見かけた結婚式帰りの女性の多くが羽織っていた「フォーマルな丈の短いカーディガン」というのは，この「ボレロ」だったのだ。理由もやっとわかった。

　そして，先日桃子にアドバイスをもらった通り，なるべく多くのドレスを見て情報収集をするため，その後丸1日かけて，そごう，マルイシティ，相鉄ジョイナス，モアーズと横浜駅周辺の商業施設を見て回り，いろいろな情報を集めた。

　その甲斐あって，おおよその流行や，自分が惹かれるドレスのタイプ，似合う・似合わないドレスのスタイルなど，傾向をつかむことができた。何よりエレガントな大人の女性らしさを出すには，肩の露出具合と，ウエストラインの位置が影響するという，由美にとっての具体的な重要ポイントが明らかになったのは収穫であった。価格も，上を見ればキリがないが，どうやら3万円くら

表 5-1 ● 結婚式列席用ドレスに対する由美のニーズ

ニーズ	具体的な重要ポイント
可愛らしさがある	肩が隠れる
大人の女性らしさがある	ウエストラインの切替え位置が低い 肩周辺の肌の露出度が高い
マナーを遵守する	白系以外の単色無地 肌（肩・首回り・背中）の露出度が低い 膝が隠れる
モノとしての良さがある	生地が良い 縫製が良い
他の人と違う	デザインが重ならない 色が重ならない
パールのネックレスが映える	試着して確認
安物でないがある程度安い	3万円程度

いで大丈夫そうだという感触がつかめ，少しほっとした。

　その日から由美は，会社帰りや土日を使った店舗での試着，ファッション通販サイトやクチコミサイトでの閲覧を通して，自分が欲しいドレスのイメージをより具体的に固め，気になったブランドのチェックをしていった。だが，どのブランドが自分に合っているのか，絞り込んでいくことはなかなか難しい。

　あわせて Yahoo! 知恵袋やキーワード検索，会社の上司や店員との会話，マナー関連の本から，結婚式でのマナーについてもさらに調べ，確かめていった。

　その結果，バイカラードレスはやはりよくないことがわかった。ただ最近は，レストラン・ウェディングをはじめとしたカジュアルな結婚式も増えており，そういう場では許されるらしい。それでも気にする人はいるので，年配の参加者がいる場合や良家の結婚式ではカジュアル形式といっても避けるのがよい。ファッション業界に勤める新婦の綾香はもちろん，同じ業界の列席者の人々もこういったマナーの知識は豊富だろう。ご家族には年配の方もいるはずだ。由

美はそう考え，バイカラードレスは避けることにした。

加えて，スカートの丈の長さは正式には膝が隠れるほどの長さが必要であると知った。日中の結婚式では，脚だけでなく，肩，胸元，背中も，肌の露出度は控えめのほうがいいという。しかし由美の見た限り，ロングドレス以外，立ったときに膝が隠れるほどの長さのドレスは多くなかった。だからといって脚が露出するほどのミニスカートはマナーに反するため，膝が隠れる長さのものにすると決めた。

仕事の忙しさで幾度かの中断もあったが，由美はリアル店舗とインターネットを活用しながら，自分の欲しいと思うドレスの具体的なイメージを徐々に固めていった。由美のニーズとそのニーズを満たす具体的な重要ポイントをまとめると，**表 5-1** のようになる。

2.4　ドレスを決める

そして綾香の結婚式まで1カ月を切った6月中旬，候補を2つに絞り込んだ。

1つは，最初に行った横浜 LUMINE の働く大人の女性向けのブランドショップにある，最近入荷されたばかりのノースリーブタイプのドレスである。

肌の露出度が高い分，エレガントな大人の女性らしさが際立つドレスだ。色は流行しているネイビー（紺）で他の列席者と重なる可能性があるが，光沢が控えめの落ち着いた色合いである。母のパールのネックレスを持参して試着してみると，白とネイビーのコントラストが美しかった。肩周辺をかなり露出するので羽織るためのショールかボレロも必要だが，合計しても3万円以内に収まる。それでいて生地も縫製も良い。肩周辺の露出度以外は，スカートの丈の長さも含め，マナーの面で問題がなかった。

もう1つは，ZOZOTOWN を閲覧しているときにみつけた S ブランドのドレスである（イラスト参照）。このショップは横浜駅周辺の相鉄ジョイナスに店舗があった。店舗で現物を確かめられることも由美が候補にした理由の1つであった。だが，こちらのドレスはまだ試着をしていない。

このドレスは可愛らしさが優勢で，大人の女性らしさの点は希望より多少落ちるかもしれないが，可愛らしさのなかにエレガントでクラシカルな気品があり，一目で気に入った。

袖は肩口を完全に隠すタイプなので羽織るものを買い足す必要もない。胸元の露出も控えめだ。サイトに掲載されているモデル写真はスカートの丈が膝より少し上なので試着をするまで少々心配だが，それ以外はマナー面で問題がまったくない。

ウエストラインの位置もちょうどよく，リボンベルトが付属しているためウエストを上品に強調できる。袖のデザインはチューリップをモチーフにしており，さりげなく凝っている。胸元のデザインにも落ち着いた華やかさがあり，気品と愛らしさが備わったドレスだ。大人と子どもが同居しているような，いまの自分にぴったりな気がしたのである。

最終的に購入に至った ドレス

6月も下旬に差しかかるころ，色，生地，それに縫製の確認と試着のため，由美は母のネックレスを持参して相鉄ジョイナスにある店舗へ向かった。

店頭販売価格はネット販売と同じ税込み3万240円であった。生地と縫製も良い。スカート丈は小柄な由美の膝が完全に隠れる長さで不安は解消された。色はオレンジピンク，ネイビー，ベージュの3色があった。ベージュはカタログ写真だと白っぽく見えたので，記念写真のことを考えマナーの面から避けることにした。

まずネイビーのドレスを試した。期待以上の可愛らしさと気品が醸し出され，とても気に入った。やはり，持参したパールネックレスの白とネイビーのコントラストが際立つ。しかし，流行の光沢があるネイビーで，他の人とおそらく重なることが気になった。

続いて，オレンジピンクを試着した。全体的な雰囲気は甲乙つけがたかったが，パールの白が柔らかな印象となり本来の輝きがより映えて美しく見えた。店員も同じ意見であった。ピンクも流行色だが，このオレンジピンクは独特な色合いで，どのブランドショップでも出合わなかった色である。

由美の気持ちはほとんど固まった。だが少々興奮していたので，もう1つの候補であるノースリーブタイプのドレスと頭のなかで比較してみた。改めて冷

静に考えたものの気持ちは動かず，Ｓブランドのオレンジピンクのドレスを購入した。

2.5　ドレス用のストッキングを買う

由美は探し求めていたドレスをついに買うことができ，帰りの電車で当日着ていくことを思ってワクワクしていた。ところが，ドレスに気をとられすぎたあまり，ストッキングを買い忘れていたことに気づく。

自分の持っているストッキングにはおしゃれ用ストッキングもあるが，およそドレスには似つかわしくない色柄物などのマナー面で問題があるものばかりだ。仕事用の一般的なベージュのものはもちろん持っているが，一所懸命選んだドレスを着るのだから，ドレス用として新品のおしゃれなストッキングと合わせたい。

しかしながら，ドレス購入の最初のときのような不安感を由美は抱いていなかった。ドレス用ではないが，ストッキング購入は何度も経験があって慣れているからだ。メーカー，機能，価格帯，デザインなどの製品知識もそれなりにある。ドレス選びで一所懸命勉強したマナー面の知識もある。普段買う店も選ぶメーカーもほとんど同じであるし，品揃えもだいたいわかっている。合わせるドレスも購入済みだ。

由美は，普段の仕事用ストッキングの購入では，ベージュのプレーンストッキング（柄なしのストッキング）を，丈夫さ，むくみ防止機能，安さを基準に選んでいたが，「ドレスに合った綺麗なチャーム（ワンポイント柄の装飾）が入っていて，そのなかでできるだけ安いものを」と考えた。

そして，帰りがけに，最寄り駅前のビルにあるファッションセンターしまむらと，自宅の近所にあるイトーヨーカドーへ寄ることにした。万が一，品切れだったとしても，安ささえ諦めれば，会社帰りに百貨店か専門店にでも行けばすぐに買える，と楽観的であった。

しまむらは安かったが，いつも仕事用に履いている無地かポップな柄物が多く，気に入ったチャーム付きのストッキングが残念ながらその日は見当たらなかった。次に，自宅近所のイトーヨーカドーの２階にある衣料品売場へ立ち寄り，仕事用に買う安いストッキングの棚は見ず，おしゃれ用の柄ストッキング

の棚へ直行した。普段購入するより高めの価格帯だが品揃えは多い。

　ストッキングの色は，マナーに則してベージュに決定である。もちろんベージュにも何種類か色味があるが，自分の肌に近いベージュである。そのなかから，左足首にドレスに合いそうな綺麗なチャームがあるものをいくつか手に取ってみた。いつものストッキングより価格は高いものの1000〜1500円ほどである。

　多少迷ったが，チャームのデザインと，パッケージモデルのタレントが好きという理由で購入するストッキングを決定した。このストッキングのメーカーは，由美が仕事用として普段から購入しているメーカーでもあった。普段使いのプレーンストッキングでむくみ防止機能の良さが気に入っていたため，信頼感があったのだろう。

　結局，由美は「結婚式列席の服装マナーに適したベージュ」「チャームの柄が気に入った」「パッケージモデルのタレントが好き」という理由だけで選び，すぐにレジへ並んだ。売場に到着してから購入決定に至るまでの所要時間は10分間足らずであった。

2.6　最終的に満足する

　結婚式当日，キャンドルサービス以外，綾香に言葉をかける機会はなかった。それでも幸せそうな綾香を眺めるだけで由美は胸が一杯になった。

　ドレスの色とデザインが他の列席者と重なることもなく，列席したサークル時代の友人・先輩たちからはドレスを褒められ，由美はご満悦であった。それでも周りを眺めると，なかには由美も着てみたいと思うドレスもあった。他方，素敵なドレスだが，マナー違反といってもいいようなドレスもあった。由美は相当の時間をかけて一所懸命選んだことは自負していたが，「迷ったほうのノースリーブのドレスがよかったのではないか」「マナーについて自分は気にしすぎたのではないか」という不安を感じ始めてしまった。

　翌週の月曜日に自分のデジカメで撮影した写真を取り込んだタブレットを会社に持参し，結婚式の写真を職場の人たちに見せた。ドレスの評価は期待以上で嬉しかったが「可愛い」という評価ばかりであった。「大人びて見える」「綺麗」という評価はほとんどなかった。ドレス購入直後の母の感想も「あら，可

愛いわね。あなたにぴったりよ」だったし、桃子の評価も「結局、可愛い系じゃん」だった。大人の女性らしさはやはり出せなかったようだと由美は思った。

しかしマナーに厳しい武田部長は、服装マナーが同世代の女性よりしっかりしていることをとても褒めてくれた。さらに「背伸びしないおしゃれは好感が持てる」「こうやって見ると、1年前よりずっと大人っぽくなった」とも褒めてくれたのである。武田部長に褒められたことで、マナー面もドレスの選択も自分の判断は正しかったのだと由美は思えるようになった。

その気持ちは2週間後、さらに強くなる。綾香夫婦から手紙が届いたのだ。それには結婚式の写真と、綾香からの手紙が同封されていた。感謝の言葉とともに、最後にこう書かれてあった。

「綺麗になったね、由美ちゃん」

3 ケースに学ぶ

本章のケース「結婚式列席用ドレスの購入」のなかで、主人公の由美は、結婚式列席用のドレスを買おうと決めてから、綾香の手紙で自分の意思決定に得心するまでいくつかの心理的過程を経ている。

消費者の行動をよりよく理解するためには、どのような概念に注目すべきであろうか。この節ではケースを振り返りながら、**購買意思決定プロセス**を核として、関連する重要な概念を学んでいく。

3.1 購買意思決定プロセス

主人公の由美が経た心理的過程を概観しよう。まず、結婚式の招待を受けたものの、結婚式列席用のドレスがないことを認識し、良いドレスを買おうと決心したことが始まりであった。

しかし、それまで興味と知識がほとんどなかったため、由美はきわめて広範囲かつ長期的にドレスについての情報を集めた。たとえば店舗、書籍、友人・知人、インターネットなどさまざまな情報源を活用して、ニーズの明確化とニーズを満たすドレスの具体的なイメージを固めていった。

悩みながらも最後は候補を2つのブランドに絞り、それぞれで総合評価を

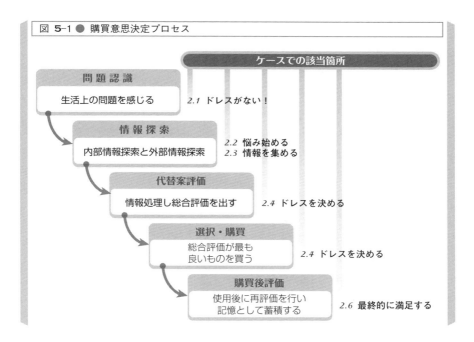

図 5-1 ● 購買意思決定プロセス

行って，自分のニーズを最も満たすドレスだと判断したほうを購買した。

さらに使用後においてもドレスを再評価している。結婚式当日，由美は自分のドレスに満足した。一方でマナー面の配慮のしすぎと大人の女性らしさが出せなかったことに不安を感じ出してもいたが，武田部長の言葉と綾香の手紙で解消している。購買したドレスに対し最終的に満足したのである。次回の結婚式列席用ドレスの購買機会では，購買したＳブランドが由美の記憶から検索され，有力な候補の１つとなる可能性が高い。

由美のドレスに限らず，普段の購買においても，われわれ消費者は購買前から購買後までいくつかの心理的過程を経ている。この過程を購買意思決定プロセスという。これは「消費者が生活上の問題を認識してからどのような心理的過程を経てその製品の購買までに至ったか，そしてどう思ったか」を包括的に説明する概念モデルであり，消費者行動論の中心的研究テーマである。

最も一般的なモデルは図 5-1 に示すように５段階からなる。

出発点である「問題認識」とは，のどが渇いた，季節の変わり目だが服が足

りないなど，生活上の問題を認識することを指す。つまり購買意思決定プロセスとは，生活上の問題解決を行うプロセスなのである。

次の段階は，その問題解決をしてくれるだろう代替案の情報を記憶や外部情報源から集める「情報探索」である。代替案とは購買の候補となる製品ないしサービスを指す。言い換えれば選択肢である。

そして集めた情報を処理して各代替案の総合評価を出し（「代替案評価」），それらを比較検討したうえで，最も良いとその消費者が判断したものを選択する（「選択・購買」）。

しかしそこで終わりではない。使用後においても再評価が行われる（「購買後評価」）。この再評価は知識として記憶に蓄えられ，次回以降の購買で内部情報として活用される。購買後評価が良ければ次回の購買で選択の候補となる可能性は高いが，悪ければその逆である。つまり購買行動は1回限りのものでなく，過去の経験からの影響も受けるのである。

以上が購買意思決定プロセスの概要である。次は，ここに含まれる重要な概念である「内部情報探索」「外部情報探索」「態度」，そして各段階に影響を及ぼす「関与」について学んでいく。

3.2 内部情報探索と外部情報探索

購買意思決定プロセスの2番目の段階である情報探索において，主人公の由美はまず記憶を頼りにした。しかしながら，知識不足のため記憶はほとんど活用できず，会社の同僚，ファッション通販サイト，検索エンジン，店舗，書籍，店員など，きわめて多くの外部情報源を利用した。そしてこれらの外部情報が，彼女のニーズとそれを満たすドレスのイメージの具体化へ大きな影響を与えている。

通常，情報探索は記憶という内部情報源を活用する**内部情報探索**から始められる。記憶は過去の経験によって形成されるので，過去のマーケティングが影響を与えるといえよう。このとき，十分にニーズを満たす代替案（製品ないしサービス）が見つかれば次の代替案評価へ進むが，不十分ならば**外部情報探索**が行われる（図5-2）。

一般的に外部情報源となるのは，放送媒体や印刷媒体の広告，POPなどの

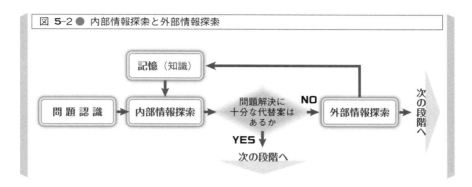

店内広告，セールスマンや店員，製品パッケージ，友人・知人，企業のホームページやクチコミサイトなどの情報源全般である。したがって現在のマーケティングが影響を与えることになる。このように過去と現在のマーケティングは，内部と外部の情報探索両方に影響を与えうる。

加えて由美のドレスの購買の場合，同僚の桃子からのアドバイスでファッション通販サイトを大いに活用して効率的にドレスの情報を収集し，リアル店舗で現物を確認していたことが特徴的である。もしネットで良いと思っても店舗販売がなければ，そのドレスは候補にならなかっただろう。

このようにインターネットで効率的に大量の情報提供することで消費者に興味を抱かせ，リアル店舗への集客を誘発させる手法を**O2O**（オーツーオー）という。「Online to Offline：オンラインからオフラインへ」の略であるが，マーケティングで今後より一層注目されるコミュニケーション手法だろう。

言うまでもなく近年のITの飛躍的な発展と普及で，インターネットを外部情報源として，消費者はより大量の情報を効率的に利用できるようなった。インターネットの大きな特徴は情報量の多さだけでなく，消費者自ら情報発信できることにもある。ブログ，クチコミサイト，SNSなどがその代表だろう。

このように消費者自身がインターネットを活用して自ら情報発信をするサイトを**CGM**（Consumer Generated Media：消費者生成メディア）という。これらのサイトには多くの消費者が集まりやすいので，より大きなクチコミ効果が期待されている。O2O同様，マーケティングでますます注目されていくだろう（その他のインターネットを通じたマーケティングは第15章参照）。

表 5-2 ● 最終候補となったドレスのニーズの充足度

ニーズ	大人の女性向けのブランド（ノースリーブ）	Sブランド（オレンジピンク）	Sブランド（ネイビー）
可愛らしさがある	△	◎	◎
大人の女性らしさがある	◎	△	△
マナーを遵守する	○	◎	◎
モノとしての良さがある	○	○	○
他の人と違う	△	○	△
パールのネックレスが映える	○	◎	○
安物でないがある程度安い	◎	○	○

3.3 態　度

　代替案評価の段階において，主人公の由美は3つのドレスについて総合評価を行い比較検討している（表5-2）。重視している複数のポイントを使って各ドレスを評価したのだが，最終的に購買したSブランドのオレンジピンクのドレス（表の2列目）は「大人の女性らしさ」で劣るものの，「他の人と違う」「パールのネックレスが映える」など，その他のポイントで優れていたため，総合的に最も良いと評価された。欠点があってもその他の優れた点がカバーしたのである。

　代替案評価において最も重要な概念は**態度**である。これはこの段階のアウトプットであり，各代替案（製品ないしサービス）に対する「良い・悪い」または「好き・嫌い」についての総合評価を指す。

　普通，消費者はその製品が「一番良いと思うから買う」。態度は購買という目に見える行動の一歩手前の心理状態なのである。非常に重要な概念で，多くの消費者行動研究は態度がどのような要素からどのように形成されるかをテーマにしている。

消費者の購買行動は問題解決の行動なので（3.1項参照），態度とは問題を解決する程度についての主観的評価ともいえる。言い換えればニーズの充足度への主観的総合評価である。だが，たとえば主人公の由美のように「可愛らしくもあり」「大人の女性らしさもある」ドレスというように，消費者は1つの消費目的に対して複数のニーズを持つ。しかしながら，それらのニーズを同時に完全に満たす代替案は普通存在しない。少なからずどの代替案にも長所と短所がある。

そのため，消費者は重視している複数のポイントについて評価を行い，それらを総合化して態度を形成する[3]。そして，各代替案に対する態度（総合評価）を比較検討したうえで，購買する代替案を決める。したがって，どのようなポイントが態度形成に用いられるかを明らかにすることが重要な課題となる（ここまで「ポイント」という言葉を使ったが，評価に使われるポイントを消費者行動論では「**評価属性**」ないし，単に「属性」というのが一般的である）。

3.4 関　与

本ケースで，主人公の由美は結婚式列席用ドレスとストッキングを購買した。両者とも，問題を認識し，情報探索し，代替案の評価を行い，選択するという点は同じである。しかしながら，ドレスにおいては時間的にも労力的にもきわめて大きな努力が払われたが，一方のストッキングにおいてはそれほどでもない。プロセスは同じでも各段階の質は大きく異なっていた。

この違いは関与がもたらしたのである。

関与とはその製品カテゴリーに対する「思い入れ」のことである。専門的には「動機づけられた心理状態」を指す。「高関与（関与が高い）」とは，より良いものを買おうと強く動機づけられている心理状態を指す。主人公の由美の場合，ドレスの購買は高関与型，ストッキングは低関与型であった。

事前の知識量の違いがあるとはいえ，由美が高関与状態にあるドレスの購買では，情報探索において長期的かつ広範囲の外部情報探索が行われた。低関与のストッキングでは内部情報探索がほとんどで，外部情報探索は棚での現物比較程度である。訪れたリアル店舗数も格段に違う。

同様に代替案評価でも，ドレスでは7つものニーズから総合評価しているが

(表 5-2 参照)，ストッキングでは「色（ベージュ）」「チャームの柄」「パッケージモデルのタレント」の3つしか使っていない。しかも「パッケージモデル」は製品の本質的な側面と無関係である。

一般的に関与が高いほど，時間的にも労力的にも情報探索努力を積極的に行う。代替案評価で使用する属性も，機能や材質など製品の本質的な側面に関わるものを多く使う。そして購買後評価でも，自分の選択が正しかったのかと疑心暗鬼になりやすい。

一方，関与が低い場合はその逆で，情報探索の努力は消極的で，評価に使う属性の数も少なく，パッケージデザインや広告キャラクターなど，製品の本質と無関係な周辺的な情報さえも用いる。購買後評価も積極的に行われない。

それゆえ高関与状態で態度が形成された場合，態度は本質的な情報を処理した結果なので変化しにくく，低関与の場合は態度が変化しやすくなる。広告キャラクターが変わったというような理由でも態度が変化するし，値引きやリニューアルのようなライバル企業の攻撃にも消費者は反応しやすくなる。低関与だと購買意思決定時点に最も近い店舗内刺激で，態度が変化しやすいのである。

近年，より多くの市場においてコモディティ化が進んでいるといわれるが，コモディティ化する市場は低関与型消費を行う消費者が多い市場である。したがって，エンド陳列やPOP広告などの店舗内刺激がより効果的なマーケティング戦略となりうる。単に「ニーズを満たす良いモノ」をつくれば売れるわけではない。コモディティ化する市場において，脱コモディティを目指して消費者に選ばれ続けるためには，長期的で体系的なマーケティング戦略が不可欠なのである（脱コモディティ化については第1章と第11章参照）。

● ディスカッション・ポイント ──────────────── Discussion Point

5-1 自分にとって，高関与の製品カテゴリーと低関与の製品カテゴリーを1つずつ挙げ，自分の購買経験を購買意思決定プロセスにそれぞれ当てはめて比較してみ

5-2 自分の生活環境を観察して，どのような外部情報源があるか，そしてどの外部情報源を利用することが多いか製品カテゴリー別に書き出してみよう。

5-3 SNSやクチコミサイトなど，消費者発信の情報が消費者の製品評価にどれくらい影響を与えているか，身近な人へインタビューしてまとめてみよう。

5-4 低関与型の製品カテゴリーを1つ挙げ，消費者はどのような評価属性を使っているか，そしてどの店舗内刺激に影響を受けているか考えてみよう。

文献ガイド

杉本徹雄編著［2012］『新・消費者理解のための心理学』福村出版。
消費者行動とマーケティングの関係，消費者行動の心理学的メカニズムなど，消費者行動を学ぶうえで欠かせない理論や概念が包括的に紹介されています。

青木幸弘［2010］『消費者行動の知識』日経文庫。
消費者行動論の系譜，分析枠組み，購買意思決定プロセスなど，消費者行動論の理論や枠組みを体系的に解説しています。とくに，第5章と第7章が本章との関係が強いです。新書なので持ち運びにも便利です。

青木幸弘・新倉貴士・佐々木壮太郎・松下光司［2012］『消費者行動論――マーケティングとブランド構築への応用』有斐閣アルマ。
消費者行動論の知見をマーケティングとブランド構築に応用することを強く意識して書かれています。初級から中級者向けです。

清水聰［1999］『新しい消費者行動』千倉書房。
購買意思決定プロセスを中心に，消費者行動論の学術的な流れが詳しく紹介されています。学術的な専門性が高いですが，より高度な知識が得られます。

注

1) たとえば，P. コトラー = K. L. ケラー／恩藏直人監修［2008］『コトラー&ケラーのマーケティング・マネジメント（第12版）』ピアソン・エデュケーション，13頁。
2) 購買以外にも，クチコミ，継続使用，廃棄など，消費者がとりうるさまざまな行動が含まれる。
3) そのときに適用される情報処理のルールをヒューリスティクスという。

第6章 マーケティング・リサーチ

Jリーグクラブの観客動員数を増やす
マーケティングの提案

斉藤 嘉一

KEYWORDS

- リサーチ・クエスチョン
- 仮説
- パス図
- マーケティング・リサーチ・プロセス
- 記述的リサーチ
- 因果的リサーチ
- 実証
- 媒介変数
- 調整変数
- 調査
- 実験

（時事提供）

週末，ホームスタジアムに帰ってきた大観衆。サポーターにとって，ホームスタジアムは夢の空間であり，自分たちの家でもある

1 この章で学ぶこと

　エナジードリンクの新製品を発売するにあたって，どんなプロモーションを行ったらいいだろうか。新しいショッピングモールを出店する際，どこに出店したらいいだろうか。企業はさまざまなマーケティング意思決定を行っている。このような意思決定を行う際にマーケター，すなわち，マーケティング意思決定を行う人の直感だけに頼っていては，失敗する可能性が高い。マーケティングの成否は，結局のところ，消費者が買うか否かにかかっている。そのため，消費者が買ってくれる仕組みづくりとしてのマーケティングでは，まずは消費者が買うメカニズムをよく理解することが不可欠となる。

　マーケティング・リサーチは，マーケティング意思決定課題（以下，マーケティング課題）を解決することを目的として行われる消費者，ないしは消費者の集まりである市場を対象としたリサーチである。リサーチである以上，消費者や市場についての新しい発見をすることが求められるが，単に何らかの発見をすればいいというわけではない。その発見がマーケティング課題の解決に役立つものでなくてはならない点に，マーケティング・リサーチの特徴がある。

　本章では，マーケティング・リサーチの進め方を理解するために，「いかにしてJリーグクラブの観客動員数を増やすか」という課題を解決するためのマーケティング・リサーチのケースを取り上げる。マーケティング・リサーチと聞くと，PCを駆使して消費者や市場のデータを分析することをイメージする読者も多いだろう。実際に，マーケティング・リサーチャーの仕事にはデータの収集と分析が含まれるから，そのようなイメージもそう的外れではない。しかし，データの収集と分析がマーケティング・リサーチのすべてではない。「観客動員数を増やすにはどうしたらよいか」「新製品のトライアル購買を増やすために，どんなプロモーションをしたらよいか」といったマーケティング課題を解決するためには，どんなデータを収集して分析するか，が決定的に重要となる。本章では，データを収集・分析する以前のリサーチャーの思考のプロセスを記述したケースを通じて，課題解決に役立つマーケティング・リサーチをどのように計画するかを理解していく。

2 ケース：あるJリーグクラブとリサーチ企業のマーケティング・リサーチ

このケースに登場するJリーグクラブ（以下，Jクラブ，あるいはクラブと呼ぶ）とマーケティング・リサーチ企業はいずれも架空である。ただし，マーケティング・リサーチの進め方は，実際のリサーチに沿った内容になっている。

2.1 観客動員数が問題だ！

1993年に発足したJリーグは，発足当時のJリーグブーム，1990年代後半の低迷期，2002年の日韓ワールドカップなどの紆余曲折を経て，現在ではプロ野球と並ぶ日本を代表するプロスポーツとして定着した感がある。それでも，スペインやドイツのプロサッカーリーグのように，多くのスタジアムが満員の観客であふれているわけではない。日本のJリーグは，ビジネスとしても発展途上の段階にある。

Jリーグも終盤戦にさしかかった試合のハーフタイム，あるJクラブの営業担当スタッフはスタンドを見てうなっていた。「うちの選手たち，いい試合をしてるんだが，うーん，お客さんの入りはそこそこだな」。東京近郊の中規模都市をホームタウンに持つこのJクラブは，約2万5000人を収容する近代的なスタジアムをホームスタジアムとしている。スタジアム収容人数2万5000人に対して，1試合当たりの平均観客動員数は約1万5000人であり，スタンドに空席が目立つ試合も少なくない。1万5000人という数字はJリーグ全体で見れば中位に位置しており，それほど悪いものではないのだが，このクラブは過去3年間の観客動員数がやや減少傾向にあることに危機感を抱いていた。

「いかにして観客動員数を増やすか」は，スポーツ・ビジネス全般に，さらには演劇や映画といったショービジネス全般にも共通するマーケティング課題である。スポーツでも，ショーでも，観客が支払う入場料は企業の大きな収入源であり，入場料収入は観客動員数によって決まるためである。他のスポーツビジネスやショービジネスと同様，Jクラブにとっても，「いかにして観客動員数を増やすか」は重要なマーケティング課題である。とくに，いわゆる親会

社がプロモーションを目的として運営してきたプロ野球球団と比べると，親会社を経済的に頼りにしにくいJクラブにとって，観客動員の重要性は高い。

　Jクラブの主な収入は，入場料収入と，ユニホームやスタジアム内の看板などに広告を掲載することで得られる広告収入である。広告収入には，親会社以外の企業が広告掲載の対価として支払うものと，親会社が広告費の名目で支払うものの2種類がある。前者は観客動員数に大きく依存する。広告を掲載する企業にとって，閑古鳥が鳴いているスタジアムよりも，多くの観客でにぎわうスタジアムのほうが魅力的なためである。後者は実質的には親会社による補塡ともいえる。クラブによって状況は異なるが，多くのクラブが経済的自立を目指し，この種の広告収入を多かれ少なかれ減らしている傾向にある。このように，入場料収入と広告収入の両方が観客動員数に大きく左右されるため，十分な観客を獲得し続けることは，Jクラブにとって文字通りの生命線になっている。

　Jクラブの観客動員数は勝敗によって左右される。プロスポーツである以上，強いクラブほど多くの観客がスタジアムに詰めかける。勝敗が観客動員数に大きく影響する一方で，その逆，つまり，観客動員数が勝敗に影響するという側面もある。観客動員数が多いクラブは潤沢な資金を得るから，これを使っていい選手，いい監督を獲得してチームを強化することができる。優秀な選手や監督を集めたからといって勝ち数が増えるとは限らないが，大局的には，選手と監督が優秀なクラブのほうが，勝ち数が多い傾向にあることは確かである。観客動員数を増やすことはまた，試合にのぞむ選手のモチベーションを高め，勝ち数を増やすことにつながる。

　以上を整理したものが図 **6**-1 であり，観客動員数，収入，勝ち数が1つの輪になって循環していることがわかる（太線の矢印）。まず，観客動員数は入場料収入と広告収入を増加させる。多くの収入があれば，チームを強化して勝ち数を増やすことができる。そして，勝ち数が多ければ観客動員数は増加する。このようなサイクルに乗れば，そのクラブは発展していく。その好例が浦和レッズである。浦和レッズはJリーグ発足当時から観客動員数こそ比較的多かったものの，1990年代は「Jリーグのお荷物」とまでいわれ，1999年にはJ2に降格した。しかし，安定した観客動員数を梃子にチームを強化し，2006年に

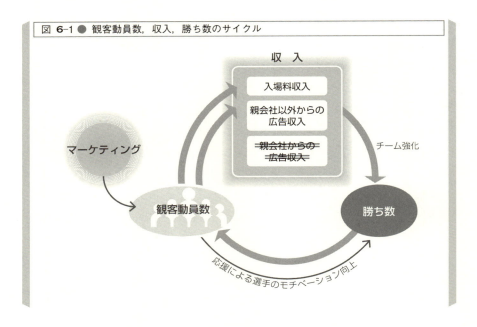

図 6-1 ● 観客動員数，収入，勝ち数のサイクル

J1 初優勝，2007 年にはアジアチャンピオンズリーグ制覇，クラブワールドカップ3位というすばらしい成績を収めた。浦和レッズが快進撃を続けた間の観客動員数の伸びは目覚ましく，現在でも他のクラブを圧倒する観客動員数を誇っている。

　問題は，いかにしてよいサイクルに乗ることができるかである。よいサイクルに乗る方法は3つある。まず，現有の選手や監督をはじめとするチームの頑張りで，勝ち数を増やすことである。このケースのクラブの選手たちも，勝ち数を増やすように日々努力している。2つめは，親会社からの収入を使ってチームを強化することである。しかし，他のJクラブと同様，このクラブも親会社からの収入はそう多く望めない。3つめは，観客動員数を増やすことである。ここで注目すべきは，観客動員数は勝敗だけで決まるわけではなく，マーケティングによって観客動員数を増やすこともできそうだということである。

　このクラブではこれまで，スタッフがアイデアを出し合って観客動員数を増やすためにさまざまなイベントを行ってきた。しかしながら，アイデア勝負の単発のイベントは，観客動員数の増加にはつながっていなかった。アイデアだ

けを頼りに観客動員数を増やそうとすることに限界を感じたこのクラブは，あるマーケティング・リサーチ企業に観客動員数を増やすためのマーケティング・リサーチを依頼することにした。

2.2 問題はどんな観客を増やすかだ！

　井上雄貴氏は，マーケティング・リサーチ企業で働くリサーチャーである。この仕事を始めて10年間，多くのリサーチ・プロジェクトに取り組み，経験を積んできた井上氏は，依頼主からも社内からも信頼を得るようになっていた。今回，井上氏の会社に，先に登場したJクラブからの依頼があり，彼がこのプロジェクトを担当することになった。井上氏に求められているのは，「観客動員数を増やすためにどんなマーケティングをすればよいか」を提案することである。このケースのように，マーケティング意思決定とマーケティング・リサーチは，それぞれ別の人が担うことが多い。マーケター（このケースでは，Jクラブ）はリサーチャー（井上氏）にマーケティング課題を投げかけ，リサーチャーはその解決を支援していく。企業のなかにはマーケティング・リサーチ部門を持つ企業もあるが，このJクラブのようにリサーチ部門を持たない企業も多い。またリサーチ部門を持つ企業でも，すべてのマーケティング・リサーチを自力で行うわけではない。多くのマーケティング・リサーチは，メーカー，小売業者，またサービス業者から依頼を受けたマーケティング・リサーチ企業や広告代理店によって行われる。

　井上氏がこれまでに担当してきたマーケティング・リサーチの依頼主は耐久財や非耐久財のメーカーであり，Jクラブのようなサービス業者のリサーチを担当するのは今回がはじめてだった。Jクラブがメーカーと大きく違う点は，供給数が決まっていることである。スタジアムの収容人数分の観客が毎試合来場してくれれば，スタジアムはいつも満員になる。このことは，収容人数を上回る観客を獲得できないことを意味する。もう1つ，メーカーとJクラブで大きく異なるのは，ターゲットとなる消費者の地理的な範囲である。メーカーが消費者に提供する製品は工場で生産され，消費者の手元に届けられて，消費される。生産と消費が別の場所で行われるから，メーカーは世界中どんな場所にいる消費者でも，ターゲットとして設定することができる。これに対して，J

クラブが提供するサッカーの試合は，生産と消費が同時にスタジアムで行われる（このような生産と消費の同時性は，サービスの基本的特性の1つである）。そのため，観客動員数を増やすという目的のもとでターゲットとなりうるのは，スタジアムに訪れることができる消費者，具体的には，主にホームタウンの住民に限定される。

このように，Jクラブはメーカーと違って多くの顧客を獲得する必要はないが，地理的に限られた範囲の少数の消費者しかターゲットとして設定できない。井上氏は，メーカーとは勝手の異なるJクラブのリサーチに多少の不安も感じていたが，新しいチャレンジが楽しみでもあった。

マーケティング課題はマーケターのものであり，どんなマーケティング課題を解決したいかは，基本的にマーケター，このケースでは依頼主であるクラブが決める。ただし，マーケティング課題が具体的でない場合も少なくない。このケースでは，クラブは「観客動員数を増やすためにどうすればよいか」というマーケティング課題を持っているが，これは必ずしも具体的ではない。課題が具体的でなければ，リサーチャーが何を調べるかも具体的に決まらない。そのため，マーケティング課題が十分に絞り込まれていない場合には，リサーチャーは課題の絞り込みを手助けすることになる。

クラブ側との打ち合わせを重ねながら，井上氏はマーケティング課題を具体化していった。彼が注目したのは，このクラブを応援するためにスタジアムに訪れる観客は2つのグループに大別できることであった。1つは，すべてのホームゲームを観戦できるシーズンチケットを買い，毎試合スタジアムに来て，声をからして応援してくれる顧客たち，いわゆるコア層である。もう1つのグループはライト層である。彼らは年間数試合スタジアムに訪れる顧客であり，シーズンチケットではなく試合ごとのチケットを買う。試合ごとのチケットの売行きとチーム順位を照らし合わせると，チーム順位が高いときには試合ごとのチケットがよく売れている。このことから，ライト層はチームの調子がよいとスタジアムに訪れ，調子が悪いとスタジアムへの足が遠のくことがわかる。

このクラブのシーズンチケットの販売枚数は約5000枚である。したがって，スタジアムの来場者数1万5000人の約3分の1がシーズンチケットホルダーであるコア層，それ以外がライト層とアウェイチームを応援する観客というこ

とになる。アウェイチームを応援する観客は試合ごとに変動するが，1試合平均3000人と見積もると，このクラブを応援するためにスタジアムを訪れる観客のうち，約40％がシーズンチケットホルダー，約60％がライト層ということになる。「Jリーグスタジアム観戦者調査2013サマリーレポート」によると，ホームチームを応援する観客の60％以上がシーズンチケットホルダーというクラブも少なくないから，このクラブはライト層の割合が多いクラブということになる。

　クラブの担当者と井上氏は「いかにしてシーズンチケットホルダーを増やすか」を今回のリサーチが扱うマーケティング課題とした。スポーツは勝つこともあれば負けることもある。クラブ経営の観点に立てば，勝っているときだけスタジアムに来てくれるライト層ばかりでは経営は安定しない。ライト層に依存していては，チームが不調に陥ると観客動員数が少なくなり，入場料収入はもちろん広告収入も減少し，やがて十分な戦力を維持することができなくなる。このように，クラブ経営にとって，シーズンチケットを買い，勝敗に関係なくスタジアムに来てくれるコア層は非常に重要な顧客といえる。またコア層とライト層では応援の熱のこもり方が違う。コア層は試合中ずっと選手たちを鼓舞し続けるし，また練習を見に来てくれることもある。コア層が増えれば，選手のモチベーションが高まり，勝ち数が増えることも期待できる。

2.3　買うメカニズムのどこを調べるか？
▶リサーチ・クエスチョンの設定

　リサーチャーのメインの仕事はここからである。マーケティング課題が決まると，リサーチャーは**リサーチ・クエスチョン**を設定する。リサーチ・クエスチョンとは，このリサーチが消費者の買うメカニズムのどこを調べるかを示すものである。消費者が買うメカニズムは広範囲にわたるため，1回のリサーチでメカニズムの全体を調べることはできない。そこで，全体のうちのどの部分を調べるかを特定するのである。リサーチ・クエスチョンの設定において重要なのは，逆算である。とりあえず好きなことを何か調べて，そこで明らかにされたことに基づいて何かしらのマーケティング提案をするのでは，行き当たりばったりになる。何が明らかになればマーケティング課題が解決されるのかを

逆算して，ここが明らかになればマーケティング課題が解決されるような部分を，リサーチ・クエスチョンとして設定するのである。

　今回のリサーチで注目したシーズンチケットホルダーは，耐久財や非耐久財でいえばリピーターにあたる。耐久財や非耐久財のメーカーにとっても，自社ブランドのリピーターは重要な顧客であり，いかにしてリピーターを増やすかはメーカーにとっても重要な課題である。耐久財や非耐久財の世界では，Appleのように多くの熱烈なファンを持つブランドがある。彼らはときに「Apple信者」と呼ばれるほど，Appleに深くのめり込んでいる。しかしながら，食料品や日用雑貨のブランドをはじめ多くのブランドは，熱烈なファンをほとんど持たない。消費者が食料品や日用雑貨のブランドをリピート購買するのは，「おいしいから」とか「汚れがよく落ちるから」といった機能的な理由や，他のブランドにスイッチするのが面倒という理由によることが多い。

　Jクラブは食料品や日用雑貨のブランドよりもAppleに近い。Jクラブには，全員ではないけれども，少なくない人々を深くのめり込ませ，熱狂させ続ける何かがある。現状でも，このクラブには5000人のシーズンチケットホルダーがいる。彼らは，他のチームより強いからこのクラブのシーズンチケットを買っているわけではない。もちろん，他のクラブにスイッチするのが面倒だからでもない。

　井上氏は消費者行動研究，とくに，ブランドに関する研究で注目されてきたブランド・コミットメントという心理的概念に目をつけた。ブランド・コミットメントとは「多少の犠牲を払ってでも，そのブランドとの長期的関係を維持しようとする意図」である。ブランド・コミットメントの高い消費者は，そのブランドを繰り返し購買し，またそのブランドに関する好意的なクチコミをよく発信することが知られている。Jクラブについていえば，特定のクラブをサポートし続けようという意図がそのクラブへのコミットメントということになる。クラブの担当者によると，シーズンチケットは安い買い物ではないが，コア層のなかでもとくにコアな顧客ほど，試合を観戦する対価としてお金を支払っている感覚は弱いらしい。チームを強化したり，設備を整備したりして，クラブが存続・発展することを願い，その資金を出すという感覚なのだという。クラブへの強烈なコミットメントが垣間見えるエピソードである。

そこで，井上氏は「クラブに対するコミットメントはどのようにして高まるのか」というリサーチ・クエスチョンを設定した。クラブへのコミットメントが高まるメカニズムが明らかになれば，クラブに対して強いコミットメントを持ち，シーズンチケットを購買してくれる消費者を増やすために，クラブはどのようなマーケティングを行えばよいかが自ずと見えてくるはずである。

ここで，マーケティング課題とリサーチ・クエスチョンの違いに注目してほしい。マーケティング課題は「どうしたらいいか？」というマーケターであるクラブの悩みである。一方，リサーチ・クエスチョンはリサーチャーである井上氏が設定した消費者が買うメカニズムに関する問いである。「シーズンチケットホルダーを増やすためにどうしたらいいか？」というマーケティング課題に対して，単なるアイデア勝負で答えていくのではなく，消費者が買うメカニズム，今回はとくに，クラブへのコミットメントが高まるメカニズムを明らかにすることで，マーケティング課題を解決しようとするのである。

▶仮説の設定

井上氏の次の仕事は，「クラブに対するコミットメントはどのようにして高まるのか？」というリサーチ・クエスチョンに対する仮の答え，つまり，**仮説**を設定することである。あくまでも仮の答えであるから実際には間違っているかもしれないが，ともかく暫定的な答えを用意するのである。

井上氏はグループインタビューを行って，その結果を参考に仮説を立てることにした。グループインタビューとは，少数の消費者に，経験を積んだ司会者を介して，リサーチ・クエスチョンに関連したテーマを議論してもらう質的調査技法である。その利点は，参加者同士で交わされる会話に耳を傾けることで，リサーチャーが気づかなかった新たなアイデアが得られやすいことである。ここでは，クラブを問わずシーズンチケットを継続的に購買している8人に集まってもらい，なぜシーズンチケットを買い続けているのか，これまでクラブとどのように関わってきたかを話し合ってもらった。

クラブへのコミットメントが強い参加者が集まったためだろう，グループインタビューでは，活発な議論が交わされ，さまざまな意見を得ることができた。ある参加者によると，「クラブには自分の好きな選手がいるから，シーズンチケットを買い続けている」ということだった。この意見は一理あるものの，別

の参加者からは反対意見も数多く聞かれた。たとえば,「プロスポーツである以上,選手の入れ替わりは日常茶飯事で,いちいち気にしていたらサポーターはやっていられない」「過去に大好きな選手が移籍したことが何度かあったが,いまもこうしてサポーターをやっている」などである。そう考えると,好きな選手が所属していることは,クラブに対するコミットメントにはそう大きな影響はなさそうである。

井上氏がとりわけ興味深く思ったのは,「このクラブ抜きには自分は自分らしくないし,このクラブ抜きには自分自身を語れないと思っている」というある参加者の発言だった。この意見には他の参加者も共感していて,「スタジアムで自分のクラブを応援している時間が,一番自分らしくいられる時間だ」とか,「自己紹介するとき『私はこのクラブのサポーターです』と言わなければ,自分のことをわかってもらえる気がしない」といった発言もあった。また彼らに共通しているのは,自分がサポートするクラブを「私のクラブ」「私たちのクラブ」と呼んでいたことである。

ブランド・コミットメントに関する研究によると,自己とブランドとの結び付きが強いほど,そのブランドに対するコミットメントが高まるという。ここで自己とブランドとの結び付きとは,「ブランドが消費者のアイデンティティに貢献する程度」であり,「自分らしいブランドかどうか」ともいえる。先に挙げた参加者の発言は,Jクラブについても,自己との結び付きがコミットメントを生み出していることをうかがわせるものであった。また,シーズンチケットの代金は試合観戦の対価ではなく,クラブを発展させる資金だという心境になるのは,クラブの発展を他人事でなく自分の事として捉えているからこそであろう。そこで,井上氏は「自己とクラブとの結び付きは,クラブへのコミットメントを高める」という仮説を設定した。

クラブへのコミットメントや自己とクラブとの結び付きが強いことを感じさせる発言をした参加者たちは,自分がこれまでクラブとどのように関わってきたかを,楽しそうに,饒舌に話してくれた。たとえば,

> 「俺たちが優勝争いをしたシーズンの〇〇戦,3対2で勝った試合。決勝ゴールの瞬間のスタジアム全体が爆発した感じ,あれは忘れられない」(40代男性)

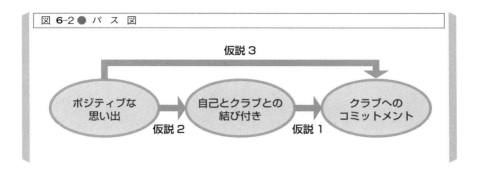

図 6-2 ● パ ス 図

「その次のシーズンは,うちがはじめて優勝した年。私が大学4年生のときで,優勝を決めた試合を友だちと見に行って。試合の後もめちゃめちゃ盛り上がって,どうやって家に帰ったかも覚えてない」(30代男性)

「子どものころ,はじめて地元のスタジアムに連れて行ってもらったときのことは,いまでも思い出すことがある。芝が強烈に緑だったこととか,帰りにかき氷を食べたこととか。試合内容はまったく覚えていないんだけどね」(20代男性)

「子どもが通う幼稚園に○○選手が来て,サッカーを教えてくれた。家族でスタジアムに通うようになったのは,それがきっかけだった」(30代女性)

これらの発言をヒントに,井上氏は2つめの仮説として「ポジティブな思い出は,自己とクラブとの結び付きを高める」,また3つめの仮説として「ポジティブな思い出は,クラブへのコミットメントを高める」を設定した。

図 6-2 はこれらの仮説を図として表したものである。このように,注目する要因を丸や四角で,要因間の関係を矢印で表した図を**パス図**と呼ぶ。原因となる要因を左側,結果となる要因を右側に書き,左から右へ矢印が向かうように書くのが一般的である。このパス図に描かれているように,ここでは,ポジティブな思い出はクラブへのコミットメントに直接的に影響を及ぼすだけでなく(仮説3),自己とクラブとの結び付きにも影響を及ぼし(仮説2),自己とクラブとの結び付きがクラブへのコミットメントを変化させる(仮説1)というこころのメカニズムを想定している。

2.4 データを収集・分析する

マーケティング・リサーチの次の段階は,データを収集・分析して仮説を検

証する段階である。ここでは，設定された仮説が支持されるか，棄却されるかが確かめられるようなデータが収集される。誤りかもしれない仮説をわざわざ設定するのは，どんなデータを収集するかを特定するためともいえる。

　井上氏は彼の仮説を検証するデータを収集するために，質問紙調査（アンケート調査）を実施した。質問紙調査では，コミットメント，自己との結び付き，ポジティブな思い出といった消費者の心理が測定された。質問紙調査で消費者心理を測定する際には，尺度と呼ばれる質問項目の集まりを用いる。現在までに，国内・国外でさまざまな尺度が開発されており，これを利用することができる。井上氏の調査では，既存のブランド・コミットメント尺度と自己とブランドとの結び付きの尺度をベースに，これをJクラブ用に変更したものを用いた。ポジティブな思い出については既存の尺度がなかったため，オリジナルの尺度を開発して，これを用いた。

　質問紙調査によって収集されたデータを分析した結果，仮説1と2は支持され，仮説3は残念ながら棄却された。こうして，クラブへのコミットメントは自己とクラブとの結び付きによって高まること，そして，自己とクラブとの結び付きはポジティブな思い出によって高まることが明らかにされた。

2.5　課題解決のためのマーケティングを提案する

　「観客動員数，とくに，シーズンチケットを購買し，毎試合スタジアムに来てくれる顧客を増やすためにどうしたらよいか？」このマーケティング課題に対する井上氏の答えは，「自己とクラブとの結び付きを高めることに尽きる」である。自己とクラブとの結び付きを高めるには，クラブとのポジティブな思い出，つまり，観戦に訪れたスタジアム内での思い出はもちろんのこと，スタジアムの外でのクラブとの思い出も持ってもらうことが重要である。

　ポジティブな思い出の原因に関する仮説を立てなかったため，「クラブに関連するポジティブな思い出を持ってもらうためにどうしたらよいか」は今回のリサーチからはわからない。それでも，観客と常に接しているクラブのスタッフによると，どうすれば観客がポジティブな思い出を持ってくれるかはおおむね想像がつくという。井上氏の提案を受けて，このクラブでは，クラブハウスや練習場の開放，ホームタウンの幼稚園・小学校への選手派遣を強化すること

にした。また将来的には顧客に個別に働きかけていくことを視野に入れ、シーズンチケットホルダーだけでなくライト層の顧客リストの整備を開始した。

3 ケースに学ぶ

3.1 マーケティング・リサーチ・プロセス

前節のケースに描かれているように、リサーチャーはデータを収集・分析する前に、どんなデータを収集し、分析するかに知恵を絞る。マーケティング・リサーチの目的はマーケティング課題を解決することであり、課題解決のためには、どんなデータを収集・分析するかが決定的に重要なためである。そして、どんなデータを収集・分析するかは、どんなリサーチ・クエスチョンや仮説を設定するかでおおむね決まる。

図6-3は一般的な**マーケティング・リサーチ・プロセス**を示したものである。マーケティング・リサーチでは、マーケティング課題を設定し（Step 1）、リサーチ・クエスチョンと仮説を設定してから（Step 2）、これを検証するためのデータを収集し、分析を行う（Step 3）。井上氏のマーケティング・リサーチも、このリサーチ・プロセスに沿って行われており、マーケティング課題の設定が前節の2.1項と2.2項、リサーチ・クエスチョンと仮説の設定が2.3項にあたる。

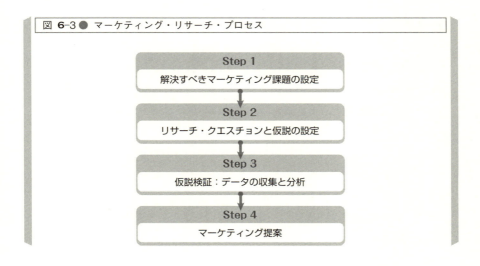

図6-3 ● マーケティング・リサーチ・プロセス

3.2 因果的リサーチ

前節のケースでは，井上氏は過去にクラブやJリーグが調べた観客動員数やシーズンチケット売上枚数のデータを参照している。観客動員数やシーズンチケット売上枚数といった特定の対象の特徴を知ることを目的としたリサーチを，**記述的リサーチ**と呼ぶ。ある製品の先月1カ月間の売上がいくらだったか，ある企業のホームページへのアクセスが何件だったか，またブランドAからブランドBにスイッチした消費者が何人いたかといったことを調べることも記述的リサーチにあたる。

井上氏が行ったリサーチは，**因果的リサーチ**と呼ばれるものである。このケースでは，井上氏は，クラブへのコミットメントが生み出されるメカニズムを明らかにするリサーチを行っている。このように，ある結果が引き起こされるメカニズムを知る，言い換えれば，ある結果が生み出される原因を特定することを目的としたリサーチが因果的リサーチである。

一般的に，因果的リサーチは記述的リサーチよりも，マーケティング意思決定に役立つ。冒頭で述べたように，消費者が買ってくれる仕組みづくりのためには，消費者が買うメカニズムを理解することが決定的に重要となるためである。大まかにいえば，消費者が買うメカニズムは，「環境→心理→行動」，つまり，環境が消費者の心理の変化を生み出し，心理が購買を生み出すというものである。因果的リサーチは，この「環境→心理→行動」という因果関係の詳細を明らかにしようとするものである。1回のリサーチで，「環境→心理→行動」の全体が明らかになるわけではないし，とくに消費者の心理は非常に入り組んでいるため，こころのメカニズムだけを扱ったリサーチも少なくない。本章のケースは，「環境→心理→行動」という因果関係を想定しつつ，このケースで最も重要と考えられる消費者の心理にフォーカスしたリサーチである。

井上氏が行ったように，因果的リサーチでは，因果関係，すなわち，特定の原因が特定の結果を引き起こすという関係に関する仮説を設定し，データを収集・分析することで仮説を検証する。仮説として設定された因果関係が現実に成り立っているかを知るために，現実を調べることを**実証**と呼ぶ。図 **6-4** は実証研究の流れを示したものである。上半分はリサーチャーの頭のなかの世界，

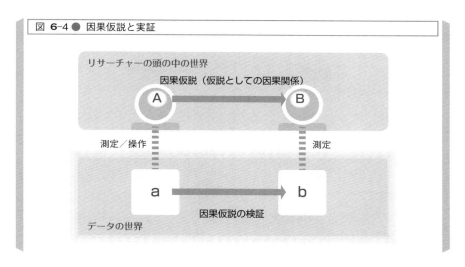

図 6-4 ● 因果仮説と実証

下半分はデータの世界である。実証研究はリサーチャーが頭のなかで因果仮説を考えることからスタートする。因果仮説が設定されると，仮説に含まれる原因と結果のそれぞれが，測定，または操作される。こうして収集されたデータを用いて因果仮説が検証され，仮説が支持されるか，棄却されるかが確認される。マーケティング・リサーチ・プロセスは，ここで述べた実証研究の流れをマーケティング・リサーチに適用したものといえる。

3.3 仮説のつくり方

本章のケースでは，ポジティブな思い出，自己とクラブとの結び付き，クラブへのコミットメントという3つの要因間の因果関係に関する仮説を設定した（図6-2）。そこでは，ポジティブな思い出はクラブへのコミットメントに直接的な影響を及ぼすこと（仮説3），また，ポジティブな思い出は自己とクラブとの結び付きを通じてクラブへのコミットメントに間接的に影響することが想定された（仮説1と2）。前者のように，要因Aが要因Bに直接的に及ぼす影響は直接効果と呼ばれる。また後者のように，要因Aが要因Cを通じて要因Bに間接的に及ぼす影響を間接効果と呼ぶ。ここでの要因Cのように，原因Aと結果Bの中間に位置づけられる要因を，**媒介変数**という。

消費者の心理をはじめ，現実世界の因果関係は複雑であり，要因Aが要因

Bに及ぼす影響の大きさが，別の要因Dによって調整される場合も多い。Jクラブについていえば，チームの負けが込んでくるとスタジアムから足が遠のく人たちもいれば，勝敗に関係なくスタジアムに訪れる人もいる。勝敗に対するこのような反応の違いは，クラブへのコミットメントの強さによって生み出されていると考えられる。つまり，コミットメントが低い顧客は，チームが負け続ければ試合を見に来なくなるが，コミットメントが高い顧客は，勝敗にかかわらずスタジアムに訪れる。言い換えれば，クラブへのコミットメントは，観戦行動に対する勝敗の影響の大きさを調達するスイッチの役割をはたしている。ここでのクラブへのコミットメントのように，要因Aが要因Bに及ぼす影響を調整する要因Dは，**調整変数**と呼ばれる。因果的リサーチでは，調整変数を含む仮説が設定されることも少なくない。

　仮説設定はリサーチャーが自由に行うことのできる部分であり，どのような仮説を設定するかがリサーチャーの腕の見せ所といえる。仮説設定の方法には決まった方法はない。リサーチャーの経験や勘，他者の意見，理論など使えるものはすべて使って，仮説を設定する。自分があまり購買・消費しない製品・サービスについてのリサーチでは，本章のケースでグループインタビューを行ったように，その製品・サービスをよく購買・消費する消費者に自身のこころを観察してもらい，それを聞くことができる。また，リサーチャー自身が自分のこころを観察して，これを仮説づくりに用いてもよい。私たちは，日々たくさんの製品を購買，消費している消費者である。仮説をつくるために，自分のこころに小人を潜り込ませて，購買や消費を行う際の自分のこころを小人に観察させることは効果的である。

　仮説を設定するために，既存研究において蓄積されてきた理論を使うこともできる。ケースに登場した「自己との結び付き」の概念は，これまでの消費者行動研究において提案されたものであり，自己とブランドとの結び付きがブランド・コミットメントを高めることが示されている。したがって，仮説1はこのような既存研究の知見をJクラブの文脈に適用したものといえる。ただし，既存の理論を絶対的なものとみなし，思考の範囲を既存の理論の枠内に限定する必要はない。理論は現象を説明し，予測する道具である。インターネットとソーシャルメディアの浸透によって消費者行動が大きく変わったように，環境

の変化に応じて消費者行動の現象は変わっていく。現象が変われば，新しい現象を説明するために，多かれ少なかれ新しい理論が求められるようになる。説明したい消費者行動の現象のうち，既存の理論でどの部分が説明できて，どの部分が説明できないかを整理したうえで，既存の理論では説明できない部分を説明しようと試みることで，ユニークな仮説が出てきやすい。

3.4 仮説検証の方法

仮説検証の方法は，調査と実験に大別される。たとえば，本章のケースのように質問紙調査を実施することで収集したデータを分析したり，小売店頭で収集された購買履歴データを分析したりするのが，**調査**である。企業が行うマーケティング・リサーチの多くは調査である。**実験**は，実験参加者を募って，実験室のなかで彼らに製品，広告，ウェブページを見てもらったり，また状況を説明したシナリオを読んでもらったりした後に，質問に回答してもらうというものである。

調査と実験の最大の違いは，因果仮説において原因として想定された要因を，測定するのか，あるいは操作するのかという点にある。実験の背景には「原因をいろいろ動かしてみて，結果の違いを見てみよう」という考えがある。もし原因として想定した要因だけを動かしてみたときに結果が変化するのならば，結果の変化は原因として想定した要因が作り出していることがわかる。一方，原因として想定した要因を動かしても結果が変わらないならば，原因として想定した要因は結果に影響を及ぼさないということになる。このように，実験は原因を操作したうえで，結果を測定する。これに対して，調査は因果仮説に含まれる原因と結果の両方を測定する。つまり，現実の一部のありのままを切り取ろうとするのである。

因果関係の厳密な検証という点では，調査よりも実験のほうが優れている。ただし，実験は実験参加者以外の消費者について同様の因果関係が成り立つかを検討するものではない。これに対して，調査は回答者以外の消費者にも一般的にいえるかを検討することができるという利点を持つ。調査と実験は目的に応じて使い分けたり，あるいは併用されたりするべきものである。

● ディスカッション・ポイント ─────────── Discussion Point

6-1 「いかにして観客動員数を増やすか」という J クラブの課題を解決するために，他に考えられるリサーチ・クエスチョンや仮説を考えてみよう。

6-2 興味を持った企業のマーケティング課題を考えてみよう。そして，その課題の解決に役立つリサーチ・クエスチョンや仮説を考えてみよう。

6-3 マーケティング・リサーチで求められる知識やスキルはどんなものか，本章のケースに基づいて考えてみよう。

● 文献ガイド ●●●●●

田中洋編著，リサーチ・ナレッジ研究会著［2010］『課題解決！ マーケティング・リサーチ入門──プロに学ぶ「市場の事実」「消費者の心理」「商品の可能性」の調べ方』ダイヤモンド社。

> 非耐久財を中心に，21 のマーケティング・リサーチのケースが収録されています。本章と同様，リサーチ・プロセスの前半に力点を置いています。

照井伸彦・佐藤忠彦［2013］『現代マーケティング・リサーチ──市場を読み解くデータ分析』有斐閣。

> マーケティング・リサーチで用いる分析手法を幅広く解説しています。フリーの統計ソフト「R コマンダー」を使って実際にデータ分析をしながら学ぶことができます。本章では触れていない分析のおもしろさがわかる書籍です。

南風原朝和［2002］『心理統計学の基礎──統合的理解のために』有斐閣アルマ。

> 心理統計学の先生が書かれた書籍ですが，マーケティング・リサーチでも用いる分析手法がわかりやすく，丁寧に解説されています。

第Ⅲ部

マーケティング戦略の実践

CHAPTER 第 **7** 章　新製品開発
緑茶戦争を勝ち抜く「お～いお茶」の製品戦略●髙橋広行

第 **8** 章　価 格 戦 略
久原本家の高品質にこだわる価格設定●太宰潮

第 **9** 章　流通チャネル戦略
ライオン「ラクトフェリン」の新・流通チャネル構築●榊原健郎

第 **10** 章　マーケティング・コミュニケーション
アサヒビール「スタイルフリー」のコミュニケーション展開
●宮澤薫

第7章 新製品開発

緑茶戦争を勝ち抜く「お〜いお茶」の製品戦略

髙橋 広行

KEYWORDS
- 製品コンセプト
- 差別化
- 製品ラインナップ
- 新製品開発の手順

（株式会社伊藤園提供）

「お〜いお茶」シリーズの製品ラインナップ

1 この章で学ぶこと

「なぜこの製品はこんなにも売れているのだろう」「どうしてこの製品をつい買ってしまうのだろう」と思ったことはないだろうか。世の中には売れ続ける製品と売れずに消えていく製品がある。その違いは何だろうか。売れ続ける製品を開発するために，メーカーの担当者たちは日々努力している。たとえば，品質を高めたり，よいイメージを持ってもらうためにテレビCMやキャンペーンを通じて製品をアピールしたりする。ほかにも，常に店頭に置いてある状態を維持することや，時代にあわせてパッケージが古くさくならないようにリニューアルすることなど，さまざまな努力をしている。しかし，製品開発において最も大切な点は，製品の基本的な考え方である製品コンセプトが「ぶれないこと」である。たとえ，競合他社が特徴のある製品を持って市場に参入してきたとしても，それに振り回されず，製品コンセプトを貫き，消費者のニーズに対応しながら，競合製品に対抗していくことである。

こういった製品開発の基本的な考え方を学ぶために，この章では，伊藤園の「お～いお茶」を取り上げる。「お～いお茶」は，それまでタダだといわれてきたお茶を，世界ではじめて「缶入り煎茶」として発明し，その後，ペットボトル入りのお茶を開発して「緑茶飲料市場」を開拓してきた。しかし，市場の成長とともに大手飲料メーカーのキリンビバレッジが「生茶」で，サントリーが「伊右衛門」で緑茶飲料市場に参入してきたことで，緑茶戦争といわれるほどの激しい競争が展開されてきた。こういった状況においても，伊藤園はぶれない製品開発を貫き，「濃い味」「まろやか」「ぞっこん」などのさまざまなタイプの「お～いお茶」製品を展開することで，他社の追随に対抗し，常にトップの座を維持してきたのである。

では，この「お～いお茶」がどういった経緯で開発され，なぜヒット製品となったのか，そして，どのように競合製品と対抗し，トップの座を維持してきたのかを学ぶことで，製品開発における製品コンセプトの大切さを理解していこう。

2 ケース：伊藤園「お～いお茶」

2.1 「お～いお茶」とは

「お～いお茶」を展開するのは東京都渋谷区に本社を置く，株式会社伊藤園（以下，伊藤園）である。伊藤園は1964年に創業[1]し，「お客様を第一とし，誠実を売り，努力を怠らず，信頼を得るを旨とする」という社是を置き，「自然」「健康」「安全」「良いデザイン」「おいしい」という5つの基本的な考え方（コンセプト）で製品づくりにチャレンジし，本物へのこだわりを貫き，新たな可能性を追求し続けている。売上高3537億5400万円（2015年4月期：伊藤園単独），そのうち90.3％が飲料（ドリンク）の占める割合であり，日本茶飲料（日本茶・健康茶）は売上高1732億円で売上高構成比の49％を占めている（図7-1）。全国に約200もの営業拠点を持ち，多くの営業担当者が販売店を1軒ずつまわるルートセールス・システムを通じて，担当する各地域に製品がうまく浸透するように丁寧な営業活動を重ねている。現在は，「世界のティーカンパニー」を目指し，ニューヨーク，ハワイ，オーストラリア，中国，東南アジア地域で「ITO EN」ブランドを確立するべく，お茶の新しい市場の開拓を進めている。

この順調な売上推移に貢献しているのが「お～いお茶」である。1984年に伊藤園が世界ではじめて発明した「缶入り煎茶」を前身製品として，1989年に缶入りの「お～いお茶」を発売，その後，ペットボトル入りの「お～いお茶」を開発し，売上を伸ばし続けている。2011年には，公益財団法人日本デザイン振興会が主催する「グッドデザイン・ロングライフデザイン賞」を受賞しており，その受賞理由は，「香料や調味料を一切使用することなく"急須でいれたての味わいと香り""自然のままのおいしさ"を表現した緑茶飲料。『お茶は家で飲むもの』という常識を覆し，美味しいお茶を手軽に買って持ち歩くという新しいライフスタイルと緑茶文化を創った。パッケージ・デザインはお茶の旨味や健康性を伝えている」ことであった。[2] 他社製品の参入により急拡大してきた緑茶飲料市場においても，発売当初から常にトップの座を維持している。

しかし，伊藤園にとって，「お～いお茶」の開発と現在の地位に至るまでの

第 **7** 章　新製品開発　　125

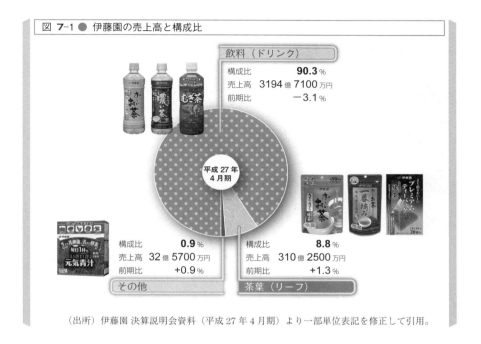

図 **7**-1 ● 伊藤園の売上高と構成比

（出所）伊藤園 決算説明会資料（平成 27 年 4 月期）より一部単位表記を修正して引用。

道のりは決して平坦なものではなかったのである。

2.2 「お～いお茶」の発売まで
▶世界初の缶入り煎茶

　もともと緑茶（茶葉）事業で創業した伊藤園が「缶入り煎茶」の開発を開始したきっかけは，若い世代を中心としたお茶離れであった。1970 年代の半ば，ファーストフードやコンビニエンス・ストアが急増し，食の洋食化が進んでいた。さらに，自動販売機の普及に伴い，コーラなどの炭酸飲料やコーヒーを代表とする嗜好性飲料などの多様な飲料が浸透していた。このような状況において，急須で入れる緑茶（リーフ）は手間がかかるため，若い世代を中心に日本人の生活から次第に遠ざかり，1975 年ごろからお茶の市場そのものが，急速に勢いを失っていた。そのため，伊藤園は，場所を選ばず，どこででも飲める製品を開発すればお茶の市場を拡大できると考え，缶入り煎茶の発売を目指して研究開発を始めていったのである。

世界初，缶入り煎茶
（株式会社伊藤園提供）

しかし缶入り煎茶の開発は，困難を極めた。大きな問題点は2つあった。1つは，缶にふたをする際，缶とお茶の隙間に微量の酸素が混入するため，酸素と緑茶成分のカテキンとが反応し，お茶が褐色に変色してしまうことであった。もう1つの問題は，缶を封じた後，加熱殺菌処理を行うことで緑茶本来の香りが変質し，「イモ臭」と呼ばれる焼きイモのような強烈な不快臭が発生することであった。

伊藤園は，こういった問題を取引先の協力を得ながら解決していった。もともと伊藤園は，工場を持たず製造を外部に委託する経営スタイルである（これをファブレス経営という）。そのため，多くの取引先が存在する。ある取引先の缶メーカーから，炭酸飲料は炭酸ガスを吹き付けながらふたをすることで酸素が隙間に残らなくなるという情報を得た。そこで，体に害がなく，水に溶けにくい窒素ガスを吹き付けながらふたをする方法（ティー&ナチュラルブロー製法）を採用したことで，緑茶の変色を防ぐことに成功した。

一方，イモ臭の問題は，約1000通りの「茶葉」×「抽出時間」×「抽出温度」の組合せを繰り返し試すことで，不快臭が出ない製品を開発することで解消していった。そして，約10年もの研究期間を経て1984年に「缶入り煎茶」を発明し，1985年に発売した。この製品は，素材にこだわり，添加物を使用していない「自然の」お茶のおいしさと色を活かしているという特長を持つ缶入りの製品である。それまで自宅でしか飲めなかった緑茶を「いつでもどこでも飲みたいときに飲める」という簡便性や携帯性といった価値を備えた製品が完成したのである。

しかし，この製品が発売された当時はまだ，「お茶はタダ，お金を出して買うものではない」「缶やペットボトルに入れたお茶を買うのはもったいない」「お茶は，茶葉から入れるのが一番」と思われていた時代であった。

さらに若い人は，"煎茶"という漢字が読めず，特別なお茶だと思っていたという。製品に注目してもらうために，駅のベンチなどで社員が「この缶入り煎茶はいいなあ」と飲みながら製品名をつぶやくといった街頭デモンストレー

ションを行ったりもした。このほか、さまざまな販促活動などによって、取扱い店舗は徐々に拡大していったものの、発売から4年が過ぎても思うように売上は伸びなかった。そこで、伊藤園は「缶入り煎茶」という製品名ではなく、もっと「日常的に親しみのある、家庭的な飲料」としての製品名（ネーミング）を模索していた。そのヒントとなったのが、1970年代から放映していた茶葉（リーフ）製品のテレビCMの"お〜いお茶"と呼びかける台詞（せりふ）である。新国劇の俳優である島田正吾さんが呼びかけるこの台詞は、認知度も高く、言葉の響きもやんわりとして、視聴者からの評判もよかった。これこそ、まさに伊藤園が伝えたい日常的な親しみのあるイメージに適していると考えたのである。そこで、1989年2月に「缶入り煎茶」から、「お〜いお茶」に製品名を変更したのである。

また当時、消費者の健康や美容への関心が高まるにつれて、抗菌効果やビタミンCが多く含まれるという特徴を持つ緑茶に対しても関心が高まっていった。さらに、従来のように熱いお茶だけではなく、「冷たくしたお茶を手軽に楽しめる」という新しい価値が日本人の嗜好にも合っていた。その結果、食事の時にも「お〜いお茶」を飲む消費者が徐々に増え、文化として根づいていったことで、次第に消費者も「お金を出してお茶を買うこと」への抵抗は薄れていったのである。こうして、「お〜いお茶」は消費者の心をつかみ、売上を伸ばしていくことになる。

▶ペットボトル入り緑茶飲料

その後、缶入りからペットボトル入り緑茶飲料の開発が進められたが、ここでの開発も困難を極めた。その理由はお茶の「オリ」という粒状の浮遊物である。湯のみにお茶を入れると底に緑色のものがたまる。これはうまみのもとだが、ペットボトルは透明であるため、それがたまっている様子が見えてしまう。身体に害はないが、ペットボトルでは見栄えが悪く、風味も損なわれる。そこで伊藤園はおいしさを損なわず、これらを極力除去する方法を研究し、「ナチュラル・クリアー製法」を開発する。目の細かい「天然の茶こし（マイクロフィルター）」を使用することで、緑茶本来の香りと味わいをそのままに、透き通ったお茶の色を引き出すことに成功したのである。伊藤園はこの製法で特許を取得している。

世界初の
ペットボトル入り
緑茶飲料である
「お～いお茶」(1.5ℓ)
（株式会社伊藤園提供）

そして1990年，世界ではじめてペットボトル入り緑茶飲料である「お～いお茶」(1.5ℓ) を発売した。その後，1996年には500mℓサイズを開発したことで，さらに気軽にお茶を飲む機会が広がり，緑茶飲料の主要容器は次第に缶からペットボトルへと移行していった。自動販売機の普及などの後押しもあり，緑茶飲料市場は急速に拡大していったのである。

2.3 「生茶」の参入による緑茶戦争

文化として根づき，市場が拡大すれば，その市場に魅力を感じた大手企業が参入してくることになる。緑茶飲料市場も例外ではなく，2000年3月，大手飲料メーカーのキリンビバレッジ株式会社（以下，キリン）が「生茶」を発売し，市場に参入してきた。「生茶」は生の茶葉のエキス分や香料を使い，渋みや苦みを抑え，お茶本来のうまみと若い世代に好まれる「甘み」を特徴としていた。お茶の持つ本来の味よりも甘くすることで，「飲みやすさ」という特長を打ち出し，「生茶」を選んでもらうことを狙ったものである。さらに，ビール系のメーカーが生ビールならぬ「生茶」というネーミングで製品を出したというインパクトや目新しさもあった。このように，自社製品を選んでもらうために，他社製品との違いを浮き彫りにすることを差別化という。こういった特長に加え，人気女優の松嶋菜々子さんをテレビCMに起用したことで，「生茶」は若者を中心に受容され，コンビニエンス・ストアの陳列棚や駅の売店，弁当屋には多くの「生茶」が並ぶこととなり，瞬く間に「お～いお茶」のシェアを奪っていった。これがペットボトル入り緑茶飲料における緑茶戦争の始まりである。

当時，伊藤園の社内では「生茶」に対抗するために「お～いお茶」の味を変えるという案も出ていたが，そうはしなかった。その理由は，伊藤園がお茶の開発を専門とする会社であり，缶入り煎茶の開発時代から一貫して，「家庭で飲む急須で入れたお茶のふくよかな味わいと入れたての香り」にこだわり続けてきたためである。このこだわりこそが「お～いお茶」が提供したい製品の（本

質的な）価値であり，伊藤園は「生茶」に対抗するために，決して香料や調味料（添加物）を使わず，また，国産茶葉100％の自然のお茶にこだわり，「本物のお茶の味を再現するための改良」を続けていったのである。

しかし味の改良だけでは成長著しい「生茶」への対抗策としては弱い。そこで，売る時期を広げることで「生茶」に対抗していこうとしたのである。毎年，「お～いお茶」を含め，夏の暑い時期に多くの飲料は売れるが，冬の寒い時期になると売上は一気に低下する。一方，冬の寒い時期は温かいお茶を飲みたいため，急須で入れる茶葉が売れる。缶入りならば温めることも可能であるが，当時のペットボトル容器を温めることは不可能であった。そこで伊藤園は，ホット用ペットボトルの「お～いお茶」の開発を決断する。

**2000年発売当時の
キリン「生茶」**
（キリンビバレッジ
株式会社提供）

温かいお茶を開発することは，「生茶」への対抗策でもあった。同じお茶でも，温めたときに飲むと，冷たいときよりも味が薄いと消費者は感じる。「生茶」の場合，冷やして飲むことを前提に味を調整しているため，温めるとそのおいしさが損なわれてしまうのである。そこでホット用の「お～いお茶」を開発する際は，温めたときにおいしく飲めるように通常の「お～いお茶」よりも味を濃いめに設定した。ホット専用の茶葉とお茶の入れ方を変えることで，ホット用ペットボトルでお茶本来の自然な味を追求していったのである。こういった開発は，お茶の開発を専門とする伊藤園にしかできないものであり，企業の基本コンセプトに従い，企業の強みを活かすことで，「生茶」に対抗していったのである。

しかし，このホット用ペットボトルの開発でも2つの問題が生じる。1つは，加熱によって容器が変形してしまうという問題であった。厚さの薄い既存のペットボトルでは，熱で容器が膨張し，容器を形成しているペットボトルの樹脂の隙間から水分が蒸発して収縮し，容器が変形してしまう。もう1つは，外見ではわからないが，樹脂でつくられるペットボトルは缶と比べて，緑茶の大

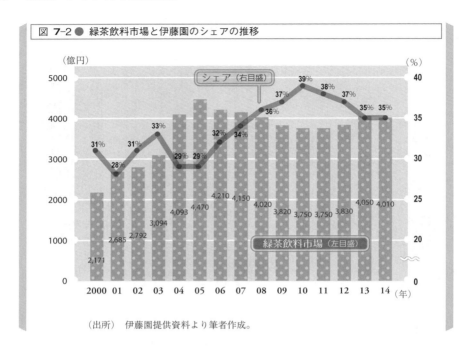

図 7-2 ● 緑茶飲料市場と伊藤園のシェアの推移

（出所）伊藤園提供資料より筆者作成。

敵である酸素を通しやすく，さらに加熱することでお茶が酸化し，品質が劣化するという問題であった。本来，伊藤園はお茶の開発は専門であるが，容器の開発は（取引企業との協業であり）専門ではない。そのため，容器開発は困難を極めた。このような状況において，またもや伊藤園のファブレス経営であることの強みが発揮される。缶の製造会社である取引企業から，内部が炭素でコーティングされた酸素バリア性能の高い，ホットに対応できそうなペットボトルがあるという情報を入手する。この技術を採用することで伊藤園は，酸素を通しにくいホット専用のペットボトル[3]の開発に成功し，2000年に業界に先がけてホット用ペットボトルの「お～いお茶」を発売した。

しかし，製品は開発できたものの，店頭にはホット用ペットボトルを置く場所がなかった。温かい飲料を提供するためには，温めるための陳列ケースであるウォーマーが必要である。いくつかのコンビニエンス・ストアにウォーマーはあったものの，そのサイズは小さく，他の製品で埋まっていた。またウォーマー自体を置いていない店舗も多かったのである。売る場所がなければせっか

く開発したホット用ペットボトルの「お～いお茶」を置いてもらえない。そこで，伊藤園は専用ウォーマーを取引先店舗に無料で貸し出すという英断を下す。こうして，自ら新しい売場を確保し，2000年10月より「ホット用お～いお茶」を展開していった。

このホット用ペットボトルの製品を展開したことで，「お～いお茶」は寒い冬でもおいしく飲める製品としての性格が加わった。さらに，容器の温度が缶より低いため持ちやすいこと，女性のハンドバッグにも入る程度の大きさだったことなども相まって，発売から半年で260万ケース（1ケース24本）を販売し，冬場でも売上を落とすことなく，年間を通じて安定した売上を記録した。

このように，伊藤園は，冬に売る「ホット用お～いお茶」を開発することで「売る時期」を広げ，専用ウォーマーを貸し出し，「売る場所」を新しく設置したことで他社との差別化を図ることに成功し，この緑茶戦争を切り抜けていった。

その後，ますます高まる消費者の健康志向や，すっきりした味わいを好む日本人の味覚に合うことから，伊藤園の独占に近かった緑茶飲料市場には多くの製品が参入し，市場はさらに拡大していった。これにより飲料分野のなかでも最大の激戦区となり，新たな競合の参入を迎え入れることになる。

2.4 「伊右衛門」の参入による緑茶戦争の再燃

2004年3月，大手飲料メーカーのサントリー食品インターナショナル株式会社（以下，サントリー）が京都の老舗福寿園と提携し，「伊右衛門」を発売した。「京都」と「伝統」を全面的にアピールし，俳優の本木雅弘さんと宮沢りえさんをイメージキャラクターに設定した。ここに，次の緑茶戦争が勃発したのである。「京都」「伝統」といったイメージを重視する「伊右衛門」の戦略による影響は大きかった。しかし，伊藤園はこの「伊右衛門」のイメージによる戦略に直接対抗せず，お茶本来のおいしさをさらに高める「香り」に着目したのである。普段，風邪をひいて鼻が詰まっていると，「味がしない」という経験はないだろうか。香りがない食事は，そのおいしさが半減してしまうことと同様に，入れたてのお茶は，飲んだ後のふくよかな香りがあるからこそ，おいしさの余韻を楽しめるのである。そこで伊藤園は，より香り豊かな味わいのあ

る「お～いお茶」を開発するために，原料である茶葉の品質を向上させ，お茶本来の持つおいしさをさらに高めていった。

伊藤園の強みは，製品の品質価値を常に維持できるだけの圧倒的な原料調達力を持っていることである。社員自らが茶産地に出向き，茶生産者に栽培指導を行ったり，協力し合ってお茶を育てる契約栽培や，社員が品質を見極めて茶市場から直接仕入れを行っている。また2001年からは，遊休農地などに「お～いお茶」専用の原料茶を育てる茶畑をつくる「新産地事業」を行っており，原材料の茶畑の育成段階から，お茶のおいしさを育む取り組みを可能としている。

緑茶の原料茶葉は，摘み採られ，「荒茶加工」という一次加工がなされた後に，お茶の香りを高める「火入れ」という加工を行う。ペットボトルの「お～いお茶」に使用される原料には，茶葉（リーフ）で販売されるものとは違い，より鮮度を大切にし，香りにこだわって栽培・加工された，緑茶飲料用の原料茶葉も使用されている。

原材料の品質を決める茶畑の育成と，そこでの緑茶飲料専用茶葉の開発を経て，2005年5月，甘く香ばしいお茶に生まれ変わった「お～いお茶」が発売され，そのラベルには「おいしさは香り」と付け加えられた。同時に広告出稿量を増やし，店頭での大量陳列を展開したことで，「伊右衛門」のイメージ戦略に対抗していったのである。

このように競合他社の戦略に追随せず，自社の製品開発に対する考え方を貫き，広告出稿量や店頭での露出を強化することで，この緑茶戦争においてもトップの座を守り抜いたのである。

2000年の「生茶」，2004年の「伊右衛門」をきっかけに，さまざまな緑茶飲料が市場に参入してきた。それによって，多様な緑茶飲料製品が市場にあふれ，急激に市場が拡大していくとともに，消費者の嗜好も大きく変化していった。伊藤園はこういった消費者の嗜好に対応しながら，5つの基本コンセプトを崩さず，「お～いお茶」の製品ラインナップを広げていくことで，さらに競合に対抗していった。

たとえば，花王株式会社の特定保健用食品「ヘルシア緑茶」がメタボリック・シンドロームやダイエットを意識する中高年（主に40歳から64歳あたり）

をターゲットに 2003 年に参入してきた。これに対し，渋みのきいた「お〜いお茶 濃い味」をラインナップに加えた。健康によいとされるカテキン含有量が多かったことがこの年代層に受容され，「お〜いお茶 濃い味」は，「お〜いお茶」シリーズの定番品となった。[4]

2006 年ごろから，ミネラルウォーターの市場が拡大してきたこともあり，緑茶飲料市場においても，スッキリとした味わいを特徴とするアサヒ飲料株式会社の「若武者」が参入してきた。これらの影響を受けて，若い世代を中心にカフェインや渋みが敬遠されるようになり，比較的刺激の少ない軽い味（ライト志向）の飲料が好まれる傾向が高まってきた。伊藤園は，これに対応するために「お〜いお茶 まろやか」[5]を発売した。

「お〜いお茶」シリーズ製品
ラインナップ
（株式会社伊藤園提供）

2007 年ごろからは，にごりのある，急須で入れた緑茶のような深い味わいが特徴の製品「綾鷹」（日本コカ・コーラ株式会社）が参入してきた。これまではこういった緑茶のオリという「にごり」や「沈澱」が気になる消費者が多かったことから，伊藤園はあえてにごりや沈澱の要因となる緑茶成分による粒状の浮遊物を取り除いてきた。しかし本来，それはうまみの成分でもある。そこで，にごりを取り除かない「お〜いお茶 ぞっこん」をラインナップに揃えた。この「ぞっこん」は，「お〜いお茶」専用茶葉を育てる契約茶園の一番摘み茶葉を 100％使用し，急須で入れたての味と香りを引き出す製法にこだわったもので，火入れを高めることで香り高いおいしさに加え，にごりによる「まろやかでコクのある味わい」を追求した製品であり，渋めのお茶が飲めない若い消費者にも好評である。

他にも，「新茶」などさまざまな季節限定製品や「お〜いお茶」ブランド製品を投入し続けている。[6]こういったさまざまな味わいと香りを調整する技術力の高さと，緑茶飲料用の茶葉（原材料）から開発できる取り組みがあるからこそ，さまざまな製品ラインナップの実現につながるのである。

なお，こうしたおいしさの追求は，定期的な消費者調査に基づいている。たとえば，製品のおいしさを確認するために「味覚調査」を行っている。定番品の「お～いお茶」の場合，そのおいしさを消費者に評価してもらうために，製品名を隠して味のみを評価してもらうブラインド・テストと，パッケージをつけたまま行う調査の両方を実施している。これらの調査結果を検討することでリニューアルの方向性を決め，消費者がわからない程度に，毎回の改良で少しずつ味を修正し続けている。他にも，製品のパッケージの見た目のよさを確認する「パッケージ評価調査」を実施している。この調査結果をふまえながら，「お～いお茶」と「お～いお茶 濃い味」は，ほぼ年に1回の頻度で，パッケージデザインを改良し続けており，その他の製品も，ほぼ半年に1回の頻度で，パッケージデザインを改良している。伊藤園の意図する「よいデザイン」とは，製品の中身がよくわかり，手に取ってもらえるパッケージデザインづくりのことであり，とくに「お～いお茶」の代名詞でもある鮮やかな新緑色の表現に注力している。この新緑色は店頭でも非常に目立つ色であり，パッケージデザインのリニューアルごとに，この鮮やかな発色を出すための努力を続けている。

　こういった調査結果を常に活用しながら，「お～いお茶」のそれぞれのラインナップが飲み飽きられないよう，またパッケージが飽きられないよう，製品をリニューアルし続けている。

　2015年，「お～いお茶」は「缶入り煎茶」を発売してから30年を迎えた。「お～いお茶」の製品開発は5つの基本コンセプトに従いながら，「急須で入れたての本物の味を追求する」というぶれない基本方針によって常に市場をリードし，消費者の嗜好性の変化や他の企業の差別化戦略に対して，製品を磨き続ける開発と，製品ラインナップで対抗してきた。その結果，「お～いお茶」はいまもすべての茶系飲料市場において販売量1位のトップの座を維持し続けているのである。

3 ケースに学ぶ

3.1 製品の定義（製品コンセプト）

　市場に提供する製品を開発する場合，「誰に」「何を」「どのように」提供するのか，といった**製品コンセプト**を決める必要がある。そのためには，製品の3つのレベルを設計することが重要となる。最も基本的なレベルは「製品の核」であり，これは購買者が本当に購買するものは何かという問いに答えるものである。5mm用のドリルを買う客はドリルそのものを買うのではなく，ドリルによってきれいに開けられる「5mmの穴」を買うのである。口紅を買いに来た女性は単に唇につける色を買うのではなく「希望」を買っているのである。このように隠れたニーズを明るみに出すことが製品の核の役割であり，見かけの特徴を売るのではなく便益（ベネフィット）を売るのである。「お～いお茶」の場合，そのぶれない「味」と味を引き立てる「香り」を通じた「リフレッシュ」こそが製品の核だろう。これは製品全体の中央に位置づけられる。

　次に，この製品の核を具体的に表現する「製品の形態」を決めなければならない。特徴やスタイル，ネーミング，パッケージ，品質などが該当する。

　「お～いお茶」の場合，香料や調味料（添加物）を加えない，急須でいれたてのお茶を追求するという「自然で安全なおいしさ」が本質的な特長であり，そのお茶を缶やペットボトル容器に入れることで「どこでも飲めるスタイル」にしたこと，覚えやすい「お～いお茶」というネーミング，竹柄の鮮やかな新緑色のパッケージデザイン，茶産地の育成を行うことによる安定した茶葉の仕入れと品質水準の維持が該当する。

　最後に，製品の形態に伴って提供される付随的なサービスと便益（ベネフィット）を決定するのが「製品の付随機能」である。「お～いお茶」の場合，「専用ウォーマー」により，冬にお茶を買える場所（チャネル）を開拓したことで，販売場所（機会）という新しい価値をつくり出したのである。

　このように，製品とは消費者のニーズを満足させるようなベネフィットの束なのである。その束をどのように設計するのかが，他社との違いを打ち出す「差別化」につながるのである。

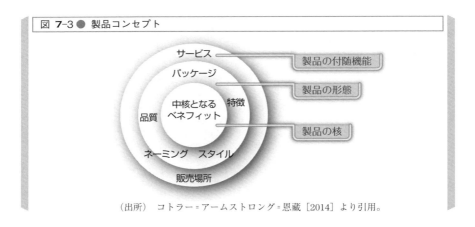

(出所) コトラー＝アームストロング＝恩藏［2014］より引用。

3.2 差別化とは

差別化とは，消費者に自社の製品（あるいはサービス）を積極的に選んでもらうために，他の製品との違いや特徴を浮き彫りにすることである。一般的に，新製品の開発や製品のリニューアルが行われるたびに，製品の目新しさや特徴を付加し，他社製品との違いを明確に打ち出していく。こういった製品開発の際，上述した製品コンセプトのどの部分で他社製品との違いや特徴を打ち出すのかを設計することが差別化を成功させるポイントとなる。

差別化の具体的な方法は，品質や特徴，スタイル（やデザイン）といった「製品の形態」における差別化，サービスや販売場所（チャネル）といった「製品の付随機能」における差別化などが考えられる。他にもイメージによる差別化も可能である。ただし重要な点は，こういった差別化が消費者にきちんと認識されており，それが他社製品よりも好ましいと思ってもらえなければ，たとえ差別化していても購買対象として選んでもらえないということである。言い換えれば，差別化としての特徴が多くの消費者に受け入れられることで，競争優位性（特長）となり，買い続けてもらえる存在になるのである。

本章で紹介した「生茶」の場合，若者にも飲みやすい甘い味にすることで，「飲みやすさ」という中核的なベネフィットとそれを実現する製品の形態面（品質）での差別化，およびお茶に「生」という新鮮さをイメージさせるネーミングでの特徴を打ち出した。「伊右衛門」の場合，「京都」や「伝統」といったイ

メージで差別化することで「お〜いお茶」の市場を切り崩そうとしてきた。これに対し，「お〜いお茶」は中核となるベネフィットである「急須でいれたての本物の味」を追求し続けることで製品力を高めつつ，ホット専用の茶葉の開発とホット用ペットボトルの製品の開発，専用ウォーマーの貸し出しといった販売時期と販売場所（機会）を広げることで対抗していった。

つまり，伊藤園の「お〜いお茶」は，他社が製品の形態を変える差別化を行ってきたことに対し，製品の形態だけでなく，販売場所といった製品の付随機能で対抗したことで差別化に成功し，売上を伸ばしたのである。

3.3 製品ラインナップ

「お〜いお茶」には，基本となる「お〜いお茶」以外にも「濃い味」「まろやか」「ぞっこん」など同一製品内に，次々と新しい**製品ラインナップ**を展開し，市場シェアを維持してきた。「お〜いお茶」の基本的な製品コンセプトであるぶれない「味」とその味を引き立てる「香り」を維持しながら，こういった製品ラインナップを展開することで，さまざまな競合製品に対抗し，追随を抑えることが可能となる。さらに，新製品を別でつくるより生産コストを抑えることも可能となる。

では，製品ラインナップをどこまで広げていくことが有効なのだろうか。1つの目安は，ラインナップの幅を広げていくことで利益が増加するならばそのラインはまだ狭いということであり，逆にラインナップを削減することで利益が増加するならばそのラインナップは広すぎると考えることができる。

伊藤園の場合，「お〜いお茶」と「お〜いお茶 濃い味」を定番に置き，季節限定品をいくつも展開している。とくに季節限定品のなかで消費者の反応や評価の高いものを定番品の製品ラインナップに加えていくプロセスをとっている。このように，単に利益だけで検討するのではなく，消費者からの評価などもふまえながらラインナップの幅を検討することも大切なのである。

なお，こういった製品ラインナップを展開する場合，ロゴやパッケージも重要となる。これまでのパッケージのどの部分を残し，どの部分を新しく変更していくのかという点，および，時代の変化に応じてデザインを変更すべき部分と変更すべきではない部分を明確にし，展開することが重要になる。

3.4 新製品開発の手順

一般的に，**新製品開発には手順**がある。まず，できるだけ多くのアイデアを集めてくる「アイデア創出」の段階である。多く集めたアイデアのなかから，いくつかの有力候補を絞り込んでいく「スクリーニング」の段階を経たアイデアに対して，具体的な製品コンセプトを設計していく（「コンセプト開発」）。その製品コンセプトに基づきながら開発担当者が具体的な製品を設計し，生産する（「製品・生産設計」）。その製品を実際に市場に導入し，消費者の反応を確認する「市場テスト」を行ったうえで，本格的な導入を決定する（「市場投入」）。製品コンセプトの開発や市場テストにおける消費者の評価は第 6 章で学んだマーケティング・リサーチを通じて実施することで，成功の可能性を測定しながら慎重に市場に導入していくことが望ましい。

伊藤園の場合，さまざまな製品アイデアを集めるために，「Voice 制度」という社内提案制度がある。営業担当者がルートセールスなどで小売店や流通の現場に行くため，そこで売場担当者や消費者と接点がある。これは，こういった現場からの声を広く公募して吸い上げ，社員のアイデアを新製品開発に活用する制度である。とくに，季節限定品などの場合は，上記の「Voice 制度」で集めた多くのアイデアを社内で検討しながらその数を絞り込み，製品コンセプトを決めたうえで製品を開発する。実際に市場に投入した後に消費者の反応や評価を調査し，定番化するかどうかを検討している。このように，新製品を開発し，市場に導入するまでにも調査は用いられ，市場に導入した後も，売れ続ける製品（ロングセラー）へと導くために常に調査が行われている。

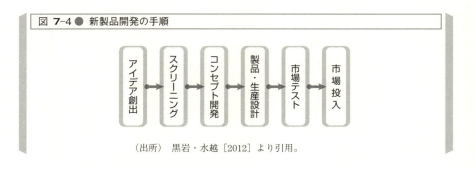

図 7-4 ● 新製品開発の手順

（出所）黒岩・水越［2012］より引用。

ディスカッション・ポイント ──Discussion Point

7-1 あなたの身の回りにあるロングセラー製品をみつけてみよう。

7-2 なぜその製品がロングセラーになっているのだろうか。この章の製品コンセプトの考え方に照らし合わせて，何が製品の核であり，製品の形態や付随機能が何なのか考えてみよう。

7-3 そのロングセラーの競合製品は何だろうか。どのような点で差別化を行い，成功しているのかをロングセラー製品と比べてみよう。

7-4 もしあなたが新製品を開発する担当者だとしたら，どのような製品コンセプトを設計すると成功するだろうか。それはなぜか，考えてみよう。

文献ガイド

太田昌宏［2007］『ヒット商品が面白いほど開発できる本』中経出版。
  著者は江崎グリコで製品開発に携わってきた経験をもとに，新製品開発に関連する実務の現場で活用できる考え方を示してくれています。気軽に読める本で，製品開発に関する入門書として読む（眺める）には最適です。

林良祐［2011］『世界一のトイレ──ウォシュレット開発物語』朝日新書。
  「（ウォシュレットの）ノズルが清潔だと言い張るのなら，舐められますか？」「おしり洗浄の水で目を洗えますか？」 トイレの使い方は十人十色。そのトイレを通じてより快適な文化をつくり出すために，TOTO株式会社の開発者が苦悩しながらウォシュレットや便器を開発してきた物語です。少しクスッと笑いながら，トイレの知識も増えます。日本のトイレの技術力の高さが垣間見え，製品開発の難しさと楽しさが実感できる書籍です。

注

1) 1964年に伊藤園の原点となる「日本ファミリーサービス株式会社」設立。1966年には，伊藤園の前身であるお茶の販売に特化した「フロンティア製茶株式会社」を静岡市に設立し，その後1969年に商号を「株式会社伊藤園」へ変更している。
2) GOOD DESIGN AWARD 2011 ホームページ（http://www.g-mark.org/award/describe/38312）より引用。
3) ホット用のペットボトルには，内部が炭素でコーティングされたタイプのほかに，多層構造の素材のペットボトルも開発されている。

4) 2011年には特定保健用食品「カテキン緑茶」を展開している。なお,「お～いお茶 濃い味」は2015年,緑茶飲料発明30年を機に「お～いお茶 濃い茶」に商品名を変更した。
5) 「お～いお茶 まろやか」は2015年現在は終売している。
6) 「お～いお茶 ほうじ茶」「お～いお茶 抹茶入り玄米茶」「京都宇治抹茶入り お～いお茶」などがある。

参考文献・資料

大倉雄次郎［2012］『伊藤園の"自然体"経営――伝統と最新手法が織りなすイノベーション』日刊工業新聞社。

黒岩健一郎・水越康介［2012］『マーケティングをつかむ』有斐閣。

コトラー, フィリップ=ゲイリー・アームストロング=恩藏直人［2014］『コトラー, アームストロング, 恩藏のマーケティング原理』丸善出版。

吉田満梨［2010］「不確定な環境における市場予測と遂行的実践――株式会社伊藤園 飲料化比率を参照点とした市場創造の事例」『マーケティングジャーナル』第115号。

株式会社伊藤園ホームページ (http://www.itoen.co.jp/company/profile/index.html)

謝辞

株式会社伊藤園広報部の白石毅氏(広報室担当課長)および小寺欣也氏(広報室グループリーダー)には本章を構成するにあたり,取材を快諾してくださり,多くのアドバイスをいただいた。ここに心より感謝の意を表する。

第8章 価 格 戦 略

久原本家の高品質にこだわる価格設定

太宰 潮

KEYWORDS
- コスト・需要・競争
- コスト・プラス法
- 価格弾力性
- 参照価格
- チェリーピッカー（バーゲンハンター）

（株式会社久原本家グループ本社提供）

福岡の郊外にある久原本家総本店

1 この章で学ぶこと

　本書の想定読者である学生の皆さんは，限られたアルバイト代を学費，コンパ代，旅行代等に費やしているだろう。買いたいと思った服やアクセサリーが高くて諦めたこともあるだろう。しかしその一方で，スターバックスに行って，学食の一食分に近い金額をコーヒーに使う学生も多い。また，都市部で買うのと同じ飲料を，旅先のホテルで高く買った人も多いはずである。時と場合によって私たちは，安さにこだわったり，より多くのお金を支払ったりする。その価格は売上と利益の確保に直結するため，非常に重要なマーケティングの要素と考えられている。それはマーケティングの「4P」(Product, Price, Promotion, Place) の1つとして捉えられていることからもわかる。

　本章のテーマは「価格戦略」であるが，誰でも知っている大手の製品・サービスではなく，あえて地方の中小企業に焦点を当てる。無名であった企業が全国規模の企業へ成長する過程を，価格という側面に注目しながら紹介する。取り上げるのは，福岡県の企業「久原本家グループ」（以降，久原本家）であり，本章で紹介する主な製品は「椒房庵」の辛子明太子と「茅乃舎だし」についてである。学生には馴染みが薄いケースだと思われるが，規模や資本力が大きい企業や知名度の高い製品やサービスだけではなく，日本全国の企業の99%以上を占める中小企業にとっても，マーケティングやそのなかの価格を考えることが重要だということを，ぜひ学んでほしい。

　本章を通して，「コスト・需要・競争」という価格決定の3要素のうち，基本中の基本はやはり「コスト」であることをまずは捉えること，そして良いものを作ってそれを顧客に提供し続けるためには，妥協せずにコストをかけ，かつ継続して売れ続けるための価格設定が重要であることを紹介する。そのうえで，中小企業が中長期的視野で考えた場合に必要となる価格戦略についても説明する。

2　ケース：久原本家

2.1　久原本家グループの紹介

　久原本家は，1893年に福岡で醬油メーカーとしてスタートした。1970年代には従業員6名，年商6000万円ほどの零細企業であったが，2015年現在，グループの売上は163億円に達している。1980年にたれやスープ等のOEM生産（Original Equipment Manufacture；他社ブランドの製造請負）を開始したことをきっかけに成長し，その後1990年の「椒房庵」ブランドでの辛子明太子（以下，明太子）発売，1999年の「キャベツのうまたれ」発売，2005年には福岡県糟屋郡久山町の山奥に自然食レストラン「茅乃舎」をオープン，その約2年後には化学調味料・保存料無添加をアピールポイントとする「茅乃舎だし」を発売し，それぞれの製品をヒットにつなげてきた。地元の福岡をはじめ，首都圏・都市圏を中心に「茅乃舎だし」を扱う直営店も展開しており，2010年に東京ミッドタウンに出店したことを皮切りに，2015年現在で首都圏に5店舗，札幌・神戸・名古屋・大阪・京都に店舗をオープンしている。

茅乃舎東京ミッドタウン店
（株式会社久原本家グループ本社提供）

順風満帆に業績を拡大してきたようにも捉えられるが，その道程はきわめて厳しいものであり，実際に後発参入である明太子「椒房庵」では，9年間もの赤字を続けていた。そこからどう脱却し，その後の「茅乃舎だし」のヒットにどうつながっていったのかをみていこう。

2.2　辛子明太子「椒房庵」

久原本家が自社として消費者向けに発売した製品は，1990年の明太子ブランド「椒房庵」がはじめであった。当時の明太子市場は，1949年に福岡ではじめて明太子を製造・販売し，他社にも製造方法を教えるなどして市場を確立したパイオニアの「ふくや」をはじめとして，すでに数多くのメーカーがしのぎを削っており，かなりの後発段階，成熟市場といえる段階での参入であった。売上高上位2社である「ふくや」と「やまや」に，「稚加榮(ちかえ)」を含めた明太子の価格は表8-1の通りであり，基本的には他社よりも高い価格帯となっている。なお，「稚加榮」は福岡で有名な料亭の名前であり，それにふさわしい価格となっていることがわかる。

明太子の多くは，全国としてはお土産用もしくは贈答用であるが，表8-1にある「お徳用辛子明太子」は家庭用のための製品であり，贈答用規格の大きさに合わなかったものがこちらの製品となる。家庭用であるためにパッケージも簡易なものとなっている。明太子に限らず，購入ターゲットや想定される使用用途などによってラインナップを変え，価格帯もそれに合わせるということは一般的に行われており，たとえば上記の「稚加榮」も，「ご家庭用」として1080円のラインを設けている。このようにターゲットや用途によって異なる価格帯のラインナップを設ける場合は，安くする理由が，一方でプレミアム感を出す高価格となっている理由が，消費者にしっかり伝わることが大事である。

贈答用の明太子は，店頭としては百貨店やターミナル駅，空港などが主な販路となるが，遅れて市場に参入した「椒房庵」の明太子は，知名度もないため，消費者の目や手が届きにくい店頭の奥や柱の裏手などに陳列されてしまう。当然ながら，思い通りの販売には結び付けにくい。これが，長期間赤字が続いた原因の1つである。

参入当時の明太子市場はすでに数多くのブランドによる競争が激しく，帝

表 8-1 ● 明太子の価格比較

メーカー，ブランド	商品名（重量）	価　格
椒房庵	「昆布漬明太子」（120g）	¥1,620
椒房庵	「お徳用辛子明太子」（112g）	¥1,080
ふくや	「味の明太子レギュラー」（120g）	¥1,080
やまや	「美味」（100g）	¥1,080
稚加榮	「ご贈答用辛子明太子A」（128g）	¥1,728

（出所）　各メーカー・ブランドの直販サイトより。2014年6月時点。

国データバンクの『辛子明太子業界の現状と今後2011』によると，国内生産量は1995年にピークを迎えている。一般に成熟段階の市場では，明確な差別化が想定されない限り新規参入自体が難しいし，すでにさまざまな価格帯の製品が市場投入されているケースが多く，後発でプレミアム製品をつくるなどして高い価格で利益を確保することも難しくなる。既述の料亭の名を冠したブランド以外にも，高価格帯の製品は発売当時に数多く存在していた。差別化が難しいのであれば，既存市場のシェアを奪いにいくために低価格戦略をとることが考えられるが，逆に久原本家はより高い品質を求めて原材料を途中で変更し，比較的安価な遠方で獲れるものから北海道近海の「真子」に切り替えている。

したがって，先に示した価格決定の3要素「コスト・需要・競争」のコスト面（のなかの製造原価）においては，そもそもコストカットして安くしようという発想ではなかったことがわかる。さらに3要素のうちの競争面においても，値引きをして市場に広く売ろうという発想がなかったことがわかる。市場における価格帯という視点では，料亭「稚加榮」の価格に近づけることで，その価値が消費者に容易に伝わりやすいものとなっている。

流通・販路については，一部，百貨店や空港等の土産物店には出店をしているが，販売の柱を福岡県久山町の直営店「椒房庵」（現・久原本家総本店）と通信販売による直接販売にシフトさせていった。久山町の店舗は，福岡の中心である博多駅から車で高速道路を使って30分ほどはかかる「田舎」の真ただ

中にあるが，この直営店での販売を柱の1つとしたのである。

　価格戦略上，卸や小売などの流通を介すかどうかは非常に重要な決定となる。先に述べた通り，後発ブランドである椒房庵は小売流通において店頭の目に付くところに並べられず，店頭で目立たせようとすると，どうしても価格交渉を避けては通れない。しかし直販をすることによって，流通コストや店頭における値崩れを抑えることができる。先の3要素「コスト・需要・競争」のコスト面のうち，流通に支払う分（販売促進費など）は多くはしないという，非常に割り切った判断をしていることがわかる。販路を限定的とすること，原価をかけたことなどにより，前述の通り9年間も赤字が続いたが，直営店や通信販売による直販が浸透してきたことに加え，テレビ番組に取り上げられたことで一気に人気となり，10年で黒字を達成することにつながった。

2.3　「茅乃舎だし」

　現在，日本社会では，高齢化が進行し，健康を求める層がより増加している。そのような社会においては，「自然食品」や「無添加」が重要となっていくが，そのなかであえて困難な基礎調味料における無添加を目指してできたのが，「茅乃舎だし」である。

茅乃舎だし
（株式会社久原本家
グループ本社提供）

　茅乃舎だしは，パッケージに印字されているように「化学調味料・保存料　無添加」としており，原材料には国産の焼きアゴ，かつお節，ウルメイワシと真昆布，海塩などが用いられている（久原本家ホームページより）。グラム当たりの単価も，他社製品と比較しても高価格である（表8-2参照）。

　それでは，茅乃舎だしの価格決定についてみていこう。椒房庵と同様，茅乃舎だしを作るにあたっても，「コストをかけて良いものを作る」という理念は変わっていない。他社のものと味比べをしても，おいしさが際立つほどに原価をかけて製造されているために，根本的に安くするという発想を持っていない点も同じである。

表 8-2 ● 主なだしの価格比較

メーカー，ブランド	商品名（重量）	価　格	価格出典
久原本家	茅乃舎だし（240g／8g×30袋）	¥1,944	メーカー直販サイト
味の兵四郎	あご入兵四郎だし 30袋入 （270g／9g×30袋）	¥1,944	メーカー直販サイト
シマヤ	一番だし鰹（顆粒） （36g／6g×6袋）	¥300	メーカーサイト
味の素	ほんだし（1kg）	¥1,480	amazon.co.jp
シマヤ	だしの素（粉末） （340g／10g×34袋）	¥850	メーカーサイト

（出所）　メーカーサイト，ブランドの直販サイト，amazon.co.jp より。2014年5月時点。

　価格決定においては「コスト・需要・競争」を考慮する必要があると先に述べた。通常，新製品を市場に投入する場合は，競合製品の価格（＝競争）や消費者の求める参照価格（「需要」の一部といえる）を非常に重視する。参照価格とは，「消費者が参照にする価格」のことであり，わかりやすく言うと「○○であれば××円くらいだ」と思う値段のことである。大手メーカーが新製品を市場に投入する場合は，消費者調査などからこの参照価格を調査したり，競合価格の調査を行うなどして，売上予測といった消費者の反応を調べる場合が多い。しかし，先の「椒房庵」の明太子と同様に，「茅乃舎だし」の価格を決めるにあたっては，需要と競争は重要視されていない。

　「茅乃舎だし」の価格決定を行う際は，他社製品の価格は当然把握をしているが，基本的に考慮をしていないという。また価格を決めるにあたって，消費者へのリサーチも一切行わなかった。久山町の山奥に設けた茅葺き屋根のレストラン「茅乃舎」の高級感とのバランスは考慮されたようであるが，ほぼコストを考えただけで価格が決定されたという。「椒房庵」の明太子以来一貫している「コストをかけて，良いもの・おいしいものを作る」という考え方と，それに見合った価格づけがなされたわけである。コストカットといった考え方と

は明らかに違うことは,もう説明の必要もないだろう。

「椒房庵」の明太子と「茅乃舎だし」の価格からわかるのは,価格づけや価格戦略は,コストや売上拡大以外に,企業理念や長期的視点などもふまえたうえで決定されるということである。これからの社会に受け入れられる無添加のだしを作るという理念,それをよりおいしくしようという意志の強さ,大企業に負けないブランドを育てるという長期的な視点などが,価格決定に強く影響しているのである。

2.4 製品以外の価格対応

製品以外の価格対応についても,久原本家は特徴的な取り組みを行っている。優良顧客への対応としての値引きや送料無料化を行わないこと,価格訴求を含めて過度な広告宣伝をしないことなどである。以下,一般に行われるケースと比較しながら紹介していこう。

▶優良顧客への対応(数量割引,送料無料化)

まずは優良顧客への対応である。久原本家も行っている通信販売や百貨店において,一般的に自社製品を数多く,かつ多額に購入した優良顧客に対しては,製品の値引きやポイントの優遇,おまけなどの付与や増量,送料の無料化を行うケースが多い。通信販売に多い化粧品や健康食品,オンラインのショッピングモールでも,いままでの合計購入金額が一定金額を超えると割引率が上がるといった施策や,2つ,もしくは3つ購入することで割引がなされたり,商品が1つ付いてくるといった提示がなされる。

たとえば楽天市場では,過去の獲得ポイント数やポイント獲得回数等によって,レギュラー,シルバー,ゴールド,プラチナ,ダイヤモンドという会員ランクを設けている。化粧品のオルビスは,直近1年間の累計買い上げ金額によって,レギュラー,シルバー,ゴールド,プラチナという会員ステージ制を設けている。ランクやステージによって,ポイント還元率の上昇,特別セールなどの得点が設けられている。商品が1つおまけでついてくることも,増量をすることも,ポイントの獲得量が上がることも,もしくは送料を無料にすることも,実質的に値引きと変わりがない。

しかし,久原本家は優良顧客への御礼としての値引きや送料無料を,限定

キャンペーンや，例外的な特別注文のケース等を除いて，基本的に行っていない。それは「優良顧客への御礼は値引きで行うべきか」という問いと，「顧客に対してより良いことをする」という同社の理念に基づいている。では値引きでないのならどのようなことを行っているのだろうか。優良顧客への御礼の1つの事例としては，グループ内の農業生産法人「美田」の直売所で人気であった太秋柿を送付し，それに対する顧客の反応も好評であったことが挙げられる。もちろん太秋柿以外にも，さまざまな優良顧客への対応を行っているが，「他社が行っているからウチも」という安易な発想ではなく，顧客のことを考え，自社ならではのできることを実際に実行に移している点が重要である。

優良顧客からも，もちろん普段の顧客からも，実際には値引きや送料無料化を求められることも頻繁にあるそうだが，基本的に応じることはなく，そのつど丁寧な説明を行っているという。

▶広告宣伝費

原材料費をかけた製品を作り，値引きもしない久原本家は，広告宣伝にかけるお金にも独自の視点を持っている。通常，新製品を市場に投入した場合は，広く認知してもらうための広告活動を展開することが考えられる。しかし，久原本家はマスメディアを用いた広告も限定的であり，「茅乃舎だし」については，地上波におけるCMは存在しない。2012年末から流されていた企業CMも，製品は一切登場せず，食卓・家族の様子を伝えるものになっており，製品購入という目的ではなく，広く企業を知ってもらう目的で作られた。広告宣伝費は，コストをかけて売上をとるという点において，値引きにかかるコストと性質が似ているが，久原本家はそれに対して積極的ではないのである。

しかし，それでは「新規顧客にはどうアプローチをしているのか」という疑問が出てくるが，マス広告における新規獲得向けの広告は，取材時点では，新聞広告とBSで流れる60秒と90秒のCMのみである。しかし，こうした新規獲得向けの広告よりも，クチコミによる新規購入のほうが多いという。

他の媒体における消費者との接点は，リピーター向けに送られる会報誌やハガキ，そしてインターネットとなるが，クチコミを重視する同社は，コストのかからないSNSを活用している。フェイスブックによる定期的な発信や，ツイッターにおけるアクティブサポート（消費者の書き込みなどについて，企業側か

図 8-1 ● ツイッター上でのアクティブサポート

kubara_honke @kubara_honke・12時間
@　さん、博多デイトスの茅乃舎へ足をお運び頂きまして有難うございます。お買い物のお時間はお楽しみ頂けましたでしょうか。隣の椒房庵では、デイトス店と本店限定販売の、めんたいフランスパンがございます。是非一度ご賞味下さいませ♪またのご来店をお待ち致しております！

kubara_honke @kubara_honke・6月30日
@　さん、いつもご愛用有難うございます。ご使用数もカウントしていただき光栄でございます～(^^*) 茅乃舎だしも、生七味同様に、永くご愛用下さいませ。これからの季節に爽やかな、冷たいレシピもございます。bit.ly/1q82tWm お試し下さい♪

ら積極的にアプローチをすること）などである。

　図 8-1 をみれば，定型句を機械的に送ったりしているわけではなく，担当者本人が返事を書いていることがわかるだろう。図 8-1 の片方はそのユーザーが久原本家のツイートを「お気に入り登録」しており，好意的な反応であったことがわかる。なお，ツイッターにはたとえば高い価格を批判するようなネガティブな書き込みも存在するが，ここでも，価値を感じてクチコミを投稿している顧客を中心にアクティブサポートをしているという。フェイスブックのコメント欄でも，顧客との直接のやりとりが行われており，価値を理解してもらっている顧客とのつながりを大事にしたい，という同社の姿勢が感じられる。

　コストのかかるマス広告に頼らず，インターネットを利用した顧客との草の根的なコミュニケーションを，久原本家は地道に継続しているのである。なおツイッター活用については，第 15 章で東急ハンズの取り組みを紹介しているので，ぜひ参照してほしい。

3 ケースに学ぶ

　本節では，まず価格戦略の基本である「コスト・需要・競争」を再度おさらいする。続いて値引きに関する基礎知識と，直販を行うことで価格管理ができることを確認し，最後に価格の感じ方における消費者の異質性を学ぶ。

3.1 価格決定の3大要素「コスト・需要・競争」

　本章のテーマである価格を決めるにあたって考慮すべき基本事項は，たびた

び述べている通り、**コスト・需要・競争**の3つである。そのなかで一番シンプルな考え方はコストに基づいた価格設定であり、製造原価にある一定の利益率を加えて価格を決める手法は**コスト・プラス法**（full-cost pricing）と呼ばれる。

一方、需要に基づく価格設定は、たとえば、価格を変化させたことによって売上がどの程度変わるかを示す**価格弾力性**や、先に紹介した**参照価格**などを調査し、それをもとに決定することである。参照価格のうち、とくに「内的参照価格」といった場合には消費者が頭や心のなかに持っている値ごろ感を示し、アンケートなどの調査によって明らかにする。「外的参照価格」といった場合は、店頭や媒体などに提示されている、消費者の頭や心の外にある価格のことを示し、販売実績データなどから推測することができる。体力のある大企業であれば消費者モニターや販売データを持つ外部企業に調査を依頼することが一般的であるが、アンケート等の調査を自社で行うケースもある。

最後の競争に基づく価格設定とは、競合ブランドや競合店の価格を考慮して価格づけを行うことである。競合の価格が外的参照価格として用いられることも多い。牛丼やハンバーガーの価格のニュースを聞いたり、「あちらのほうが安い」という理由でランチの場所を決めたりしたことのある読者もいるだろう。

久原本家のケースでは、シンプルにコストに基づいて価格決定をしたこと、需要・競争については重要視していないことを紹介した。そのなかの「競争」については、中小企業という前提を押さえることを忘れてはならない。大企業は基本的に、生産の大量化によって、製品ごとに割り振られる固定費負担を減らしたり、原材料の購入費を安く抑えるなどして単位当たりのコストを減少させる「規模の経済」を活かしている。ごく単純にいうと、「多く買うから値引きするように」という要請が生産に必要な原材料購入において出されるのである。したがって中小企業が低価格勝負に出ても、資本力が勝敗を左右する価格競争において、大手を相手に勝てる可能性は少ない。資本力・体力に絶対的に劣る中小企業にとっては、そもそも価格における競争を強く意識しないという選択肢もあるのである。明太子の原材料を高いものに切り替えたこと、市場に広く知られる前に直営店と通販に主要販路を絞ったことは、セオリーからは外れているかもしれないが、中小企業としてとるべき1つの選択肢であった、ともいえる。

成熟段階の市場では，明確な差別化が想定されない限り新規参入自体が難しいことは先に述べた。一般的に，新製品を市場に投入する際によく見られる価格戦略は，拡大中の市場において高価格で早い段階での利益確保を狙う「上層吸収価格戦略」（skimming pricing：「上澄み吸収価格戦略」とも表現される）や，市場の成熟度にかかわらず，低価格で市場における自社シェアの拡大を目指す「市場浸透価格戦略」（market penetration pricing）などが挙げられる。前者の例では，携帯電話料金の価格が比較的初期に高額であったことが挙げられ，後者の例では，規格争いにおけるDVDの低価格化などが挙げられる。しかし久原本家は，上記2通りの価格戦略のどちらもとっていない。前者については明太子市場やだし市場が成長段階ではないこと，後者については久原本家にはそもそもシェア拡大という意図がないことなどが理由である。

　投入する製品の新しさや，参入する市場の成熟度にかかわらず，小売店の販路や目立つ店頭スペースを確保し，広く市場に販売するためには，小売・流通側との価格を主とした交渉が行われることが多い。しかしここでも，久原本家は小売・流通に対して低価格による交渉を続けることがなかった[1]。

3.2 「値引き」に関する基礎知識と価格管理

　本書第1章で，「コモディティ」が「特段の差別性がなく，価格競争に陥りやすい製品やサービス」を指すと学んだ。そもそも価格競争は，何によって引き起こされるのであろうか。さらに，価格競争の現場である小売での販売価格は，そもそも誰によって決められるのであろうか。

　古くは「希望小売価格」の明示が一般的であったため，メーカー → 流通業者（卸・小売）→ 消費者という段階を前提とした場合，価格はメーカーが決定・管理していると思っている消費者は少なくない。しかし現在の日本では，消費者への販売価格については，書籍など「再販売価格維持制度」が適用される分野を除き，小売店側に決定権があることが多い。ただし，商慣行やパワーバランスによって，メーカー側に実質的な決定権があるケースもしばしばみられる。

　表8-3は販売促進のタイプと手段をまとめた表（上田・守口［2004］）のなかから，価格訴求に該当する箇所を示している。メーカー → 流通業者（卸・小売）→ 消費者という段階において，主体と対象が「メーカーなのか，小売業者な

表 8-3 ● 販売促進のタイプと手段

消費者向け プロモーション	流通業者向け プロモーション	小売業者向け プロモーション
価格訴求型		
キャッシュバック	アローワンス (協賛金・販促金)	値引き
クーポン	特別出荷 (増量・値引き)	クーポン
増量パック		バンドリング
バンドリング		

(出所) 上田・守口［2004］23頁から一部抜粋。

のか」，メーカーを主体として「対消費者として行うものか，対流通業者として行うものか」といった区分がなされることを，まず認識する必要がある。そして普段の日常で接する「値引き」はその一部にすぎず，メーカーから流通業者向けには「アローワンス」（協賛金・販促金），販売数量などの取引量に応じて支払われる報奨金や売上の一部の割戻金（リベート）などが存在し，それが値引きの原資ともなっていることを知っておくべきだろう。

そして，メーカーが提供する製品の販売価格は，厳しい競争にさらされるなかで長期的に下がっていくこととなる。いったん価格が下がると，先の「参照価格」の考え方から，基本的に消費者は安くなった価格を記憶してしまい，安売りや特売を待つ層も現れる。値引きは売上という数字に即効性を持つため，麻薬にもたとえられるが，値引きしないと売れないという負のスパイラルに陥るケースもよく見られる。値引き原資の支払いや売価の下落から，利益確保の難しさやブランド・イメージ低下に悩むメーカーが非常に多いのである。

このように価格と流通は非常に関連性が高いが，自社が提供する製品を広く流通させるためには，流通を介すのが普通である。「椒房庵」の明太子でも例外ではなく，流通業者との厳しい価格交渉がつきものであったことは，前述の通りである。

一方，メーカーが直接消費者に販売を行う製造小売の業態においては，当然，

販売価格はメーカーが決定できる。現在,資生堂やカゴメなど,全国展開するナショナル・メーカーが続々と通信販売・直販に参入しているが,直営店や通販によって消費者へ直販することの大きなメリットの1つに,中間流通コストをかけず,自社が価格をコントロールできる点がある。久原本家もこのメリットを非常に重要視し,販売の拠点を直営店や通販にシフトさせていったのである(直販については続く第9章でも,「販売価格の安定化」が目的であることを詳述しているので,参照してほしい)。また,販路の限定はブランド力を保つことや高めることにもつながる。第1章のG-SHOCKのケースでは,大手ディスカウント・ストアなどへも出荷を始めたことがブランドとしての価値を急速に下げたことを紹介したが,久原本家の製品は人気が上がったにもかかわらず,販路をむやみに拡大していないことが,ブランド力につながっているといえるだろう。

さらに,ここでも企業規模をふまえて考えることが重要である。通常,価格競争力では,中小企業より大手に軍配が上がり,大手のもののほうが安くなり,売場も多く確保することができる。先に「椒房庵」の明太子が,消費者の目につきにくいところに陳列されてしまうと述べたが,規模が大きくない企業として小売流通を介すことのメリットとデメリットを学んだことにより,次の「茅乃舎だし」のヒットや,場所に縛られない通信販売や直販の仕組みを整えたことにつながっている。流通を介すことによる値崩れや利益確保の困難さという観点からいうと,この判断は非常に大きいものであった。

3.3 価格に対する「消費者の異質性」

価格に対する消費者の知覚は,当然ながら一様ではない。たとえば一般の小売店においては,利益確保を度外視して来店してもらうために大幅値引きされる「ロスリーダー」など,大きく値引きされた製品しか買わない**チェリーピッカー**,もしくは**バーゲンハンター**と呼ばれる低価格志向の層が存在し,なかには店舗にとって粗利がマイナスとなるような顧客も存在する。またその逆として,高い金額を支払う消費者も存在する。高い金額を許容する人の特徴は,関与(こだわり)の度合いが高いこと,製品やサービスの価値を感情レベルや自己実現のレベルで感じていることなどが挙げられる。価格の安さで購入をする消費者は,その時々で安いものを選択するため基本的にブランド・スイッチを

しやすく,製品に対する関与が低い。

関与が低く,ただ低価格や送料無料を求める層もいれば,納得し,喜んで価値に見合う価格を支払う層もいるという理解,つまり消費者の異質性を考慮することが重要となる。成熟した市場において消費者が非常に多様化するなかで,低価格を求める層に対するある程度の割り切りも大切なポイントとなる。特売品だけを購入し,安さのみを求める顧客に,さらにキャンペーン情報やクーポンなどを提供する必要はないという考え方もできる。

久原本家の単価の高いだしや明太子を購入する層は,基本的に食に対して関与水準が高いと考えられる。しかしそのなかでも,送料無料を希望したり,値引きを希望する顧客もいる。逆に,先に述べた太秋柿に感激して礼状を送ってくれる顧客もいれば,ツイッターによるアクティブサポートに返信し,意見を伝えたり,会話を楽しむ人もいる。久原本家は価値をしっかりと理解して製品を購入する顧客を大切に考えているため,送料無料や値引きを求める顧客に対して,割り切った対応をすることができるのである。

本章では,成熟市場に参入した久原本家の成長期を,価格の面からごく簡単に紹介をしたが,いずれ規模の経済にモノをいわせる競合大手メーカーが,酷似した製品を安く投入してくる可能性は容易に考えられる。競争や需要を重要視していないとはいえ,仮に競争が激しくなれば,場合によっては値引きという段階に踏み込むことになるかもしれない。企業の成長段階や市場成熟度によっても,考慮することは変わってくる[2]。

価格は利益に直接影響をもたらす重要な要素である。その戦略を理解するためにはまず興味を持つことが大切であり,そのためには文献ガイドで示した書籍に触れ,ディスカッション・ポイントにもぜひ取り組んでほしい。

● ディスカッション・ポイント ─────────── Discussion Point

8-1 スーパーマーケットに並んでいる製品カテゴリー内の価格帯や,異なる業態の店舗(ドラッグストア,ディスカウントストア等)に並んでいる同一製品の価格

8-2 地方には独特の市場が形成されていることが多い。都市部ではあまり知られていないが，地方において市場をリードしている企業や製品・サービスをみつけてみよう。また，その価格を調べてみよう。

8-3 価格競争力によって，中小企業が育てたマーケットに大手が後から参入する例を考えてみよう。

8-4 優良顧客への対応として，値引き以外にどのようなサービス・特典を設けている企業があるか，調べてみよう。

● 文献ガイド

上田隆穂［2005］『売りたいのなら，値下げはするな！ 日本一わかりやすい 価格決定戦略——価格設定と消費者心理のマーケティング』明日香出版社。

　タイトル通り非常にわかりやすい記述がなされており，またケースも多く盛り込まれています。価格についての初学者向けの書籍です。

山梨広一・菅原章編著・監訳／村井章子訳［2005］『マッキンゼー プライシング——体系的・科学的「価格創造」で価値を利益に転換する』ダイヤモンド社。

　実務において重要な利益管理について詳しい記述がなされており，「バリュー・マップ」や「ポケット・プライス」など，価格について考慮する際に有用なフレームワークも提示されています。

リー・コールドウェル／武田玲子訳［2013］『価格の心理学——なぜ，カフェのコーヒーは「高い」と思わないのか？』日本実業出版社。

　近年，注目を集めている行動経済学の研究成果を援用しながら，読者を惹きつけやすいストーリー形式で，価格についての解説がなされています。

● 注

1) 本書をはじめ，既刊の書では，消費者により認知され，全国展開をするような製品やサービスなどが前提とされていることも多い。戦略や思考の枠組み，理論などを知っていることは非常に重要であり，獲得した知識を現実の場面で活用をすることを目的として本書を読む人も多いだろう。しかし，とくに価格における戦略や思考の枠組みを扱う場合，そして中小企業への応用・実践を考える場合は，「この考え方がこの企業において適用できるものか？」という疑問も，常に持ちあわせる必要がある。

2) 本章では，価格にまつわるトピックのうち紹介できていないものも多い。たとえば消費者に対する価格をはじめとした表示については，不当なものがないように，景品表示法（正式名称

は「不当景品類及び不当表示防止法」といい,「景表法」とも略す)で厳しく規制が設けられていることなどは,初学者にもぜひ知っていてほしい点である。

● 参考文献 ●●●●●

上田隆穂・守口剛編［2004］『価格・プロモーション戦略』有斐閣アルマ。
黒岩健一郎・水越康介［2012］『マーケティングをつかむ』有斐閣。
帝国データバンク産業調査部情報企画課福岡支店情報部編集・制作［2011］『辛子明太子業界の現状と今後2011』帝国データバンク。

● 謝辞 ●●●●●

本章を執筆するにあたり,久原本家・社主の河邉哲司氏,コールセンター長の水竹浩氏には,長い時間のインタビューに応じていただき,またご提供いただいた資料を参考にさせていただいた。ここに記して,多大なご協力をいただいた河邉氏,水竹氏に御礼申し上げたい。

第9章 流通チャネル戦略

ライオン「ラクトフェリン」の新・流通チャネル構築

榊原 健郎

KEYWORDS
- 間接流通
- 直接流通
- 取引最小化原理
- 不確実性プール原理
- 流通チャネルの段階（長さ）
- 流通チャネルの幅
- 流通チャネルの結びつき
- チャネル・パワー

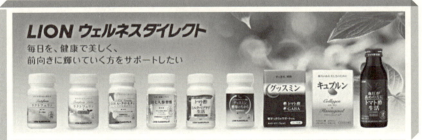

（ライオン株式会社提供）
ライオンの通販事業製品

1 この章で学ぶこと

　流通チャネルとは，メーカーから消費者にモノを効率よく効果的に届ける仕組みである。本章では，日用雑貨（歯磨，衣料用洗剤，シャンプー等）業界の事例を中心にメーカーの流通チャネル戦略について概要を学ぶ。

　一般に流通チャネルには，メーカーから消費者までの間に卸売業者や小売業者といった中間流通業者が存在する「間接流通」と，メーカーが消費者に直接販売する「直接流通」がある。前者は，広範囲に低コストで製品を流通させられるが中間流通業者を統制しにくいという特徴があり，一方で後者は，特定の消費者に直接アプローチしやすいがコストが相対的に高いという特徴がある。

　元来，消費財は間接流通が中心であり，とくに日用雑貨業界には，メーカーとは資本的に独立した卸売業者を通じて小売業者，そして消費者に届ける「卸活用型流通」と，特定メーカーの資本系列下にありそのメーカーの製品のみを専売する卸売業者である「販売会社」（以下，販社）を通じて小売業者，消費者に製品を届ける「販社型流通」が並存してきた。いずれも，全国に点在する末端の小売業者を通じて幅広く，安定した価格で製品を流通させる仕組みである。まずは，これら伝統的な流通チャネルに関する基本的な理解を深める。

　1970年代以降，スーパー等の大規模小売業者が台頭するにつれ，中小小売業者が減少し，小売業者の上位への集約が進むといった流通の構造変化が起こっている。この構造変化に対し，これまでのメーカーがとってきた流通チャネル戦略では対応しきれなくなってきた。では，メーカーはどのように流通チャネル戦略を変えてきたのか，その概要について把握する。さらにメーカーが，特定の消費者を対象とした付加価値製品を，彼らに対し継続して販売する新しい事業を展開するにあたり，従前とは異なる新しい流通チャネルをどのように構築しているのかについて，健康食品事業を事例に考察する。

2 ケース：ライオン「ラクトフェリン」

2.1 新たな流通チャネルへの挑戦
▶ライオン「ラクトフェリン」の発売

2007年，ライオン株式会社（以下，ライオン）は生乳に含まれる多機能たんぱく質の一種「ラクトフェリン」を健康食品として発売した。これは継続摂取することにより，内臓脂肪の減少に寄与する健康食品である。

ライオンは，従前から歯周病に効果のある成分の1つとしてラクトフェリンに着目していた。実験過程でラットに投与したところ，その内臓脂肪が減少することがわかり，臨床試験を通じてヒトへの効果も実証され製品開発に至った。同社は「健康生活産業No.1」を中長期事業目標に掲げており，その主要ドメインの1つが新しい付加価値を提供する健康食品分野である。健康食品分野は，生活習慣病対策と生活の質の向上を目標に掲げ，ラクトフェリンを中心に同社の技術を応用した将来の成長事業の柱に位置づけられていた。

▶流通チャネルをどうするか

当時の健康食品市場は，人口の高齢化等の環境要因を背景に成長を続けていた。市場規模は約1.2兆円で，うち約35%はメーカーが直接消費者に販売する通販チャネルを通じて流通されており，通販チャネルでの売上は年率20%程度で急伸していた。この分野のNo.1はサントリーの「セサミン」を中心とした健康食品であり，また年間100億円を超えるものは，ファンケル，DHC等，上位10ブランド程度であった。健康食品は多数販売されているが，市場への参入も多い反面，撤退も多く，その新陳代謝は速い。

ライオンは当初既存の卸活用型の流通チャネルを使って，とくにドラッグストアを中心に販売することを考えた。健康食品の主要ターゲットとなる消費者は健康維持に関する意識・知識が非常に高い人々である。確かに彼らがドラッグストアの店頭で健康食品を購入する確率は高いものの，そこで製品の効能や情報を個々にわかりやすく伝えることはなかなか難しい。とくに新製品の場合，ターゲットとなる消費者に的確に情報が伝わり，かつ製品の効能を深く理解してもらわなくてはならない。また，ドラッグストアで販売した場合，一定期間

で販売実績が上がらないと店頭から撤去されるリスクもある。健康食品の場合，製品の認知は比較的緩やかに広がる傾向にあり，十分に時間をかけたプロモーションを要するので，育成半ばで撤去されてしまうリスクも見込まれた。さらに，ライオンは健康食品分野を中長期事業戦略の重要ドメインと位置づけ，以後も製品ラインを拡充していく計画であった。

そこでライオンは，すべての消費者が日常使うような製品ではなく，特定の消費者が愛用する高付加価値型の製品を中心とした新たな事業を育てるには，既存の卸売業者・小売業者を通じた間接的な流通チャネル（間接流通）ではなく，自らがターゲットとする消費者に直接アプローチできる流通チャネル

ラクトフェリン
（ライオン株式会社提供）

ル（直接流通）を新たに並列して構築する必要があると考えたのである。この新しい流通チャネルは，ターゲットである特定の消費者の細かいニーズや抱える不満・悩み等に対応・解決するための製品を的確かつ迅速に提供するとともに，彼らから継続して高い愛着・支持を得るべく個々の消費者と直接コンタクトし，必要に応じては個別に相談に応じる仕組みともいえる。この仕組みを通じて，既存の流通チャネルとは別に，ターゲットである特定の消費者に直接接触でき，彼らと長期に継続した取引を深め，そこから安定した利益が見込めるユニークな流通チャネルを確立しよう，とライオンは判断したのである。

2.2　日用雑貨業界の流通チャネルとは

ここで日用雑貨業界の流通構造について見てみよう。それはメーカーを起点に，各地に点在する卸売業者を通じて，全国津々浦々にある多くの中小小売業者に製品が流れ，小売業者の店頭で消費者が買うというのが一般的な構造である。こうした構造のもと，日用雑貨メーカー各社は，自社の製品を効率よくかつ安定した価格で消費者に届けるための流通チャネルを構築してきた。

その第1の目的は，日用雑貨品は毎日使うものであるため，消費者がどこでも買えるように製品がくまなく小売店頭に並ぶことである。つまり，末端のす

べての小売業者の店頭でより多くの消費者の目に触れるように露出されなくてはならない。第2の目的は，安売りされずにメーカーが意図した価格で安定して販売され，卸売業者・小売業者といった中間流通業者の利益を確保することである。第3の目的は，消費者が購入するときにその製品のよさや使い方を的確に理解してもらえるよう，小売店頭でわかりやすく伝えることであった。

すなわち，モノの流れの川上に位置するメーカーが，これらの目的を達するために，川下に位置する卸売業者・小売業者を管理・統制することが，長い間，流通チャネル戦略の最大の目標だったのである。こうした間接流通が多くの消費財に見られたが，なかでも日用雑貨業界には卸活用型流通と販社型流通が存在する。次に，前者の例としてライオン，後者の例として花王の流通チャネルについて概観してみよう。

▶ライオンの流通チャネル

ライオンは，第二次世界大戦前から全国の末端の小売業者に製品を届けるために，卸売業者を組織的に束ねその機能を積極的に活用してきた。その目的は，各地に点在する卸売業者の販売先であり，当時約30万店ともいわれた全国の小売業者を通じて，消費者に製品を安定した価格で販売することであった。とくに戦後は，代理店契約を結んだ有力な卸売業者を「ライオン会」という卸店組織として束ね，強固な販売協力関係を築き共存共栄を目指した。

当時のライオンの流通チャネル政策のポイントは，第1に再販売価格の安定である。再販売価格とは，流通業者が仕入れた製品を他の流通業者に販売する価格であり，卸売価格・小売価格の総称である。再販売価格を安定させれば，中間流通業者の仕入価格と販売価格が固定されるので彼らの利益がきちんと確保されたのである。第2に，製品の流通経路を明確にするために，卸売業者・小売業者とも登録制度で管理し，誰が誰に販売しているのかがわかるようにした。これにより製品の品質を末端まで確保するとともに，正規ルート以外の販売を止めることで価格の乱れを抑制した。第3は，卸店組織メンバー各社と密接に販売情報を交換し，とくにライオンのマーケティング施策の展開を徹底したのである。これにより末端の小売業者まで製品が届けられ，かつ価格の安定とマーケティング施策の的確な展開が徹底されたのである。

またライオンは，多角化製品である制汗剤，男性整髪料や女性化粧品を販売

するにあたり，「ライオン会」に属しかつ化粧品の取り扱いを得意とする一部の卸売業者（化粧品卸）を選別して彼らのみに流通させた。その理由は，化粧品は化粧小物（ヘアブラシ，化粧パフ等）と併売されることが多いため，末端の小売業者にとっては，化粧品や化粧小物等の品揃えが充実し販売ノウハウに長けた化粧品卸と取引することが望まれたからである。つまりライオンは，消費者になじみのある日用雑貨品は全国末端の小売業者まで細かく配荷するために幅広く卸売業者を活用すると同時に，消費者の嗜好性が高く品揃えの専門性が求められる化粧品については卸売業者を選択して活用したのである。

さらに1980年代後半以降，卸売業者の営業基盤強化に努めた。その第1は，彼らの営業力を高める仕組みや小売業者に対する販売促進のためのシステムを共同で開発し提供したことである。第2は，業界全体の標準化・規格化の推進である。ライオンが開発し卸売業者との間に敷設された情報ネットワーク網を開放し，後に日本初の業界VAN（Value Added Network，現在の株式会社プラネットに至る）に発展させ，業界全体の受発注データ等取引情報に関する情報ネットワーク・インフラの整備に大きく貢献した。また複数の主要日用雑貨メーカーとともに共同物流事業（株式会社プラネット物流）も開始し，業界内取引の標準化・規格化を率先して進め，メーカー各社に加え卸売業者も含めた業界全体の業務効率・生産性を高めたのである。

▶花王の流通チャネル

花王株式会社（以下，花王）も1960年代初頭までは，ライオンと同様に卸売業者を活用した流通を採用していたが，再販売価格の維持と小売業者への安定した製品の供給を意図して，その後，販社型流通に移行した。以降，販社（現社名は「花王カスタマーマーケティング株式会社」）を通じて製品を小売業者に流通させている。

販社は花王の100%子会社であり，実質的には花王の会社組織の一部と変わらない。ライオンのような卸活用型流通の場合，卸売業者はライオン以外の製品も扱うため，特定メーカーのマーケティング施策を細かく完全に徹底させにくいが，販社は花王以外の製品を原則販売しないため，花王本社のマーケティング施策が末端のセールスマンまで細かく徹底されるという特徴がある。

また花王販社は，物流および販売情報のシステム化・高度化に注力した。

1980年代以降，販社と小売業者との電子受注を開始し業務効率化を進めるとともに，花王―販社―小売業者間の情報ネットワークを独自に構築し，小売店頭で何が売れているか，どういう消費者に買われているかといった情報を直接収集する仕組みがつくられた。卸売業者を通すとこうした現場の詳細な情報を直接得ることが難しいが，花王は販社を通じて直接得たこれらの情報を自社の製品開発や小売店頭での販売方法・陳列方法等の売場提案に活用しているのである。

さらに物流システムの精度を高め，小売店頭での売行きに連動して製品在庫を的確にコントロールするとともに，製造―物流―販売を一貫して効率的に管理するサプライチェーン・マネジメントの仕組みを開発している。

▶日用雑貨2社に見る流通チャネルの特徴

日用雑貨メーカー2社の事例を，「流通チャネルの特徴を見る3つの視点」(宮副[2010])に即して特徴を整理すると，以下のことがいえる。

第1の視点は，流通チャネルの段階（長さ）であり，何段階の中間流通業者（卸売業者・小売業者）がメーカーと消費者の間に介在するかを見るものである。日用雑貨の流通は「零細・過多・多段階」であり，長いチャネルといわれている。

第2は，流通チャネルの幅であり，製品の販売先の小売業者の多さで判断する。洗剤や歯磨きといった日用雑貨品は購買頻度が高いため，花王・ライオンともより多くの小売業者に流通させ全国津々浦々の小売店頭に並べなければならない一方，化粧品はファッション性・専門性の高さからライオンの事例のように販売先が選択され狭まることもある。

第3は，メーカーとチャネル・メンバー間の結びつきの程度である。ライオンは卸売業者を契約に基づいて組織化するという結びつきだが，花王は卸機能を販社として資本統合するといったより強固な結びつきを指向したのである。

2.3 日用雑貨業界の流通環境の変化

▶大規模小売業者の台頭

1970年代後半から大規模小売業者（たとえば，当時の株式会社ダイエーや株式会社イトーヨーカ堂等）が全国出店を加速させ，展開エリアを広域化させることで

急激な成長を遂げた。また彼らは，日々の販売データに基づく店頭販売情報の解析に力を入れるとともに，必要な製品を必要な量だけタイミングよく各店舗に届けるために物流システムの精度向上を進めた。いわゆる販売・物流等のシステム高度化である。しかしながら1990年代半ば，小売業者間の競争激化に加えバブル経済崩壊の影響もあり，彼らの再編統合が一気に進み，売上上位の大規模小売業者への集約が急速に進んだのである。こうした小売構造の急激な変化は，流通環境を大きく変えた。

　第1は，卸売業者の変化である。販売先の大規模小売業者の広域化に伴い，卸売業者もその営業エリアを拡大せざるをえなくなったのである。また大規模小売業者の高度化する販売・物流等のシステムに対応して，卸売業者も物流システムの精度向上や物流センターの拡充が求められた。これには大規模投資が必要なため，投資余力のある大規模な卸売業者を中心に再編統合が加速し，卸売業者も上位への集約が進んだのである。

　第2は，大規模小売業者のパワー（パワーとは相手の行動に影響を及ぼすことのできる能力であり，流通チャネルにおけるパワーをチャネル・パワーという）が高まったことである。大規模小売業者の売上が伸びたことで，メーカーにとっては彼らの意向・要望を無視できなくなった。また，大規模小売業者が販売情報を詳細に解析することで，売れる製品と売れない製品が直ちに判明し，売れない製品は店頭から撤去される。メーカーのマーケティング施策を店頭で実行しにくく，じっくり製品を育てにくくなってきたのである。かつてはメーカーのほうが消費者ニーズを熟知しておりマーケティング力が相対的に優れていたが，大規模小売業者の販売情報力や交渉力がそれに拮抗する状況となったのである。

　すなわち，小売構造の変化は，メーカーと中間流通業者である卸売業者・小売業者とのパワー・バランスを変化させたのである。

▶協働関係の構築

　チャネル・パワーのバランス変化は，とくにメーカーと大規模小売業者との対立を生じさせた。メーカーはマーケティング施策の優先的展開と価格安定化を主張し，大規模小売業者は大量購入と店頭取扱いの可否を背景に値引き・リベート（メーカーが販売量や仕入量に応じて売上の一部を仕入先である流通業者に事後に返金するもの）をより多く要求するといった対立である。

しかしながら1990年代以降、日用雑貨市場が低迷するなか、新たな消費者ニーズを掘り起こし市場全体を活性化させるには、メーカーも小売業者もお互い対立するのは得策ではない、と考えるようになった。メーカーの製品開発力、ブランド力および市場分析力と、大規模小売業者の販売力および店頭販売情報とを融合させ、より消費者に密着したマーケティング施策を共同で展開し、相互に利益を高めようと協力しあう長期継続的な関係、いわゆる協働関係を構築する動きが多々見られるようになったのである。

その具体的な例としては、共同売場提案、PB (Private Brand) の共同開発、受発注システムや納品システムの共同構築等が挙げられる。ライオンも、従前からの卸活用型流通のもと、大規模小売業者との間でプロモーション活動の共同展開やオリジナル企画品の開発・導入、リベートの見直し等、大規模小売業者との協働関係を指向していった。こうした動きは、メーカーにとっては小売業者と相互の利益を追求するなかで、大規模小売業者の小売店頭を広くカバーし、より多くの自社製品を露出し販売することを意図していた。

2.4 通販チャネルの構築

こうしたなかでライオンは、将来の事業の柱として新たに健康食品事業を展開することとなったのである。ライオンの流通チャネルは、多くの消費者が日々消費し購買頻度が高い日用雑貨品を流通させるのに適したもの、つまり全国の卸売業者・小売業者を通じて幅広い消費者を対象に広範囲にモノを流通させる間接流通である。しかし、健康食品は誰もが欲するものではなく健康意識の高い特定の消費者が対象であるため、その製品を必要とする特定のターゲットに的確に繰り返しアプローチしなくてはならない。また、インターネットの普及、BS・CS放送の拡充等、情報通信基盤が飛躍的に進化しつつあることは、ターゲットである消費者へのアプローチ手段が大幅に広がると考えられた。加えて、「宅急便」等の宅配物流網の拡充は、個々の消費者に直接配送するコスト等をより効率化させる方向にあった。それゆえ、間接流通に代わって通販チャネルによる直接流通を選択したのである。

どのように事業を成長に導くか。先行して通販チャネルで販売されていた健康食品の上位ブランドは、顧客を着実に定着させることで、事業を安定的に伸

ばしていた。誰もが使う日用雑貨品の場合，消費者が購入する場である店頭を広く網羅することが肝要だが，特定の消費者をターゲットとする製品の場合には，その特定の消費者を確実に多くつかまえ長く定期的に使ってもらうこと，つまり「顧客が定着する」ことが肝心なのである。それは，ターゲットと見込まれる消費者のより多くにまずは試してもらい，効能を実感し納得してもらい，その後その製品を長く継続して購入・愛用する顧客になってもらうことである。特定の顧客が一定期間に購入する健康食品の購入総額のうち，自社の健康食品が占める比率をいかに高めるか，つまり「顧客シェア」をいかに高めるかがポイントとなる。それには，特定の顧客に焦点を当て，長期的な視点に立ってアプローチし続けなくてはならない。そして，「顧客シェア」の状況を把握する指標を明確にし，その改善に向けさまざまなマーケティング施策を細かくスピーディに展開することが求められたのである。

▶ トライアルの獲得

通販事業で成功するには，トライアル（試用者）を獲得すること，つまりターゲットと見込まれる消費者のより多くにまずは使ってもらうことが最も重要である。健康食品の購入者の70%超は女性であり，かつその注文は電話とウェブが大半を占めている。

トライアルを獲得するには，第1に，ターゲットと見込まれる消費者に的確に情報を伝達し購買意欲を高めなくてはならない。そこで彼らが接触すると見込まれる媒体に集中的に宣伝を投下した。なかでもウェブへの広告（Yahoo! 等のバナー広告）に宣伝予算の過半を費やした。ほかにも，新聞を片づけるとき必ず手にする折込みチラシや，新聞・雑誌等での広告（記事との併用広告も含む）を多用した。テレビCMは，通常よりも長い秒数とし，製品情報や実際飲用した消費者の使用実感をインタビュー形式で伝えることとした。第2に，ターゲットと見込まれる消費者の目にとまり，内容を意識的に読みかつ確実に購入してもらえるように，広告表現を工夫した。さまざまな表現を試行し，購買につながったか否かそのつど効果を検証し，効果が薄ければ適宜修正を重ねて，より効果の高い表現を追求したのである。第3には，実際に試用してもらうためにトライアルパックを準備し，初回の買いやすさを訴求した。

こうした広告やプロモーション活動の結果としてトライアルを効率よく獲

得できたか否かを検証する指標が，CPO（Cost per Order）である。CPO は，顧客1人を獲得するのに要する宣伝費であり，この費用が低いほど効率がよいことを意味する。このように広告表現と投下タイミングについて「計画（Plan）→ 実行（Do）→ 効果検証（Check）→ 施策の調整・修正（Action）」といったPDCA サイクルを適宜迅速に回したことにより，CPO は年々大幅に改善していった。

▶定期顧客への引き上げ

通販事業で次に重要なことは，トライアルで獲得した新規顧客が「定期お届けコース」に申し込み，定期的に反復して購入する継続顧客になる割合（引上率）を高めることである。「定期お届けコース」とは，毎月定期的に製品が自動的に届けられ代金が自動決済されるものである。顧客が定期的に購入するには，使用実感，効果実感が高いことがベースとなる。そこで，「価値を刷り込む（＝継続使用することの大切さを伝える）」「迷いを聴く（＝コールセンターの担当が直接顧客の悩みを聴き，悩みを解消する方法を提案する）」「背中を押す（＝トライアルした顧客に買うきっかけ，タイミングを準備する）」といったアプローチを顧客別に段階的に展開した。これにより引上率は大きく改善され，発売以降，定期購入顧客数は着実に増加し続けたのである。

▶解約の抑制

通販事業にとって3つめに重要なことは，定期購入の解約（解約率）を少なくすることである。ラクトフェリンの解約理由の1つに「余っているから」があった。そこで，継続的に摂取してもらえるよう顧客を動機づけることにとくに注力した。定期的にさまざまな情報をダイレクト・メールで届けたり，配送した製品に同封したパンフレット等で他の顧客の声を紹介し，顧客の関心の鮮度を維持することに努めた。また，摂取タイミングを知らせるアラーム機能や，摂取した日をチェックできるカレンダー機能を備えたスマートフォン用のコンテンツを提供し，継続摂取を促進する仕掛けを備えている。

顧客に直接アプローチする際，最も留意しなければならないことは，顧客にしつこいと感じさせてしまい，心象を悪くするような対応を絶対しないことである。ライオンのイメージを損なわないよう，電話オペレーターの応対や話法に十分気を配り，顧客の立場に立って不安や不満を解消すること，親身になっ

て相談に乗ることを第一としている。さらにオペレーターの対応品質を高く維持するために定期的なトレーニングを行う等，彼らに対する教育を充実させている。こうしたことを通じて，解約率も年々着実に減少していったのである。

このようなさまざまな施策を高回転に効果検証しながら実行し，各指標（CPO，引上率，定期購入顧客数，解約率）の改善を重ねていった。さらに2009年以降，「ラクトフェリン」のほかに「グッスミン」「キュプルン」「田七人参習慣」「トマト酢生活」等，いずれも消費者の生活の質の改善・向上を助ける健康食品8品目をラインナップに追加した。その結果，目標を1年前倒しして2013年に売上高100億円を超える事業にまで急成長したのである。

3 ケースに学ぶ

3.1 間接流通と直接流通

幅広く多くの消費者に販売する流通チャネルと，特定顧客との長期的取引を指向する流通チャネルを戦略的に使い分ける傾向が昨今見られる。本章のケースで取り上げたように，前者の代表例が**間接流通**であり，後者は**直接流通**である。

間接流通は，メーカーと消費者の間に卸売業者・小売業者が介在する流通である。一般に，間接流通は，相対的に低コストで多くの消費者に販売できるといわれており，短期間で一気に市場を広く「面」で効率よく押さえることに適している。

間接流通で卸売業者が存在する意義として，「取引数最小化原理」と「不確実性プール原理」がある。**取引数最小化原理**とは，卸売業者が存在することで市場における取引数が減少するという原理である。もし，メーカー3社と小売業者3社が直接取引をすると，取引数は3×3＝9となるが，ここに卸売業者が存在すると3＋3＝6となり，取引数は少なくなる（図9-1）。これにより，取引費用が節約されて効率的な取引になるという考え方である。

不確実性プール原理とは，卸売業者が存在することで，市場における在庫数が減少するという原理である。小売業者が10社あり，需要の変化に対応するためにはおのおのが在庫を50個必要であるとしたとき，市場の在庫総量は10

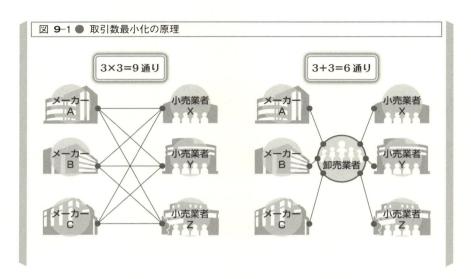

図 9-1 ● 取引数最小化の原理

(小売業者数)×50(在庫数) = 500 個となる。しかし，卸売業者が介在し製品を速やかに供給すれば，小売業者は 50 個よりも少ない在庫で需要の変化に対応できるので，小売業者は余計な在庫を減らし在庫スペースを効率化できるという考え方である。

　一方，間接流通のデメリットとして，中間流通業者が介在するため，メーカーにとっては情報伝達や製品配送等の確実性・迅速性では劣るという点が挙げられる。

　直接流通は，メーカーが消費者に直接販売するものであり，通信販売や訪問販売等がその例である。直接流通は，情報伝達や製品配送が確実かつ迅速であるというメリットがある反面，流通の仕組みを独自に構築し維持・運営するのにコストを要するというデメリットがあると一般的にいわれている。

　しかしながら，昨今の情報通信基盤の進化および宅配物流システムの高度化により直接流通にかかるコストが下がり，特定の顧客と長期的に深く取引を続けることが安定的な利益獲得につながることから，通信販売等の直接流通を並立させるメーカーが出現している。その代表的な管理指標は，本章のケースで述べたように「CPO」「引上率」「定期購入顧客数」「解約率」であり，これらは特定の顧客が一定期間に購入する総額のうち自社製品を購入する比率である

「顧客シェア」につながる指標でもある。

3.2 流通チャネルの特徴を見る3つの視点

流通チャネルの特徴を見る視点としては，以下の3点が挙げられる（宮副[2010]）。

▶流通チャネルの段階（長さ）

流通チャネルの段階（長さ） とは何段階の中間流通業者（卸売業者・小売業者）がメーカーと消費者の間に介在するかを見るもので，段階数が多いほど「長い」チャネルといわれる。

メーカーが直接消費者に販売するものは「ゼロ段階」であり，例としては本章のケースで紹介したライオンの「ラクトフェリン」や訪問販売の化粧品等が挙げられる。そのメリットは，販売活動を直接管理できる，顧客が求めるサービス等を的確に提供できる等が挙げられるが，維持・運営のコストがかかるというデメリットもある。

メーカーと消費者の間に小売業者が1つ介在するのが「1段階」であり，その典型例は自動車ディーラーのチャネルである。

メーカーと消費者の間に卸売業者と小売業者が1つずつ介在するのが「2段階」であり，多くの消費財の流通に見られる。小売業者が多数細かく分散している場合，メーカーにとっては広範囲に効率よく販売を拡大できるメリットがある。また小売業者も卸売業者を通じて少量取引ができるメリットがある。比較的単価が低く購買頻度が高い製品になると，多くの末端の小売店に広範囲にくまなく届けるために，卸売業者がもう1つ加わり「3段階」となることがある。本章のケースのような日用雑貨業界がその例である。

流通チャネルの段階の程度を見る指標として，「W/R比率」がある。「W」とは卸売業（Wholesale），「R」とは小売業（Retail）のことであり，その計算式は「(卸売業販売額－産業用使用者向け販売額－国外向け販売額)÷小売業販売額」である。この比率が高いほど，卸売業者間での販売が繰り返されていること，すなわち卸売段階が多段階な構造であることを意味する。日本全体のW/R比率は1982年2.93から2007年1.96に減少している。日用雑貨が含まれる「医薬品・化粧品等」の分野では同期間で3.71から1.95に減少しており，

多段階の程度が解消、つまりチャネルの長さがより短縮化していることを示している。

▶流通チャネルの幅

流通チャネルの幅とは販売先である小売店の数の多さを見るもので、数が多い（幅が広い）ほど「開放的」であり、数が少ない（幅が狭い）ほど「排他的」、その中間が「選択的」といわれる。

「開放的チャネル」は、できる限り多くの小売店を販売先とするタイプで、本章のケースのような購買頻度の高い日用雑貨品に適している。製品に関する情報・サービスの提供量が少なく、小売店頭に配荷される程度がその売上に大きく影響する製品に適している。「排他的チャネル」は、一定の販売エリア内に1つの販売先を限定するタイプで、高級ブランド品のようにブランド・イメージを重要とする高額品や特殊な技術サポートが必要な自動車といった専門品等に見られる。「選択的チャネル」は、その製品を販売するのに適した販売先を選択するタイプで、製品に関する情報やサービスの提供、イメージの維持を重視しながら販売を拡大することを意図している。販売先を制限することでチャネル管理を容易にするので、機能説明や修理サービス等を要する家電製品やファッション性・専門性のある化粧品等でとられる場合が多い。

▶流通チャネルの結びつき

流通チャネルの結びつきとはメーカーとチャネル・メンバー間の結びつきの程度を見るもので、「統合型」「管理型」「市場型」の3つに分類される。

「統合型」とは、卸売段階では販社を、小売段階では直営店を設けて流通させるケースである。消費者に販売される段階までコントロールできるメリットはあるが、構築・運営するのに膨大な費用を要する等のデメリットもある。「管理型」とは、卸売段階および小売段階に対し契約等で自社製品を優先的に販売することを約束させるケースである。特定メーカーの製品を優先的に販売する見返りに、リベートが特別に支払われたり、資金援助や新製品情報の提供等のメリットがもたらされる。「市場型」とは、卸売段階も小売段階も一般の業者を活用し特定しないケースであり、流通チャネルをコントロールする費用は少なくてすむ。しかしながら、卸・小売とも自社製品以外を自由に扱うため、彼らの販売活動をメーカーは自由にコントロールできないというデメリットがあ

る。

　本章のケースでいえば，ライオン，花王とも卸売段階に対して結びつきを強めたが，前者は「管理型」を，後者は「統合型」を指向していたといえる。

3.3　チャネル・パワー

　パワーとは，相手の行動に影響を及ぼすことのできる能力を意味する。チャネル・リーダー（流通チャネルを統制するもの。以下，リーダー）が，チャネル・メンバー（流通チャネルの構成員。以下，メンバー）を統制し適切に流通チャネルを管理・運営するために行使されるのが**チャネル・パワー**であり，それには「5つのパワー基盤」があるといわれている。

　1つめは「報酬のパワー」であり，メンバーの成果・能力に応じ報酬を与える能力である。具体的には，販売目標の達成度に応じてリベートを提供すること等である。2つめは「制裁のパワー」であり，リーダーの意図に従わない行動をとるメンバーに制裁を与える能力である。たとえば，販売価格を著しく乱すメンバーに出荷を制限すること等が挙げられる。3つめは「正統性のパワー」であり，リーダーの要望・指示に応じる義務があるとメンバーに思わせる能力である。契約等でメンバーがはたすべき役割・機能を明確に規定することで生まれるパワーである。4つめは「一体化のパワー」である。リーダーの流通チャネルのメンバーであることが誇りに思えるようにメンバーを動機づけられる能力である。たとえば，メーカー（リーダー）が全国統一の販売促進キャンペーンを展開するときにメンバーの販売意欲が高まる効果等が挙げられる。本章のケースのように，ライオンが業界全体の標準化・規格化を進めたことで卸売業者との協力関係が深まったことも，その例といえる。5つめは「専門性・情報のパワー」で，リーダーがメンバーよりも高い専門知識や経営ノウハウ等の情報を有する場合，それをメンバーに提供することでリーダーが優位になる能力である。例として，本章のケースのようにライオンや花王が小売店への販売促進支援を行うことや，販売情報システムを構築することが挙げられる。

　リーダーは，これら5つのパワー基盤を環境に応じてメンバーに対して使い分け，流通チャネルを管理・統制しているのである。

● ディスカッション・ポイント ● ──────────── Discussion Point

9-1 具体的にある業界を取り上げ，その流通チャネルは，どういうメンバーで構成され，どのような構造なのか，その特徴を調べてみよう。

9-2 その流通チャネルで，近年どのような変化が起きており，今後どう変化していくだろうか。その背景や理由についても考えてみよう。

9-3 メーカーと大規模小売業者の協働関係には具体的にどのようなものがあるか，消費者にとってそのメリット・デメリットは何か，考えてみよう。

9-4 具体的な製品について，間接流通が適しているか，直接流通が適しているか，そのメリット・デメリットについて議論してみよう。

● 文献ガイド ● ● ● ● ●

宮副謙司［2010］『コア・テキスト 流通論』新世社。
　☑ 流通チャネル戦略の全体概要を平易に理解できる初学者向けのテキストです。

小林哲・南知恵子編［2004］『流通・営業戦略』有斐閣アルマ。
　☑ 流通チャネル戦略の変遷に加え，昨今の環境変化に伴う営業戦略やメーカーと大規模小売業者との協働関係等，流通チャネルの動向についても学べるテキストです。

石井淳蔵［1983］『流通におけるパワーと対立』千倉書房。
　☑ チャネル・パワーに関する理論を実証分析に基づき整理した専門書です。

● 謝辞 ● ● ● ● ●

ライオン「ラクトフェリン」のケース作成にあたっては，同社特販事業本部通販事業部長・乗竹史智氏のご協力をいただいた。ここに謝意を表す。

＊　ライオン株式会社は，2023年5月9日に，同社のラクトフェリン・シリーズほか機能性表示食品事業の一部を，日清食品株式会社に譲渡する旨を決定し，譲渡にかかる契約を締結した（参考：https://ssl4.eir-parts.net/doc/4912/tdnet/2270564/00.pdf）。なお，章扉の商品画像は2015年当時のものである。〔2023年11月 第7刷付記〕

第10章 マーケティング・コミュニケーション

アサヒビール「スタイルフリー」のコミュニケーション展開

宮澤 薫

KEYWORDS

- マーケティング・コミュニケーション
- コミュニケーション・ミックス
- プッシュ戦略
- プル戦略
- 広　　告
- メディア・ミックス
- 販売促進
- パブリック・リレーションズ
- 人的販売
- パブリシティ

（アサヒビール株式会社提供）

糖質ゼロをアピールし消費者の購買を促す「スタイルフリー」の販売促進ツール

1 この章で学ぶこと

どんなに性能が高く，最適な価格の製品であったとしても，存在自体が認識されなければ，その製品を手に取ってもらうことは難しい。また，用途や他の製品と比べた違いが理解されなければ，数ある選択肢のなかでその製品を選んでもらうことは難しくなるだろう。企業が自社の販売する製品やブランドについて，消費者に（直接ないし間接的に）情報を発信し，説得し，想起させようとする考え方または活動は「マーケティング・コミュニケーション」と呼ばれ（Kotler and Keller［2006］），マーケティングを成功に結びつけていくうえでとても重要である。

マーケティング・コミュニケーションには，テレビや新聞といった有料のメディア（媒体）を通じて情報を発信する「広告」，購入を促すことを目的とした「販売促進（SP）」，販売員や営業担当者によって行われるコミュニケーション活動である「人的販売」，企業などの組織が公衆（パブリック）と良好な関係をつくるために行う「パブリック・リレーションズ（PR）」などコミュニケーションを実践する手段が含まれるが，効果的なコミュニケーションを行うためには，これらの手段を目標に応じて最適に組み合わせていく「コミュニケーション・ミックス」が重要となる。

本章で扱うアサヒビールの「スタイルフリー」は，ビール類市場において機能性カテゴリーに位置づけられる発泡酒のブランドである。ビールに含まれる糖質がゼロ[1]という画期的な機能を持つ製品として2007年に発売されたが，発売当初は思うように販売数を伸ばすことができなかった。しかし，製品情報や製品の魅力を適切な手段を用いて発信し続けることで着実に売上を伸ばし，現在ではトップブランドの「淡麗グリーンラベル」とともに機能性カテゴリーを支える主要ブランドに成長した。

以下では，「スタイルフリー」のケースに基づいて，コミュニケーションの手段，方法，メッセージなど，マーケティング・コミュニケーションに関する基礎知識を学んでいく。

2　ケース：アサヒビール「スタイルフリー」

2.1 「スタイルフリー」の市場導入

　アサヒビール株式会社（以下，アサヒビール）の「スタイルフリー」について見ていく前に，まずビール類市場について簡単に確認しておこう。近年，ビール類市場は緩やかに下降している（図10-1参照）。その主な原因として若者の飲酒量の減少や，さまざまなアルコール製品の発売によりビール以外の選択肢が増えたことなどが指摘されている。ビール類には，麦芽使用率が66.7％以上のビール，それ未満の発泡酒,[2] 麦芽以外を原料にするか発泡酒と蒸留酒を混ぜ合わせる新ジャンルという大きく3つの製品ジャンルがあるが，ジャンル別に見ると，ビールおよび発泡酒は減少傾向にあり，一方で新ジャンルは売上を伸ばしている。本章で取り上げるスタイルフリーは発泡酒カテゴリーに含まれるブランドの1つである。

　長い間ビール類市場は，主に味や原材料などの違いによって差別化されてきた。しかし，2002年にキリンビール株式会社がビールに含まれる糖質を70％カットする「糖質70％オフ」という機能を備えた発泡酒，「淡麗グリーンラベル」を発売したことによって，「機能性」という新たなカテゴリーが誕生したのである。それまで健康とはほど遠いイメージを持たれていたビール類市場に「糖質オフ」という機能を付加した製品を投入するという斬新さが受け入れられ，淡麗グリーンラベルは好調な推移で売上を伸ばしていった。この状況を受け，他社からも参入が続き，機能性ビール類は有望なカテゴリーの1つとして認識されるようになっていったのである。一方，市場が確立することで，先行していた淡麗グリーンラベルの勢いは増した。アサヒビールも，「本生アクアブルー」などで市場参入を試みるが，苦戦。機能性ビール類は徐々に淡麗グリーンラベルに集約されるようになっていった。

　2007年，アサヒビールは淡麗グリーンラベルの「糖質70％オフ」に対し，ビールに含まれる糖質がゼロという，より高い機能を備えるスタイルフリーで再び機能性ビール類市場への参入を試みた。「糖質ゼロ」はそれまでのビール類市場には存在しない画期的な特徴であった。そのため，導入にあたって製品

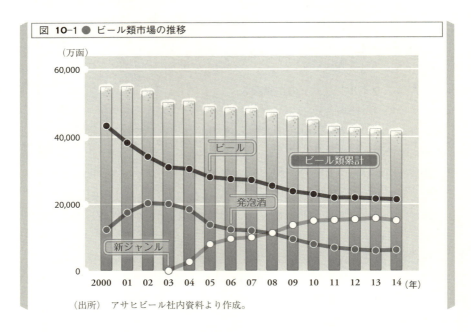

図 10-1 ● ビール類市場の推移

（出所）アサヒビール社内資料より作成。

の認知と理解を目的に，テレビ広告を中心とした大がかりなコミュニケーション展開を行った。たとえば，導入当初は森山直太朗さんらを起用し，都会で洗練された暮らしを送りながらも，健康や環境問題に関心が高くそれを実際の行動に移す LOHAS（Lifestyles of Health and Sustainability の略）といわれる人々をターゲットとしたテレビ広告が多く出稿された。

　機能面での優位性に加え，導入時のコミュニケーションに力を入れたことから，スタイルフリーのブランド担当チームは，高い注目度と売上に期待を持った。しかし，消費者調査を行うとスタイルフリーへの理解は「アサヒの緑色のビール」「アサヒの糖質オフのビール」といった認識にとどまり，売上の面でも思うような成果を上げることができなかった。

　また，2003 年の酒税法改正をきっかけとして登場した最も価格帯の低い新ジャンル製品群が好調に売上を拡大し，発泡酒カテゴリーのシェアを侵食したことも，スタイルフリーの状況を厳しいものにしていた。

　スタイルフリーの最大の強みである「糖質ゼロ」はなぜ伝わらなかったのだろうか。スタイルフリー，淡麗グリーン，新ジャンルのユーザーには，それぞ

れどのような特徴があるのか。コミュニケーション戦略を再検討するため，担当チームは多くの課題に取り組まなくてはならなかった。

2.2 「スタイルフリー」のターゲット

コミュニケーション戦略を検討するうえで重要なことは，誰に（＝ターゲット），何を（＝メッセージ），どのように（＝伝達手段）伝えるのかを明確にすることである。そこで，担当チームはいくつかの消費者調査を行い，スタイルフリーのターゲットを明確化することから取り組んだ。

まず機能性ビール類のユーザーについて広く分析を行い，次のような特徴を確認した。機能性ビール類のユーザーは健康や体型への関心は高いものの，そのために飲食自体を制限するような厳格な行動はしない。体にマイナスになる要素に気を配る程度の健康意識であり，食事制限や減量に取り組む深刻度の高い健康高関与層とはやや性質が異なる。また，日々の生活で一定量以上のビールを飲用しているビール好きが多く含まれているという特徴もある。「どうせ飲むなら健康維持にマイナスにならないものを」と，それまで飲用していたブランドからスイッチしているのである。中心的な年齢は30代〜40代，これまでビール類製品が獲得するのに苦労していた女性層の関心が高いことも把握できた。

次に，スタイルフリーと淡麗グリーンラベルのユーザーの違いについて分析を進めた。淡麗グリーンラベルのユーザーは機能よりむしろ味を重視しており，発泡酒のトップブランド淡麗の糖質オフ版として選択する傾向がある。一方，スタイルフリーのユーザーは，ジムやウォーキングに関心を示したり，ダイエット情報に敏感であるなど淡麗グリーンラベルのユーザーに比べて健康への意識が高く知識も豊富である。そのため，スタイルフリーの特徴が糖質オフでなく，糖質ゼロであることを認識すると，積極的にスタイルフリーを選択するようになっていた。

最後に，発泡酒と新ジャンルのユーザーの違いである。「アサヒオフ」（2009年），「濃い味糖質ゼロ」（2011年），「金麦糖質70％オフ」（2012年）など新ジャンルからも機能性カテゴリーへの進出は進んでいるが，アサヒビールでは，現在，発泡酒にとどまっているユーザーが今後新ジャンルへ流出するケースはそ

れほど多くないと見ている[3]。発泡酒ユーザーは新ジャンルよりも発泡酒のほうが品質が高いと感じており，価格が安いからといって新ジャンルには安易に手を出さないことが調査結果から確認されているためである。また，機能性カテゴリーでは新ジャンルに比べ発泡酒ユーザーの年齢がやや低い点も特徴であろう。たとえば，機能性の新ジャンル製品のなかで最も売上の大きいアサヒオフは，ビールに含まれるプリン体が85%オフという特徴のブランドであり，淡麗グリーンラベルやスタイルフリーに比べ年齢の高い消費者に支持されている。

　調査結果を通じて，ブランド担当チームは以下のような見解を持った。第1に，これまで機能性ビール類のターゲットを健康意識の高い人として広く捉えてきたが，そのなかには食事制限や減量に取り組む厳格な健康高関与層と，普段の生活を少し気遣うことで健康・体型を保ちたいと考える緩やかな健康意識を持つ健康配慮層が存在する。機能性ビール類は後者の層によって支持されている。第2に，健康配慮層は普段の食事のなかで体によくないものを制限したり，軽い運動を取り入れるなど，極力それまでの生活を変えずに健康・体型を保とうとする特徴がある。機能性ビール類を選ぶのもこういった理由からであった。第3に，この層は緩やかな健康意識とはいえ，健康に関連する情報や製品には敏感である。彼らのニーズをより顕在化させることで，「糖質ゼロ」の受容可能性が期待できると考えた。

　最後に，ユーザーを拡大する方向性についてである。価格面の魅力によって新ジャンルに流れたユーザーがいる一方で，品質に魅力を感じ発泡酒にとどまるユーザーも一定数存在する。また，「糖質ゼロ」という特徴を認識することで，積極的にスタイルフリーを選択しようとする健康配慮層の存在を確認できたことから，ブランド担当チームは，新ジャンルのユーザーを標的にするよりもむしろ，それまで味を重視して機能を持たないビールや発泡酒，そして淡麗グリーンラベルを選択していたユーザーからの流入に可能性があると考えた。

　導入時には思うように浸透させることのできなかった「糖質ゼロ」であったが，その価値をターゲットに丁寧に伝えることで，スタイルフリーの売上につなげることができるのではないかと担当チームは自信を強めた。

2.3　コミュニケーション・メッセージと伝達手段の選択

　ではどうすればターゲットに対し，もっと効果的に「糖質ゼロ」の魅力を伝えていけるのだろうか。スタイルフリーの担当チームが次に取り組んだのは，メッセージと伝達手段の選択であった。

　試行錯誤が続くなか，スタイルフリーに1つの転機が訪れた。それは，「糖質制限ダイエット」という新しいダイエット方法に注目が集まるようになったことである。糖質制限ダイエットとは，糖質を制限した食生活を続けることで脂肪を消費しやすい体質へと変化させるメカニズムに注目したダイエット方法である。具体的には糖質の多い主食を制限することで，肉や魚，豆腐など糖質の少ないおかずはしっかり食べることができる。ブランド担当チームが，糖質制限ダイエットブームに目をつけた最大の理由は，ダイエットの内容がターゲットの健康と食事に対する考え方を後押しするものだったからである。彼らは，スタイルフリーの製品特徴を糖質制限ダイエットと関連させ伝えていくことで，消費者の製品に対する理解をより深めていけるのではないかと考えた。

　また，ターゲット層が健康情報への関心が高いという点も重要であった。彼らが話題のダイエット方法である糖質制限ダイエットの情報に接触し理解を示す可能性は高いだろう。最後に，肉や魚などのメイン料理をしっかり食べる糖質制限ダイエットであれば，スタイルフリーの「おいしさ」を伝えやすいと考えた。機能性食品は機能の高さに比例して味へのマイナスイメージが抱かれやすいため，スタイルフリーにとってもその対策は重要な課題であった。

　以上の理由から，糖質制限ダイエットをスタイルフリーのコミュニケーション・メッセージとして積極的に活用し「糖質ゼロ」の効果を訴求していくことを決めたのである。

　次に伝達手段の選択である。ターゲットに効率よくメッセージを伝えるためには，広告，販売促進，パブリック・リレーションズ，人的販売といった伝達手段を効果的に組み合わせていくことが求められる。また，コミュニケーション・ミックスは，製品市場のタイプ，製品ライフサイクルの段階といったいくつかの要素を考慮し，適切な組合せを考えなくてはならない（3.1項を参照）。さらに，企業の採用する戦略が流通業者へのアプローチに重きを置くプッシュ戦略，消費者の指名買いを目指すプル戦略のどちらにウェイトが置かれるかに

図 10-2 ●「スタイルフリー」のコミュニケーション・ミックス

（出所）写真はアサヒビール株式会社提供。

よっても左右される（3.2項を参照）。スタイルフリーでは，プル戦略にウェイトを置いて広告と販売促進に注力するとともに，社会的な好感度と信頼性を高めるため適宜パブリック・リレーションズを組み合わせていった。

広告では，糖質制限ダイエットを活用したメッセージを効果的に訴求するため，メディア・ミックスの検討も行った。メディア・ミックスとはテレビ，ラジオ，新聞，雑誌などの広告媒体をそれぞれの媒体特性を活かしながら目標達成のために効果的に組み合わせることである。スタイルフリーでは，テレビと雑誌を組み合わせた広告展開を行ったが，なかでもターゲットを特定しやすく，詳しい情報を提供できるという媒体特性を持つ雑誌広告に力を入れた。また，

販売促進ではサンプリングやプレミアム（景品）といった消費者向けの販売促進を中心としながら，流通業者を支援するような施策にも取り組んだ。以上の内容は図 **10**-2 のようにまとめられる。

これらを踏まえ，次項ではスタイルフリーがどのようなコミュニケーション施策を行ってきたのかについて詳しく見ていこう。

2.4 「スタイルフリー」のコミュニケーション展開
▶「スタイルフリー」の広告展開

まず，スタイルフリーの広告展開について見ていくこととする。広告とは，製品，サービス，団体，アイデアの伝達や説得のために，広告主を明示し，有料のメディアを通して行われる非人的コミュニケーションである。

前項で述べた通り，スタイルフリーではテレビと雑誌を組み合わせた広告展開を行った。テレビ広告は，映像と音声を伴うため消費者の感性に訴えかけることが可能になる。また，一度に多くの人にメッセージを伝えることができるという利点もある。アサヒビールはこの媒体特性を利用し，「糖質ゼロのおいしいビール」であることを，インパクトを持って多くのターゲットに伝えようと考えた。広告ではターゲットの年齢に近く共感度の高い長瀬智也さん，貫地谷しほりさんを起用し，スタイルフリーを片手に肉料理などを豪快に食べる様子を描いた。その際，映像と音で「おいしさ」がリアルに伝わるよう，飲むときの表情や，飲んでいるときの音を丁寧に表現した。一方で，テレビ広告は利用にあたって料金が高く，視聴者を特定できないという欠点もある。また通常のテレビ広告は 15 秒が中心であるため，その短い時間で伝えたいことをすべて盛り込むことは不可能である。そこで，雑誌広告とのメディア・ミックスによって広告展開を行ったのである。

雑誌は性別，年齢，趣味などによって細分化され編集されているので，ターゲットを絞り込んだ広告の出稿が可能になる。また，お金を払って購入されることが多いため，読者の接触意識が高く，時間をかけて読む，長期間保存される，何回も反復して読まれるなどの特徴がある。加えて，広告を発注する広告主と出版社（媒体社）が協議しながら作成する編集記事の体裁をとる編集タイアップという広告手法がとれる点も特徴的である。編集タイアップは広告であ

図 10-3 ● 「スタイルフリー」の編集タイアップ広告

(出所) アサヒビール株式会社提供。

りながら記事のように見えるため，商業色が薄れ自然な形で製品をアピールすることができる。スタイルフリーのターゲットは年齢や興味が絞られていること，また健康関連の情報に関心が高いことから，雑誌広告のなかでも記事形式の編集タイアップを中心に展開していくことが適切だと判断された。

たとえば，2010年の元旦に発行された食の雑誌『dancyu』では，編集長と男性医師が糖質制限ダイエットについて対談する「糖質制限で楽しくおいしくダイエット」という編集タイアップが展開された。読者は，糖質制限ダイエットに関心があり，この記事を読んでいるため，誌面では糖質制限ダイエットの情報を主役にし，スタイルフリーはその助けとなるアイテムの1つであると位置づけるコミュニケーションを行った。具体的には，スタイルフリーの情報は対談中のコメントとして触れるに留め，直接製品を売り出すような写真やコメントは控えた。

その他にも，料理レシピ誌『オレンジページ』では，読者の年齢層に近い料理研究家夫妻がスタイルフリーを飲みながら糖質制限ダイエットに2週間挑戦する様子を（図10-3参照），また都会的なファッションを楽しむ30代女性

向けファッション誌『InRed』では，読者の憧れとなる女性を登場させ，体型キープとスタイルフリーについて語ってもらうという企画が掲載された。40代男性をターゲットとした『BODiVO』では，食生活やトレーニングなどによって体型を維持している読者モデルが登場し，スタイルフリーでストレスのない糖質制限ダイエットを実践するという内容を展開した。読者層に応じて広告に登場する人物や表現方法を変えるという細やかな工夫が功を奏し，その後行われた消費者調査では広告認知度が8割を超える高さとなった。

このように，広告メディアには媒体ごとの特性があるため，単独でメッセージを伝えていくには限界がある。スタイルフリーの場合は，テレビ広告では，視覚と聴覚を刺激しながらスタイルフリーの特徴を広く認識してもらうこと，雑誌では機能面を中心に製品の深い理解を促すことを目指した。

▶スタイルフリーの販売促進

次にスタイルフリーの販売促進について見ていこう。販売促進とは，製品やサービスの購入や販売を促進するコミュニケーション手段であり，主に短期的な売上増加を目的としている。スタイルフリーでは，消費者に向けた販売促進として，プレミアムとサンプリングを行った。プレミアムとは製品やサービスに付随しているおまけである。スタイルフリーではキャンペーン期間中に1ケース購入するとドレッシングやレトルト調理食品などの食料品がもらえるという「必ずもらえるキャンペーン」を展開した。また，試供品を配布するサンプリングは，フィットネス・スタジオや料理教室を活用して行われた。たとえば女性専用のフィットネス・スタジオBodiesではインストラクターのコメントが，ABCクッキング・スタジオでは講師のコメントが掲載されたリーフレットが試供品と一緒に配布された。自分の通うスタジオの専門家のすすめであることが，製品に対する信頼性を高める結果につながると考えたからである。

一方，流通業者に対しては陳列の提案や販売キットを使った売場提案などの支援施策が行われた。また，流通業者が陳列を考えたり店頭キャンペーンを展開しやすいよう，事前にアサヒビールの営業担当者が広告や販売促進の内容，スケジュールを説明するために流通業者を訪問した。

▶パブリック・リレーションズへの取り組み

最後に、スタイルフリーのパブリック・リレーションズについて見ていこう。パブリック・リレーションズとは、企業などの組織が、実際にまたは潜在的に利害関係や影響力を持つ集団（パブリック）と建設的な関係を築くために行う活動のことである（Kotler and Keller [2006]）。そこには情報を発信する広報、情報を収集する広聴などが含まれる。

アサヒビールはパブリック・リレーションズのなかでも、とくにパブリシティに積極的に取り組んだ。パブリシティとは、テレビ、ラジオ、新聞、雑誌などの媒体各社に自社製品に関する情報を公表し、ニュースや記事として取り上げてもらおうとする活動である。アサヒビールの広報部門ではスタイルフリーの製品特徴を消費者に正しく好感を持って理解してもらえるよう、媒体社に向け積極的に情報提供を行った。たとえば、2012年7月には雑誌『男子食堂』と『オレンジページ』で、同年8月には『読売新聞』でそれぞれ糖質制限ダイエットとの関連でスタイルフリーに関する記事が掲載されている。パブリシティとして情報発信することで、スタイルフリーの製品特徴をダイエットに関する一般情報として自然な形でアピールすることに成功したのである。

スタイルフリーのケースを通して、ターゲットに対して必要な情報を効果的に伝達し理解を得ることの重要性を改めて確認することができる。どんなに優れた機能を持っていても、伝え方が不十分であれば製品やサービスは受け入れられない。導入キャンペーン後、「なぜ伝わらなかったのか」という問題意識に立ち戻り、コミュニケーション戦略を軌道修正することで、スタイルフリーは大きな伸びを見せた。そして、その戦略を根気よく継続することで、着実に売上を伸ばすと同時に、機能性ビール類のなかで淡麗グリーンラベルに並ぶブランドとしてのポジションを獲得したのである。

3 ケースに学ぶ

3.1 コミュニケーション・ミックス

スタイルフリーの事例で見てきたように、ターゲットに製品の情報を的確に

伝えていくことはマーケティングを成功に導くうえできわめて重要である。そして，**マーケティング・コミュニケーション**を効果的に行うためには，広告，販売促進，パブリック・リレーションズ，人的販売等の手段をマーケティング目標に応じて適切に組み合わせた**コミュニケーション・ミックス**を行うことが必要になる。

　コミュニケーション・ミックスの策定にあたり，製品市場のタイプ（消費財市場，生産財市場），消費者の購買準備段階（認知→理解→確信→注文→再注文），製品ライフサイクルの段階（導入期→成長期→成熟期→衰退期）などの要素を考慮した適切な組合せが求められる。それは，製品やサービスの置かれた状況によって効果をもたらすコミュニケーション手段が異なるためである。スタイルフリーの製品市場タイプは消費財であり，相対的に広告と販売促進の重要度が高くなっている。また，消費者の購買準備段階，製品ライフサイクルの段階などを考慮し，広告，販売促進に加え，パブリック・リレーションズ（とくに

表10-1 ●「スタイルフリー」のコミュニケーション・ミックス

コミュニケーション・ミックスに影響を与える要素		適した伝達手段	スタイルフリーの状況
製品市場タイプ	消費財市場	広告／販売促進	○
	生産財市場	人的販売	
消費者の購買準備段階	認　知	広告／パブリック・リレーションズ	○
	理　解	広告／パブリック・リレーションズ	○
	確　信	人的販売	
	注　文	人的販売／販売促進	
	再注文	販売促進／人的販売／広告	
製品ライフサイクル	導入期	広告／パブリック・リレーションズ	○
	成長期	（クチコミ等の効果を活用）	○
	成熟期	広告／人的販売	
	衰退期	販売促進	

（出所）　Kotler and Keller［2006］邦訳 693-694 頁，をもとに筆者作成。

パブリシティ）を効果的に組み合わせたコミュニケーション・ミックスが策定された（表 10-1）。

3.2 プッシュ戦略とプル戦略

　企業が行うコミュニケーション戦略は大きく**プッシュ戦略**と**プル戦略**の2つに分けて考えることができる。プッシュ戦略は，消費者に自社の製品を積極的に販売してくれるよう流通業者に向けてアプローチする戦略である。プッシュ戦略は，同じ製品カテゴリーのなかでブランド力が低い場合，ブランドの選択が主に店舗で行われる場合，製品が衝動購買されるようなアイテムである場合，その製品のベネフィットがすでによく理解されている場合などに適した手段である。プッシュ戦略では流通業者への説得や製品に対する理解を促すことが目的となるため，人的販売や流通業者に対する販売促進（増量・値引き・協賛金・販促金など）の重要性が高くなる。

　一方，プル戦略は，消費者の購入動機を刺激しその製品を指名買いしてもらうことで，流通業者からの発注を増やそうとする戦略である。プル戦略は，製品への関与やロイヤルティが高い場合，また製品やサービスの差別化がなされている場合に有効である。プル戦略は消費者の購入動機をいかに高められるかが重要になるので，広告，消費者向けの販売促進（サンプリング，プレミアムなど），パブリック・リレーションズなど，消費者に直接アプローチできるコミュニケーション手段の重要性が高くなる。

　このように，企業がプッシュ戦略を展開するのか，プル戦略を展開するのかによってコミュニケーション・ミックスは影響を受ける。ただし，どちらかの戦略のみを採用するという場合は少なく，多くの企業はプッシュ戦略とプル戦略のどちらかにウェイトを置きながら両方を採用している。

　スタイルフリーの場合は，消費者の指名買いを狙ったプル戦略にウェイトを置きながら，一部プッシュ戦略も併用したコミュニケーション戦略である。そのため，消費者に向けた広告，販売促進を中心としながら，社会的な好感度と信頼性を高めるためパブリック・リレーションズを取り入れた展開を行った。一方で，売場の提案やキャンペーンに対応した陳列棚の提供，アサヒビールの営業担当者による頻繁な訪問など，流通業者に向けた対応も行われ，マーケ

ティング目標にあわせて，プッシュ戦略とプル戦略をバランスよく展開する試みがなされた。

3.3 広告

コミュニケーション・ミックスを策定するうえで，スタイルフリーがとくに重きを置いたのが**広告**である。広告は「明示された広告主が，目的を持って，想定したターゲットにある情報を伝えるために，人間以外の媒体を料金を払って利用して行う情報提供活動」と定義される（嶋村［2006］）。

広告を計画するにあたり重要なことは，「広告メッセージ」と「広告メディア（媒体）」の検討である。広告メッセージとは，広告目的を達成するため，伝えたい情報をターゲットに理解しやすいよう工夫してつくられた表現である。メッセージには，製品・サービス独自の便益や特徴に注目し消費者の理性に訴えかけるもの，イメージを重視して消費者の感性に訴えかけるものなどがある。スタイルフリーの場合，テレビ広告では豪快に食事をしながらスタイルフリーを味わうシーンを「ウマけりゃ，いい。ゼロだから，いい。」というキャッチコピーとともに描き，消費者の感性に訴えかけた。一方，雑誌では編集タイアップを中心に糖質制限ダイエットの情報とともに，スタイルフリーの製品特徴を示すことで消費者の理性に訴えかける広告メッセージを訴求した。

広告メディアとは伝えたいメッセージをターゲットに伝えるための伝達手段である。主要な広告メディアとして，「マスコミ4媒体」といわれるテレビ，ラジオ，新聞，雑誌があり，その他にダイレクト・メール，屋外・交通，そして近年利用が目立つインターネットなどが挙げられる。テレビと雑誌のメディア特性についてはすでに2.4項で述べた通りである。ラジオについては，音のみでの表現になるのでテレビに比べるとインパクトは弱いが，運転中や作業中に聞くことができる点，比較的料金が安いといった利点がある。新聞は，タイミングよく出稿できること，広いカバレッジ，信頼性といった利点がある一方で，繰り返し読まれることが少なくメッセージが短命であることや印刷の質といった短所がある。

このように，広告メディアにはそれぞれ長所と短所があり，単独で広告メッセージを伝えていくには限界がある。そのため，スタイルフリーの場合がそう

であったように，目標達成のためには効果的に広告媒体を組み合わせる**メディア・ミックス**が重要となるのである。

3.4　販売促進，パブリック・リレーションズ，人的販売

広告と同様，コミュニケーション・ミックスを構成する重要な手段として**販売促進，パブリック・リレーションズ，人的販売**がある。

販売促進は，広告主の製品やサービスの購入，販売を促進する動機づけを行うためのコミュニケーション手法の総称である。販売促進は，プレミアム（製品・サービスに付随しているおまけ），クーポン（一定額の割引をする証書），サンプリング（試供品の配布）といった消費者に向けたもの，特別出荷（増量・値引き），アロウワンス（自社製品を優遇してくれる流通業者に対して割引価格を提供すること），特別陳列，デモンストレーションなど流通業者に向けたもの，またセールスプログラムや社内スタッフのためのイベントなどインナーに向けたものがあり，それぞれ目的に応じて実施される。スタイルフリーではプレミアム，サンプリングといった消費者向けの販売促進を中心としながら，流通業者に対しては陳列提案などを積極的に行った。

パブリック・リレーションズは，企業と利害関係にある多数の公共（パブリック）と建設的な関係づくりをするために行う活動の総称である。そこには報道対策，企業への理解を促進するコーポレート・コミュニケーションなどの手法が含まれるが，マーケティングという観点で見た場合，とくに**パブリシティ**のはたす役割は大きい。2.4項で述べた通り，パブリシティは媒体各社に自社製品に関する情報を公表することで，そのことをニュースや記事として取り上げてもらおうとする活動である。媒体社側が報じる価値があると判断した情報のみを取り上げるため，広告とは異なり企業が自由にコントロールすることはできないが，一方で，消費者から公平で信頼性の高い情報だと捉えられること，料金がかからないなどの利点がある。スタイルフリーの場合，広報部門の積極的な情報提供により，糖質制限ダイエットとの関連から多くの新聞や雑誌でパブリシティが展開された。

人的販売とは，販売員や営業担当者によって行われるコミュニケーション活動である。他のコミュニケーション手段と異なり対面での対応となるため，柔

軟かつ丁寧に情報を伝達できるという利点がある。一方でコストが高い，多くの消費者に対応しにくいなどが欠点として挙げられる。スタイルフリーではプル戦略に比重を置いたことや，コストの面から，人的販売の実施には至らなかった。

● ディスカッション・ポイント ──────────── Discussion Point

10-1 最近あなたが「売れている」と感じる製品やサービスを1つ取り上げ，それらがどのようなコミュニケーション・ミックスを展開しているのかを考えてみよう。

10-2 テレビ広告，または雑誌広告を1つ取り上げ，その広告のターゲットと，メッセージが何であるかを考えてみよう。

10-3 コンビニエンス・ストアやスーパーマーケットへ行き，消費者向けに行われているセールス・プロモーションを探してみよう。

10-4 雑誌のなかから編集タイアップだと思われるものを探し，広告されている製品やサービスにどのような効果があるのかを考えてみよう。

● 文献ガイド ● ● ● ● ●

岸志津江・田中洋・嶋村和恵［2008］『現代広告論（新版）』有斐閣アルマ。
　　広告の基本的な知識を習得するのに適した1冊です。マーケティング計画と広告，広告計画，広告表現，広告効果の測定など一連の流れに沿って広告の全体像を学ぶことができます。

亀井昭宏・疋田聰編著［2005］『新広告論』日経広告研究所。
　　広告に関する基本を押さえながらも，広告マネジメントの新展開，広告の責任と将来といった発展的な内容を盛り込んだ，初学者から中級者に向けたテキストです。

嶋村和恵監修［2006］『新しい広告』電通。
　　環境，公共，グローバル，ウェブといった広告を取り巻く最近のトピックスをはじめ，ブランドや消費者行動など多様な視点から広告について述べられた，実践的な知識を深めることのできる1冊です。

● 注 ● ● ● ● ●

1) アサヒビールのホームページによれば，栄養表示基準に基づき，100 ml 当たりの糖質が 0.5g 未満を糖質 0（ゼロ）としている（http://www.asahibeer.co.jp/stylefree/）。
2) ただし，麦芽比率 25％以上となると税額が上がるため，25％〜66.6％の発泡酒はほとんど展開されていない。
3) アサヒビールでは，価格に反応するユーザーはすでに新ジャンルに移行しており，流出は継続するもののそれほど多くないと考えている。

● 参 考 文 献 ● ● ● ● ●

嶋村和恵監修［2006］『新しい広告』電通。

Kotler, P. and K. L. Keller［2006］*Marketing Management*, 12th ed., Prentice Hall（恩藏直人監修／月谷真紀訳『コトラー＆ケラーのマーケティング・マネジメント（第12版）』ピアソン・エデュケーション，2008年）。

● 謝辞 ● ● ● ● ●

本章の作成にあたり，アサヒビール株式会社の倉田剛士氏（マーケティング本部マーケティング第一部ブランドマネージャー），火置恭子氏（マーケティング本部マーケティング企画部担当部長）にインタビューへのご協力をいただいた。ここに記して感謝申し上げたい。

第 IV 部

マーケティングの新しい展開

CHAPTER

第11章　ブランド構築
Pasco「超熟」ブランドのロングセラー化●乳井瑞代

第12章　サービス・マネジメント
加賀屋の「おもてなし」を支える組織文化とシステム●藤村和宏

第13章　経験価値マーケティング
東京ディズニーリゾートの価値創造●菅野佐織

第14章　リレーションシップ・マーケティング
ハーレーダビッドソンが築くディライトフル・リレーションシップ
●井上淳子

第15章　ウェブ・マーケティング
東急ハンズのトリプルメディア戦略●山本晶

第11章 ブランド構築

Pasco「超熟」ブランドのロングセラー化

乳井 瑞代

KEYWORDS
- ブランド
- ブランド構築
- 脱コモディティ化
- ブランド連想
- ブランド要素
- ブランディング
- ブランド拡張
- ロングセラー化

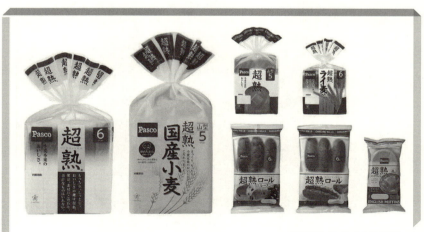

(敷島製パン株式会社提供)

Pasco「超熟」のラインナップ(2015年4月現在のパッケージ)

1 この章で学ぶこと

「ブランド」と聞くと，ルイ・ヴィトンやシャネルといった高級ファッション・ブランドを思い浮かべる読者が多いかもしれない。しかし，ブランドは，ファッションの分野にとどまらず，アップルやコカ・コーラ，マクドナルド，トヨタやソニー等々，あらゆる財やサービスの市場に存在する。だが，これらのブランドは，最初からブランドであったわけではない。はじめは一企業名，一製品名にすぎなかったものが，企業の継続的な育成努力によって，他の企業や製品とは明確に差別化された特別な価値を持つ存在へと「ブランド化」されていったのだ。このブランドに創り上げていく行為が，本章のテーマである「ブランド構築」である。

1990年代以降，アメリカで端を発した「ブランド構築」に対する関心の高まりは，やがて日本にも波及し，いまでは企業経営の根幹に据えられるほど重要な概念となっている。なぜなら，ブランド構築は，バブル崩壊以降の長引く景気低迷，グローバル化の進行，流通の仕組みの変化，消費者の成熟化といった，日本企業がそれまで経験したことのない大きな市場環境変化のなかで，少しでも市場競争力を持ち，持続的競争優位を確保するための有用なアプローチの1つだからである。前章まで述べてきたマーケティングが「売れる仕組みづくり」であるなら，ブランド構築は，それをさらに一歩進めた「売れ続ける仕組みづくり」といえる。

このため，ブランド構築においては，一過性の単発ヒットを飛ばせば成功なのではなく，できる限りロングセラー化していくことを前提に，継続的なマーケティング努力のもと，ブランドを長期的かつ計画的に育成していくことが求められる。そこで，本章では，次節で紹介する敷島製パンの「超熟」のケースを通して，ブランド構築と育成の過程をたどるとともに，「ブランディング」「ブランド要素」「ブランド拡張」「ロングセラー化」といったブランド論の基礎的な概念とブランド構築の意義や重要性について学んでいきたい。

2 ケース：Pasco「超熟」

2.1 「超熟」誕生以前の製パン市場

　自身で直接購入した経験がなくても，スーパーやコンビニエンス・ストアの店頭，または，家庭の食卓で，紺と白のシンプルなデザインのパッケージに，漢字の縦文字で「超熟」と書かれた食パンを目にしたことのある読者は多いだろう。「超熟」は，1998年秋の新発売以来，製パン業界の食パン・カテゴリーにおいて，長年にわたってNo.1の地位を維持し続けているブランドである。

　この「超熟」をはじめとして，普段われわれが購入しているパンの市場には，大きく2つの市場がある。1つは，一般に「ベーカリー・ショップ」と呼ばれる，店舗内で焼きたてパンや調理パンを製造し直売する製造小売業者によって構成されている「ベーカリー市場」。もう1つが，大手の製パン・メーカーの工場で大量生産され，スーパーやコンビニエンス・ストア等で販売されているパンの市場であり，「製パン市場」と呼ばれている。後者の代表的なメーカーとしては，業界トップの山崎製パン株式会社（企業ブランド名はヤマザキ）をはじめ，敷島製パン株式会社（同，Pasco〔パスコ〕[1]），フジパン株式会社（同，フジパン），第一屋製パン株式会社（同，第一パン）等があり，「超熟」はPascoの主力ブランドである（以下では，企業ブランド名を用いる）。

　この製パン業界では，1980年代初頭ぐらいまでは，メーカー系列の特約店を通して自社製品だけを「専売」するのが一般的であった。このため，その当時の比較購買の手がかりは，「どこそこの○円のパン」「どこそこの食パン」といった具合に，「メーカー名＋価格や製品カテゴリー名」があれば十分に識別が可能であった。もちろん，製品管理上，形式的な製品名はついていたが，製品の入れ替わりが激しかったり，販売エリア別に製品名が異なるなど，1つの製品が全国的かつ長期的に市場に定着することはほとんどなかったのである。

　ところが，その後，全国規模でチェーン展開しているスーパーやコンビニエンス・ストア等で，複数のメーカーの製品が横並びで「併売」されるようになると，製品開発のあり方は一変した。なぜなら，食パンなら食パンといった同じカテゴリー内，しかも，そのなかの同じ価格帯の食パン間での比較購買が行

われるようになったため,「どこそこの〇円のパン」「どこそこの食パン」という区別だけでは不十分となり,明確な製品差別化とその製品の特長を端的に表した製品名が必要とされるようになったのである。

その先鞭を切ったのが,1989 年に発売されたヤマザキの「ダブルソフト」である。ふわふわと柔らかい生地の特長がそのまま謳い込まれた製品名は,たちまちのうちに市場に浸透し,競合メーカーに特徴のある製品名の重要性を実感させた。それ以降,「吟撰」,「そのまんまトースト」(Pasco),「本仕込」(フジパン),「新食感宣言」(ヤマザキ),等々といった,製法や食感を製品名に謳い込んだ製品が続々と誕生し,ユニークな製品名による差別化競争が本格化していったのである。

2.2 「超熟製法」への挑戦

一方,こうした市場変化のなかで,当時の Pasco は,いくつかの経営課題を抱えていた。まず,業界第 2 位の地位にありながらも,販売エリアが関東,中部,関西,中国,四国に限定されていたこともあって,業界トップのヤマザキとは大きなシェアの開きがあった。また,1994 年に発売した「本仕込」が好調な業界第 3 位のフジパンの追撃も厳しさを増していた。こうした状況を打破するためには,製パン・メーカーにとって収益の要である食パンのてこ入れが必要と考え,当時の同社の主力製品であった「吟撰」「ファンシーブラウン」を超える新たな食パンの開発に着手したのである。

「これまでにない新しい食パン」の理想の姿として同社が目指した味覚や食感は,「炊きたてのご飯のような毎日食べても食べ飽きないおいしさ」。唾液の少ない日本人には,適度な水分があり,口どけのよいご飯が好まれる。そこで,ご飯のように日本人に愛されるパンの開発を目指して,全国各地の人気ベーカリーの食パンの食べ比べや,製法の検討が日々重ねられた。試行錯誤のなかで開発陣が注目したのが,「湯種製法」という,当時は一部のベーカリーのみで採用されていた製法であった。

通常,パンの製法には,中種法・ストレート法・液種法等があるが,日本の製パン工場の生産ラインで主に用いられているのは,中種法とストレート法である。ストレート法とは,すべての原料を一度にミキシングしてしまう製法で

あるが，これに対し，中種法とは，まず小麦粉の大部分と水，パン酵母等をミキシングし「中種」と呼ばれる混合物をつくり，これをじっくり時間をかけて発酵させた後に，その他の原料（食塩や油脂，乳製品等）を加えて再度ミキシングして生地をつくる製法である。この中種法には，手間はかかるが生地の調整がしやすく，中種発酵と2回のミキシングの結果，グルテンの伸展性もよくなり，ボリュームのあるソフトなパンがつくりやすいという利点がある。

「湯種製法」とは，この中種をつくる際に，水ではなく熱湯で捏ねることで澱粉（でんぷん）を α（アルファ）化させる製法であり，それによって，小麦だけでもっちりとした独特の食感が生み出される。しかし，この工程には危険と重労働が伴うばかりか，温度管理の微妙な加減で α 化にバラツキが生じ品質が安定しないため，ベーカリーでの少量生産には向くが，量産化がきわめて難しい製法であった。このため，一度は量産化を諦めかけたものの，ご飯のように愛されるパンをつくるためにはこの製法にチャレンジするしかないと，湯種ミキサーの導入をはじめとした生産工程の技術革新を図り，1998年夏，「湯種製法」の量産化に成功した。

このとき，試作品を食べた人たちからは，「もっちりしておいしい」「トーストしても，生のままでもおいしい」「耳までおいしい」「炊きたてのご飯のような味わい」「毎日食べても食べ飽きない」「普段食パンが苦手なお年寄りや子どもも喜んで食べた」といった好評が続々と寄せられ，新たな食パンの中身については十分な受容性が確認された。そして，この製パン・メーカー初の「湯種製法の量産化」というイノベーションは，後に「超熟製法」と名づけられ，製法特許として登録された（2001年特許取得，第3167692号）。

2.3 「超熟」の浸透を支えたネーミングとパッケージ

「これまでにない新しい食パン」の中身の開発に成功した同社では，発売に向けて，その中身にふさわしいネーミングやパッケージの検討を行った。

まず，ネーミングとしては，熟慮の結果，「今までの技術（パン）を超えた」という意味を込めた「超」と，「生地を長時間熟成させる」ことに由来する「熟」とを合成し，漢字2文字で「超熟」と名づけた。筆文字のような縦書きのロゴ（字体）は，丁寧にパンをつくるイメージを視覚化したものだという。

一方，パッケージには，「超熟」が持つ「炊きたてのご飯のような味わい」

にふさわしい「和」のイメージと，シンプルで上質なブランド・イメージを表した紺と白の寒食系のツートンカラーが用いられた。当時の食パンのパッケージといえば，食欲を刺激する赤や黄色の暖色系が主流であったが，「これまでにない新しい食パン」という思いを強く込め，あえて寒色系を用いることで明確な差別化を図った。こうして，「これまでにない新しいパン」という中身の差別的優位性を，ネーミングやパッケージを通して明確に表明した「超熟」は，1998年10月，まずは関西事業部の販売エリアから限定発売された。新発売時の価格は，できるだけ長期にわたって市場に定着させていくことを見据えて，同社の当時の主力製品であった「ファンシーブラウン」と同額の170円に設定された。

発売後は，この紺と白のパッケージが店頭で予想以上の視認性を発揮し，食パンの棚のなかでひと際目を引くだけなく，パン売場の一画にピラミッド状に積み上げて大量陳列すると（これを「ピラミッド陳列」という）圧倒的な存在感を示し，「超熟」のトライアル購入を促進した。そして，ひとたび「超熟」を購入した顧客は，これまでの食パンにない「しっとりもっちりした食感」や「食べ飽きない味」に好意的な評価を抱き，繰り返し「超熟」を購入するといった具合に，リピート購入率も順調に高まっていった。その結果，「超熟」は，社内の期待を上回る勢いで売上を伸ばし，またたく間に関西地区でNo.1ブランドとなったのである。

2.4 食パンのNo.1ブランドへ

「超熟」が関西地区で順調に売上を伸ばしていたちょうどその頃，同社では，トップの交代により盛田淳夫新社長が誕生した。盛田新社長には，かねてより「全体の売上では業界トップのヤマザキとの差はなかなか埋められないが，特定のエリアやカテゴリーに限定すれば，局地戦でNo.1になることは可能である」という考えがあった。そこで，「超熟」が関西地区でNo.1になったことを追い風に，今度は食パン・カテゴリーでのNo.1を目指すべく，全社に向けて「エリアNo.1からカテゴリーNo.1へ」という目標を発信した。

そして，その目標達成のために，新社長自ら陣頭指揮をとって「超熟」の全国展開を主導し，1998年12月には中部地区，翌年1月には東京地区へと順次

販売エリアを拡大し，全国制覇に向けた大きな一歩を踏み出したのである。全国展開にあたっては，先で述べたような，あるエリアで好評を博した店頭プロモーションのノウハウが他のエリアに横展開されるなど，さまざまなマーケティング施策が全社で共有化されていった。

このとき，「超熟」の全国展開を一層大きく後押ししたのが，広告コミュニケーションである。同社は，1999年1月の東京地区（関東エリア）への展開を機に，同年秋から，「超熟」のテレビ・スポット広告の投入エリアを，同社の販売エリア全域へと拡大した。同社にとっては，1つの製品の広告を販売エリア全域で投入すること自体がはじめての試みであり，それだけ「超熟」にかける意気込みは並々ならぬものがあった。

CMタレントの起用にあたっては，まず，食品というカテゴリーの性質上，親しみやすさと主要な購買層（ターゲット）である30代主婦の共感性が高いことが重視された。さらには，シンプルでナチュラルでありながら，実力やポリシーがあるといった「超熟」のイメージとCMタレントのイメージや個性が合致していることを重視し，女優の小林聡美さんが起用された。その結果，限られた広告投入量でありながら，「超熟」＝「小林聡美」という強固なブランドの連想が形成され，「もっちりなのに，あと味すっきり」「毎日食べても飽きない」といった製品特性を訴求したCMコピーも着実に浸透していった。

こうした巧みなコミュニケーションと，全社一丸となって本格的な全国ブランドの育成に注力した結果，東京地区進出からわずか1年後の2000年1月には，食パン市場における全国シェアが15%に達し，念願のカテゴリーNo.1の座を獲得したのである。

2.5 シリーズ展開によるブランド力の強化

食パンのカテゴリーNo.1を目指す一方で，同社では，「超熟」の味わいやブランドの強みを活かして他のカテゴリーへと展開していく「シリーズ展開」に向けた検討も開始された。

実は，従来（とりわけ専売時代には）の製パン業界では，ひとたび食パンのヒット商品が生まれると，製品の特長を考慮したり長期的な育成計画も持たないままに，その名前のもとに，ぶどうパンからロールパン，あんパン等々に至る

までやみくもにシリーズ展開を行い，結果的にブランド力を低下させてしまいがちであった。

そこで同社では，順調に拡大している「超熟」のブランド力を低下させずに，「超熟」を長期的に大切に育成していくために，社内に「超熟ブランド育成戦略構築チーム」を結成し，シリーズ展開の範囲（幅）も同チームを中心に慎重に検討された。その結果，「超熟」の味わいを活かすことができ，「超熟らしさ」を失わない範囲でのシリーズ展開が適切だと判断し，当面は，「毎日食べることができ，小麦本来のおいしさを味わってもらえる」パンのカテゴリー，すなわち「プレーンな食事用パン」の範囲にとどめることが定められた。

こうして，まずは1999年2月に「超熟山型」を発売，同年9月には「超熟ロール」を発売し，はじめて食パン以外のカテゴリーへの展開もはたした。この「超熟ロール」は，超熟食パンのおいしさをそのままロールパンに活かし，「そのまま食べても，何か挟んでもおいしい」味わいを実現しただけでなく，形と大きさにひと工夫することで，新たな食のライフスタイルの提案を図った。当時のロールパンといえば，業界用語で「クレセント成型」と呼ばれる形状のバターロールが主流であったが，「超熟ロール」はバターを使わないシンプルな味わいで，小さな子どもの手にも持ちやすいように少し短めのドックパンのような形と長さに工夫されていた。これによって，食パンが苦手な子どもたちや，子どもにパンと一緒におかずも食べてもらいたいと願う母親たちなど，新たな顧客の拡大にもつながったのである。

この結果，「超熟ロール」のシェアは，発売3年後の2002年10月には10%の大台を超え，長年ヤマザキのバターロールが首位を保持していたロールパン・カテゴリーにおいてもNo.1ブランドとなった。これにより「超熟」は，食パンとロールパンという製パン市場の2大カテゴリーにおけるトップ・ブランドとなったのである。

さらに，2004年9月には，超熟の口どけを活かして，小さな子どもやお年寄りにも食べやすい「超熟スティック」というスティックタイプの食事用パンを発売（これは2006年12月に終売）。2008年10月には，「超熟イングリッシュマフィン」を発売した。もともと，イングリッシュマフィンは，日本の製パン・メーカーではPascoがはじめて製品化したものであり，関東地区を中心に多く

表 11-1 ●「超熟」のブランド・ヒストリー

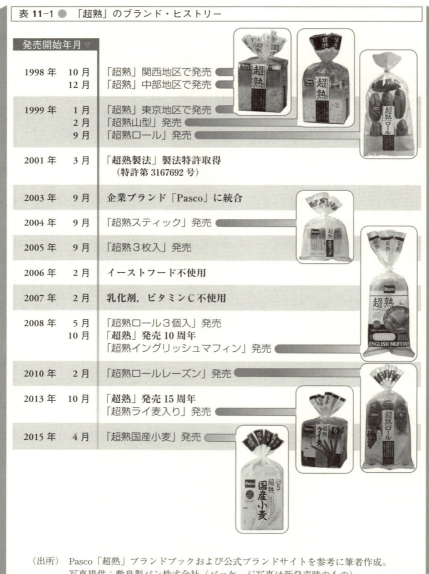

発売開始年月		
1998 年	10 月	「超熟」関西地区で発売
	12 月	「超熟」中部地区で発売
1999 年	1 月	「超熟」東京地区で発売
	2 月	「超熟山型」発売
	9 月	「超熟ロール」発売
2001 年	3 月	「超熟製法」製法特許取得（特許第 3167692 号）
2003 年	9 月	企業ブランド「Pasco」に統合
2004 年	9 月	「超熟スティック」発売
2005 年	9 月	「超熟 3 枚入」発売
2006 年	2 月	イーストフード不使用
2007 年	2 月	乳化剤，ビタミン C 不使用
2008 年	5 月	「超熟ロール 3 個入」発売
	10 月	「超熟」発売 10 周年「超熟イングリッシュマフィン」発売
2010 年	2 月	「超熟ロールレーズン」発売
2013 年	10 月	「超熟」発売 15 周年「超熟ライ麦入り」発売
2015 年	4 月	「超熟国産小麦」発売

（出所）Pasco「超熟」ブランドブックおよび公式ブランドサイトを参考に筆者作成。
写真提供：敷島製パン株式会社（パッケージ写真は新発売時のもの）。

はないものの固定客をつかんでいた製品であった。そのイングリッシュマフィンに「超熟」の生地を用いることで，トーストしたときのカリッと香ばしい食感に，「超熟」ならではのもっちり感を付加し，味わいを進化させた。その後，2010年2月には「超熟ロールレーズン」，2013年10月には「超熟ライ麦入り」を発売し，顧客の嗜好やニーズの多様化に対応し，新たな顧客を獲得しながら，「超熟」のシリーズとしてのブランド力を強化していったのである（表11-1）。

2.6 さらなるロングセラー化に向けて

加えて「超熟」は，こうしたシリーズ展開とともに，さらなるブランドのロングセラー化に向けて，たゆまぬブランド育成努力を重ねていった。その1つが，「余計なものを入れない」すなわち，食品添加物不使用パンへの挑戦である。

通常，製パン・メーカーでは，パン生地の発酵を促すためのイーストフードや，水と油分を均一に混ぜ合わせ安定させるための乳化剤といった，おいしいパンをつくるための必要最低限の食品添加物（どちらも厚生労働省で安全性が認められている）を使用しているが，同社では，消費者の食への安全・安心志向の高まりに対応すべく，原材料の見直しや工場設備への投資，新技術の導入を行うなどして，イーストフードと乳化剤をなくすことに挑戦した。その結果，2006年秋にはイーストフードを，2007年春には乳化剤を不使用とし，「超熟」シリーズは，よりおいしく安心なパンへと進化したのである。これを受けて，2007年春以降，テレビCMのコピーでも「余計なものは入れない」と謳い，発売以来追求してきた「小麦本来のおいしさ」と「安全」という機能的な価値がさらに向上したことを伝達するとともに，それらを「安心」という心理的（情緒的）な価値へと高めていった。

もう1つ，ロングセラー化のために，同社が発売以来守り続けてきたのが，パッケージや広告コミュニケーションの一貫性である。先に述べたように，紺と白のシンプルで上質なパッケージは，その後，ブランドの鮮度の維持や，新たな機能や価値の訴求を行うために，パッケージ上のコピー等，細部における改訂はなされたものの，基本的なデザインは変えることなく現在に至っている。

また，テレビCMにおいては，発売から15年もの間，先に述べた小林聡美さんを起用し続け，コミュニケーションの一貫性を維持した。1つのブランド

に，これだけ長期間，同一のタレントを起用し続けるというのは，近年では業界を問わず，きわめて稀なことである。ブランドの入れ替わりが激しい製パン市場において，「超熟」がロングセラー化を成し遂げてきた要因は，何よりも「超熟製法」によって実現された「小麦本来のおいしさ」や「毎日食べても飽きないおいしさ」という中身の魅力によるところが大きいが，こうしたパッケージやコミュニケーションの一貫性を徹底して貫き，「ブランドらしさ」を大切にしてきたこともまた，ロングセラー化を大きく後押ししたといえる。

そして，2013年10月，発売15周年を迎えた「超熟」は，小林聡美さんから深津絵里さんへとCMタレントの刷新を図った。深津さんは，シンプルでナチュラルなイメージを持ちながらも実力派女優であり，30～40代女性たちの共感性も高く，その点では小林聡美さんとの一貫性が受け継がれている。一方で，知らない町でカフェを開店するというCM上のストーリー展開も相まって，「超熟」がこれからまた新たな時代を迎えるというフレッシュな期待感の醸成に一役買っている。

発売15年を経て，「超熟」を取り巻く環境も大きく様変わりを遂げた。とくに昨今の製パン市場では，大手メーカー間の競争に加えて，組織小売業が展開するプライベート・ブランド（PB）の攻勢が増し，「超熟」がいかに食事用パンのNo.1ブランドといえども，ブランドの育成努力なくしてその地位に安住することはできない。一方で，TPPや日本の食料自給率の問題を通して，消費者の食に対する意識や価値観も大きく変化している。こうしたなかで，「超熟」は，Pascoの主力ブランド，そして，日本の食事用パンのトップ・ブランドの使命として，より安全・安心でおいしいパンの実現を目指し，たゆまぬ進（深）化努力を重ねており，2015年4月には，国産小麦を100％使用した「超熟国産小麦」を発売するなど，国産小麦の使用にも積極的に取り組んでいる。

──「毎日食べるものだから，おいしくてあんしん」という「超熟」の基本価値を守り実現するために，ブランドのさらなる進（深）化は続く。

3 ケースに学ぶ

3.1 ブランドとは

ブランド (brand) とは，古代ノルド語の「brandr」を語源とし，英語の「burned」から派生した名詞であるといわれており，そのどちらの語にも「焼きつける」という意味がある。辞書を引くと，「焼き印」や「烙印（らくいん）」といった意味が出てくるように，その昔，牧童が自分の牧場の家畜に焼き印を押したり，煉瓦（れんが）職人が自分が焼いた煉瓦に印をつけたりしたのが，ブランドの始まりだといわれている。こうした由来が示す通り，ブランドには主に，自分のモノと他者のモノとを区別する「識別機能」，そして，その持ち主や作り手を明示し，品質や信頼を保証する「出所表示・品質保証機能」，さらには，広告やプロモーション等のコミュニケーション活動を通してブランドにイメージを付与する「意味づけ・象徴機能」といった3つの機能がある。

このように，ブランドとは，同種同等の製品のなかで，何らかの差別化された価値（付加価値）を有し，それが，顧客の目に見える形で伝達され，顧客の心（頭）の中で特別な存在として認識されているものということができる。そうなるためには，核となる価値を創り，それを顧客に伝達し強固に印象づけていく努力が必要であり，そのための一連の行為，言い換えれば，製品をブランド化していく行為が**ブランド構築** (brand building) である。

製品をブランド化していく第一歩は，まず，そのブランドにしか提供できない明確に差別化された独自の価値を創ることから始まる。「超熟」でいえば，「超熟製法」に裏打ちされた「しっとりもっちりとした食感」「小麦本来のほのかな甘み」「毎日食べても飽きないおいしさ」といった味覚や機能面での特長が，これにあたる。

この独自の価値は，「約束」という言葉で言い換えることもできる。そのブランドにしかできない約束をはたしてくれるからこそ，顧客は，そのブランドに好意を抱き，やがて「このブランドでなければ」という愛着を感じるようになる。そして，「このブランドなら，次回もまた自分のニーズに応えてくれるに違いない」という期待を抱き，ブランドがその期待を上回る価値を提供して

いく限り，ブランドと顧客との強固な絆（関係性）が維持されていくのである。

「超熟」が，さらなる安心とおいしさを追求し，2006年以降，イーストフードや乳化剤といった食品添加物を不使用とし，2015年には原料に国産小麦を使用したことなどは，まさに，常に顧客の期待（ニーズ）に応えて，「超熟」にしかできない「約束」をはたし続けていることに他ならない。だからこそ「超熟」は，従来はコモディティ（製品間の差異が明確でないもの）市場といわれた製パン市場において，**脱コモディティ化**をはたし，確固たるブランドになりえたのである。

3.2 ブランド要素とコミュニケーションの重要性

しかし，どんなに独自の価値を持つ優れた「中身」を有していたとしても，その価値が顧客に伝わらなければ，真に差別化されたことにはならない。ブランド間の競争は，顧客の「知覚をめぐる競争」といわれるように，まずは顧客に知ってもらって記憶してもらい，いざ，そのカテゴリーの購買ニーズが生じたときに思い浮かべてもらうことが重要となる。そのためには，顧客の心（頭）の中に，強くて好ましくてユニークなブランドのイメージ（これを**ブランド連想**という）を刻みつける必要がある。

そのためにはまず，自社の製品と他社の製品を識別してもらうために，ブランド名やロゴ，シンボル，キャラクター，パッケージ，スローガン等の**ブランド要素**を選択・統合して伝達する必要があり，この行為を**ブランディング**（branding）と呼ぶ。われわれ消費者が，スーパーやコンビニエンス・ストア等の店頭で商品を選択する時間はわずか2秒といわれており，瞬時にひと目でそのブランドと識別してもらうために，ブランド要素がはたす役割は大きい。最近では，視覚的なブランド要素だけでなく，ジングル（サウンド・ロゴ）と呼ばれる短いメロディや，パッケージの形状や素材の質感といった，聴覚や触覚も含めた五感に訴えるブランド要素も重視されている。

ブランド要素の選択に際しては，やみくもにユニークなブランド名や目立つシンボル・マークをつければよいというわけではなく，記憶可能性（覚えやすさ），意味性（意味のわかりやすさ），選好性（好まれやすさ），移転可能性（他のカテゴリーや地域に移転できるか），適合可能性（長期的に適合できるか），防御可能

表 11-2 ● 主なブランド要素とその選択基準

主なブランド要素	選択基準
●ブランド名 ●ロゴ（ワード・マーク） 　ブランド名をデザイン化された字体で視覚的に表現したもの ●シンボル 　ブランドの象徴的な意味を具象化・図像化したもの 　　ex. アップルのリンゴのマーク 　　　　ベンツのプロペラ・マーク　等 ●キャラクター 　人格化されたブランドのシンボル 　　ex. キユーピーのキユーピー 　　　　不二家のペコちゃん，ポコちゃん 　　　　ソフトバンク犬　等 ●パッケージ ●スローガン 　企業ブランドの約束を記述したもの 　　ex. サントリー「水と生きる」 　　　　トヨタ「Fun to Drive」　等 ●ジングル（サウンド・ロゴ） 　ブランドを印象づけるサウンドやメロディ 　　ex. マクドナルドの「♪パラッパッパッパー」というジングル 　　　　積水ハウスのCMソング　等	❶記憶可能性 ▶再認しやすさ 　（見てすぐそのブランドだとわかる） ▶再生しやすさ（すぐに思い出せる） ❷意味性 ▶ブランドの価値や特徴を伝えているか ▶記述的か ▶説得的か ❸選好性 ▶楽しく面白いか ▶視覚イメージ・言語イメージが豊富か ❹移転可能性 ▶製品カテゴリー内および製品カテゴリー間での移転が可能か ▶地理的境界や文化を超えて移転が可能か ❺適合可能性 ▶時代変化のなかで長期的に適合できるか ▶または，変化に応じて柔軟に変更できるか ❻防御可能性 ▶法律上または競争上防御可能か

（出所）　ケラー［2015］119頁に基づき筆者作成。

性（法律上または競争上防御されているか）等を考慮に入れる必要がある（ケラー［2015］；表11-2）。

　「超熟」の場合，「超熟」という，覚えやすく意味性にも優れたユニークなネーミングと，視認性に優れた紺と白のパッケージによって，顧客の頭の中に，「超熟」―「紺と白のパッケージ」―「小麦本来のほのかな甘み」「毎日食べても食べ飽きない味」等々といった「ブランド連想」が形成され，ブランドの浸透や理解に大きく貢献した。また，製品単体として美しいだけでなく，ピラミッド陳列等の大量陳列をすると一層効果を発揮するパッケージ・デザインに

よって，店頭で圧倒的な存在感を示しトライアル購買を促進した。

あわせて，顧客の心（頭）の中に，強くて好ましくてユニークなブランド連想を形成するためには，コミュニケーションの一貫性も重要となる。「超熟」がパッケージ・デザインや，テレビ広告のトーン＆マナーを長期にわたって一貫してきたことは，強固なブランド連想の形成に大きく寄与した。

このように，優れた「中身」を，優れたコミュニケーション（見た目や表現）によって確実に伝えてこそ，製品ははじめてブランドとなりうるのである。本章の冒頭でも述べたように，ブランドは最初からブランドなのではない。優れたブランディングと，その後のたゆまぬ育成努力の結果，同種同等の製品とは明確に差別化された価値を持つブランドになっていくのである。

3.3 ブランド拡張

ひとたび市場に定着したブランドは，その力を活用して，同じブランド名のもとで多様なアイテムを展開することで，ブランドを発展させ，さらなるブランド力の向上を図ることができる。「超熟」のケースでは，「シリーズ展開」と称していたが，専門的にはこれを**ブランド拡張**という。

ブランド拡張は，すでに市場に確立したブランド名を用いることで，迅速な市場浸透を図ることができ，コミュニケーション費用を削減できるといった利点がある一方で，拡張の仕方を誤ると，ブランド・イメージやブランドらしさの希薄化を招き，ブランド力を低下させかねないというリスクもはらんでいる。ブランド拡張の方向性（軸）としては，カテゴリーを拡張したり，ターゲットや便益（ベネフィット），販売チャネルを拡張したりとさまざまあるが，いずれにせよ，そのブランドの核となる提供価値を見定め，それをしっかりと守りながら計画的に拡張していくことが重要になる。

本章のケースで述べたように，専売時代の製パン・メーカーのシリーズ展開の多くが失敗に終わったのは，その製品の核となる提供価値を見定めず，それが，拡張先のカテゴリーでも実現できるかの議論もないままに，やみくもなシリーズ展開を図ったためである。この点，「超熟」においては，「毎日食べることができ，小麦本来のおいしさを味わってもらえる」パンのカテゴリー，すなわち「プレーンな食事用パン」の範囲にとどめることを定め，食パンからロー

ルパン等へとカテゴリーを拡張していったことで,「安心でおいしい」という「超熟」の核となる価値（コア・バリュー）を一層強化し,さらなるブランド力の向上につながった。

このように,ブランドは,ひとたび市場に定着でき,その後,長期的に育成していくことを見据えて慎重かつ計画的に育成していけば,顧客との関係性が一層強化され,ブランド力がさらに高まり,その結果,安定的な売上や収益を企業にもたらしてくれる。ブランドが「売れ続ける仕組みづくり」であることの所以である。

なお,ブランド力の活用の仕方や,ブランド拡張の細かなタイプにはさまざまなものがあるが,それらを詳しく学びたい人は章末の文献ガイドを参照してほしい。

3.4 ロングセラー化の要件

最後に,「売れ続ける仕組みづくり」としてのブランドの到達点ともいえる**ロングセラー化**について述べておこう。前項で述べたブランド拡張も,ロングセラー化に向けた重要なステップである。日本には,多くの優れたロングセラー・ブランドがあるが,それらには成功の要件ともいえるべきいくつかの共通点があり,「超熟」もまたその要件を十分に満たしている。

1つめは,明確な核となる便益があること。「超熟」でいえば,「小麦本来のほのかな甘み」「毎日食べても飽きないおいしさ」が「超熟」にしか実現できない明確な便益であった。2つめに,その便益が独自の技術に支えられていること。言うまでもなく「超熟製法」がこれにあたる。そして3つめは,その便益を伝達する優れたコミュニケーション力があること。15年にわたり一貫して小林聡美さんを起用し続け,ブランド連想の形成に多大な貢献をしたテレビCMについては,繰り返し述べてきた通りである。さらに,ブランド要素に一貫性があること。「超熟」のブランド名と紺と白のパッケージがもたらした視認性と,長期にわたりそれらを一貫してきた効果は計り知れない。

そして最後に,市場変化に積極的に対応し,常に進化し続けていること。ロングセラー化のためには,そのブランドらしさを大切に守り続けながらも,ブランドが加齢化・陳腐化しないために鮮度を維持し,市場の変化に対応してい

かなければならない。「超熟」の場合には，前項でも述べた巧みなブランド拡張や製品自体のたゆまぬ改良を通して，顧客のニーズや価値観の変化に対応し，新たな顧客の拡大につなげてきた。その結果，長期にわたって，食事用パンのカテゴリー No. 1 の座を維持し続けているのである。

　繰り返しになるが，ブランドは生まれながらにしてブランドなのではなく，ブランド構築努力によって，はじめてブランドになりうる。その努力をたゆまず行い続けたブランドだけが，ロングセラー化を実現しうるのである。「超熟」はまさにいま，そのロングセラー化への道を着実に歩み続けている。

● ディスカッション・ポイント ──────── Discussion Point

11-1 「超熟」と他の食パン・ブランドのブランド戦略の違いを比較してみよう。

11-2 もしあなたが「超熟」のブランド・マネジャーだとしたら，さらなるロングセラー化に向けて，今後「超熟」をどのように育成していったらよいと考えるか。

11-3 昨今力を増しているスーパーやコンビニエンス・ストアが独自に展開しているPB（プライベート・ブランド）の強みについて整理してみよう。

11-4 あなたが優れたブランドだと思うブランドについて，その強さの秘訣を，自分なりに考察してみよう。

● 文献ガイド ● ● ● ● ●

デービッド・アーカー／阿久津聡訳［2014］『ブランド論──無形の差別化をつくる20の基本原則』ダイヤモンド社。
　▶ブランド論確立の先駆者にして第一人者である著者が，1991年に自身が提示した「ブランド・エクイティ」概念をはじめとしたブランド論のエッセンスを集約した近著。入門者にも実務家にも最適なブランド論の決定版です。

ケビン・レーン・ケラー／恩藏直人監訳［2015］『エッセンシャル戦略的ブランド・マネジメント（第4版）』東急エージェンシー。
　▶消費者行動論に立脚した精緻なブランド戦略書であり，ブランド論を学ぶ学生（とく

に大学院生）の必読書です。本章で紹介した「ブランド要素」や「ブランド連想」等の概念について詳しく学びたい人はぜひ参考にしてください。

田中洋編［2014］『ブランド戦略全書』有斐閣。
   ▣ 1990 年代から現在に至るブランド論の 20 年間の議論を，研究と実践の両面から包括的に考察した書籍です。ブランド論の現在を理解するうえで，研究者・学生はもとより，実務家にとっても欠かせない手引書となっています。

● 注 ●●●●●

1)　敷島製パン株式会社は，かつては，中部・関西地区では「シキシマ」，東京地区では「Pasco」という 2 つの企業ブランド名で展開していたが，2003 年 9 月にすべての販売エリアで「Pasco」にブランド統合を図った。このため厳密には，2 つの企業ブランド名が存在する時期もあるが，本章では，2003 年以前に発売された製品もすべて「Pasco」で表記する。

● 謝辞 ●●●●●

　本章の執筆にあたっては，敷島製パン株式会社に，資料の提供・確認等で多大なるご協力をいただいた。ここに記して心より感謝申し上げます。

第12章 サービス・マネジメント

加賀屋の「おもてなし」を支える組織文化とシステム

藤村 和宏

KEYWORDS
- 顧客満足
- サービス・デリバリー・システム
- 競争優位
- 職務満足
- 組織コミットメント
- インターナル・マーケティング
- ケイパビリティ

（株式会社加賀屋経営総務室提供）

能登半島の根元に位置する七尾湾から見た加賀屋の施設群

1 この章で学ぶこと

　本章では，サービスにおけるマーケティングとマネジメントについて学ぶ。サービスは大きく2つに分けることができる。1つはそれ自体が販売対象となるサービスであり，レストランや居酒屋が提供する飲食サービス，ホテルや旅館が提供する宿泊サービス，大学や専門学校が提供する教育サービス，病院が提供する医療サービスなどがこれに該当する。もう1つは，衣料品，電器製品，自動車，家具などのモノの購入や使用に必要とされる情報や機能がサービスとして提供されるものである。消費者の選択意思決定を支援する情報の提供，購入製品の配送や取り付け，iPhoneやiPadに取り込むことでその価値の向上に貢献するようなアプリの提供などがこれに該当する。つまり，後者のサービスは，販売対象となるのはモノであるが，その差別化要素として提供されるものである。

　本章で扱うサービスは前者のサービス，すなわちそれ自体が販売対象となるサービスであり，第3次産業によって提供されているものである。サービス業は日本経済の雇用やGDP（国内総生産）の約7割を占め，製造業とともに経済成長の「双発のエンジン」としての役割をはたすことが期待されており，サービス業のマーケティングについて学ぶことの重要性は高まっている。

　近年，日本のサービス業が提供している日本式サービスの品質は海外市場でも高く評価され，海外進出も顕著になっている。日本式サービスのなかでもとくに「おもてなしサービス」と呼ばれるものは，日本文化に深く根ざすものであり，その典型は旅館において見ることができる。本章でケースとして取り上げる「加賀屋」は石川県七尾市の和倉温泉に立地する老舗旅館であり，日本でも最高水準のおもてなしサービスを提供することにより，高い顧客満足を達成していることで有名である。さらに，サービス業では顧客満足と生産性を同時に高めることが困難であるといわれているが，加賀屋では生産性を高めながら同時に顧客満足を高めることを可能にしている。

　本章では，加賀屋がおもてなしサービスの提供を経営目標とし，それを磨き上げるために行ってきたことを概観することにより，サービス業のマーケティ

ング展開において重要な役割をはたす要因について学ぶことを目的としている。

2 ケース：加賀屋

2.1 加賀屋とは

　株式会社加賀屋が運営する旅館「加賀屋」は，日本海に面した和倉温泉に立地する大型旅館である。決して交通の便がよいとはいえない立地にありながら，年間で22万人の集客力があり，年平均客室稼働率も70％を超えている。高度経済成長時に繁盛した大型旅館が競争力を失い，経営不振に陥るなかで，成長を続けている大型旅館の1つである。現在，**表 12-1** のように，「浜離宮」「雪月花」「能登渚亭」「能登本陣」「能登客殿」の5施設から構成され，客室数は全体で232室，収容人数は1319人となっている。

　加賀屋は，旅行新聞新社選定の「プロが選ぶ日本のホテル・旅館100選」において，1981年の第6回から2015年の第40回まで35年間連続して総合1位を獲得しており，おもてなしだけでなく，料理や施設，企画を含めたサービスの品質が高く評価されている老舗旅館でもある。世界的にサービスが高く評価されているザ・リッツ・カールトンが1997年に日本（大阪）に初上陸する際

表 12-1 ● 加賀屋の施設と客室数・収容人数

(2014年9月30日現在)

施設名▼	完成年月	完成当時		現在	
		客室数	収容人数	客室数	収容人数
浜離宮	1989年 9月	10室	20名	10室	50名
雪月花		72室	432名	72室	432名
能登渚亭	1981年 6月	74室	411名	74室	415名
能登本陣	1970年 3月	36室	191名	36室	190名
能登客殿	1965年 9月	40室	220名	40室	232名

（注）　浜離宮は，20階建ての雪月花の18〜20階部分であることから，客棟は全部で4棟である。
（出所）　株式会社加賀屋経営総務室提供。

にも，日本のサービスを学ぶために訪問した旅館としても知られている。

加賀屋のこのような好業績を支えているのは，二代目女将が築き上げた「極上のおもてなし」サービスのコンセプトとそれを実現するためのソフトおよびハードの構築活動である。なお，加賀屋における「おもてなし」とは，宿泊客の心の内を察した，笑顔で気働きあふれる接客のことである。

2.2 加賀屋の創業と発展

加賀屋は，2006年に開湯1200年を迎えた和倉温泉で，16軒目の旅館として1906年に創業している。そのときの客室数はわずか12室（30名収容）であった。現在の加賀屋のサービスの礎を築いたといわれる二代目女将・小田孝氏（前会長・小田禎彦氏の母）が嫁いできた1939年でも，木造3階建てで客室数は20室であった。和倉温泉のなかでも「並」の旅館にすぎなかった。このような施設面での弱さを痛感していたため，小田孝氏は「接客と料理で頑張り，何が何でも加賀屋を一流旅館にする」[1]と誓い，顧客サービスの向上に努力したという。たとえば，客が「富山の地酒が飲みたい」と言うと，「わかりました」とタクシーを手配し，往復4時間近くをかけて用意したというエピソードが残っているほど，客の注文・要望に「ありません」「できません」とは絶対に言わなかったという。

「いいえ，できません」とは，絶対言わなかった小田孝流のサービスは宿泊客から支持され，宿泊客が増加したことから，1950年には29室98名収容の「呼帆荘」を増築している。この新しい施設に加えて，1部屋に2人の客室係をつけてさらなるサービス向上に努めたことにより，宿泊客はさらに増大している。しかし，小田孝氏はこれで満足することなく，さらにサービスの向上に努めたという。なぜなら，宿泊客の期待を上回るサービスを提供しなければ高い顧客満足を得ることができないだけでなく，リピート回数が増えるほど，あるいは評判が高まるほど宿泊客の期待値は高まっていくため，サービスの品質も継続的に高めていく必要があったからである。

そんな小田孝氏の精神を受け継ぐ前会長・小田禎彦氏が加賀屋に入社したのは1962年のことだった。1958年10月には昭和天皇，皇后両陛下も宿泊されていたが，当時の加賀屋は46室190名収容の中型旅館であり，まだ小田家の

家業然としたままで，とても企業と呼べる体裁ではなかった。立教大学のホテル研究会で学んだ小田禎彦氏はホテルこそ旅館の究極の姿という固定観念を持っていたため，そのような家業の旅館は満足できるものでなく，旅館を成長させてホテルにすることを考えていたという。しかし，そのような小田禎彦氏も業界団体や青年会議所において議論することによって，能登のような交通の便のよくない温泉地では施設集約型のホテルは難しく，宿泊客の横に客室係が常にいて，施設の不足を真心でカバーする労働集約型の「日本式旅館」でないと成り立たないという結論に至ったという。また，旅館離れの原因は宿泊客の都合ではなく，旅館側の都合で施設やサービスを考えたことにあると捉えた小田禎彦氏は，人手不足や人件費の高騰などを背景に合理化が進められ，切り捨てられていた「上げ膳据え膳」に代表される旅館サービスを充実させることに努めている。

1981年6月には，小田禎彦氏が「私の満塁ホームラン」とまで言う施設「能登渚亭」が30億円をかけて完成している。50歳代の女性をターゲットに設計された新館は鉄筋鉄骨造りでありながら，外装，内装とも純和風数寄屋調に設えられている。さらに，加賀友禅，輪島塗，九谷焼などの地元の伝統工芸品が内装や調度品に豊富に取り入れられている。この新館が開業する年の1月に，加賀屋は「プロが選ぶ日本のホテル・旅館100選」で総合1位を獲得し，現在も連続して獲得している。この総合1位獲得というアナウンス効果に加え，オープンのテープカットがデザイナーのピエール・カルダン氏によって行われたことから話題性が高まり，予約で一杯の状態が長らく続いたという。

サービス面でも，「宿泊客に接する部分は思い切って人力を投入する」という発想で，「能登渚亭」開業時には180人もの接客係を配置し，1室1名できめ細かいサービスを提供する体制を確立している。客室係は宿泊客のチェックインからチェックアウトまで，かかりきりのサービスを受け持つという役割を担っている。サービスの中心となる客室係は，二代目女将・小田孝氏が1960年ごろ，実の娘のように面倒をみて，仕付けた人たちが当時でも約50人残っていたという。そのようなベテランの客室係が加賀屋流のおもてなしサービスを新しい人に教えるという体制があったからこそ，「能登渚亭」もうまく軌道に乗せることができた。

この「能登渚亭」の完成を契機に，加賀屋は日本的情緒たっぷりでありながらホテルにも負けない巨大施設と，旅館業の強みともいうべき質の高い人的サービスを保有することになり，競争力の高い宿泊サービスを提供できるようになっている。このことにより評判と集客力がさらに高まり，1989年9月には，総工費150億円をかけて地上20階建てで82室，452名収容の新館「雪月花」（18～20階部分は「浜離宮」）をオープンしている。「能登渚亭」の施設も豪華であるが，「雪月花」はさらに豪華なものになっている。エレベーターはシースルータイプを採用，4層吹き抜けの飲食街を見渡せるようになっている。娯楽施設は回り舞台付きの演芸場からカラオケバー，ディスコまで揃えられ，あらゆる娯楽が館内で楽しめる設計になっている。このような豪華な施設を建設したのは，小田禎彦氏の「大規模化すれば共通の施設はそれだけ豪華にでき，サービス向上につながる」[2]という発想からだという。

　このような設備面の充実だけでなく，「上げ膳据え膳，"かゆい所に手が届く"サービスができるのが本来の高級旅館」との考えから，宿泊客に対するサービスもさらに強化している。たとえば，客室係は全員ポケットベルを持ち，客が呼べばすぐに駆けつけられるようにしている。また，浴衣の帯には部屋番号を記して，酒に酔って自分の部屋がわからなくなった客でもすぐに案内できるようにしている。さらに，従業員教育のために，アメリカの有名ホテルや大学に従業員を派遣することにより，おもてなしサービスの品質向上を図っている。

2.3　顧客満足と生産性の向上を支えるシステム

　サービス産業，とくに加賀屋のような旅館の現場では，1人ひとりの顧客にきめ細かく対応していく必要性のために，結果として現場で働く従業員の経験や勘，スキルに大きく頼ってきた。そのため，標準化や機械化，IT化などの科学的・工学的方法論の導入が製造業に比べて大きく遅れており，生産性も製造業に比べて著しく低い水準にとどまっていることが多い。しかし，加賀屋はIT化や機械化などを積極的に行うことによって，宿泊客との関わりのない作業については効率化を追求し，そこから生まれた余力で，顧客満足の向上に関わる活動に対して従業員がより多くの時間を割くことができるようにしている。このことにより加賀屋では，生産性と顧客満足を同時に高めることが可能

になっている。

　ここで注意すべきことは，効率性の追求は宿泊客から見えない部分で行われているということである。サービス組織におけるサービス提供のためのシステムはサービス・デリバリー・システムと呼ばれるが，これは顧客と接点を持つフロントルームと顧客と接点を持たないバックルームから構成されている。加賀屋では，宿泊客と接点を持たないバックルームにおいては徹底的に標準化や機械化，IT化を進めることで効率化を図り，一方で宿泊客と接点を持つ玄関や客室などのフロントルームでは効率化ではなく，バックルームでの効率化によって生まれた時間や人員を積極的に投入したり，豪華な設備・備品を配置することによって顧客満足の向上を図っている。

　具体的には，加賀屋ではバックルームにおいて，顧客データベースの構築と顧客要望の一元管理，料理の自動搬送システムの導入などを行っている。

▶顧客データベースの構築と顧客要望の一元管理

　加賀屋は旅館としては早くからコンピュータを導入しており，1986年には，客室にお茶を運んだ回数から会計財務までを一元管理するコンピュータ・システムを導入している。1988年には，予約管理などのために，東京や大阪など全国に4カ所ある営業所をオンラインで結んでおり，ここに顧客データベースを構築している。

　サービス品質を向上させるには，宿泊客の情報を収集し，全従業員への伝達と理解を徹底させ，それらを効果的に活用することが必要とされる。ニーズ（何をしてもらいたいのか）は宿泊客によって異なるだけでなく，同じ宿泊客でもその宿泊時の同伴者や体調，来館目的の違いなどによっても変化することから，サービス提供では，過去のデータだけでは不十分であり，利用のたびごとに関連する宿泊客データを収集していく必要がある。加賀屋では，予約の際に顧客から出される要望（「塩分を控えめにしてくれ」「新聞は○○新聞を」「風邪気味だから部屋に加湿器を入れてくれ」など）は基本的にすべて受け付け，顧客データベースに入力している。さらに，宿泊日が近づくと，予約や到着時間，交通手段などを確認するために必ず宿泊客に電話をかけており，そこで追加で出される要望もすべて顧客データベースに入力している。

　また，旅館のサービス提供においては宿泊客の来館目的が重要な役割をはた

すことから，予約時や電話確認のときに，それとなく来館目的をつかむように心がけているという。「結婚記念日」「定年祝い」「誕生日」などの目的がわかれば，それぞれの来館目的にふさわしい趣向を凝らすことができるからである。そして，このような宿泊客データは，担当する客室係をはじめ，フロント，調理場などの各部署に伝達され，それぞれの業務において活用されている。

　また，旅館はホテルと異なり顧客との距離が近いことから，旅館では滞在中の宿泊客の会話や行動からも顧客満足の向上に関わる重要な情報を収集することができる。加賀屋では，宿泊客の要望や嗜好を理解できるのは彼らと間近に接する客室係しかいないと考えており，より品質の高いおもてなしサービスを提供するために，客室係には宿泊客との会話内容や行動観察からそれらに気づくこと，すなわち気働きが求められている。さらに，会話や観察を通じて得られた"気づき"をサービスにどう反映すべきかを常に考えることも求められている。つまり，客室係は単なるサービスの提供役にとどまらず，顧客の要望や嗜好を把握するセンサーの役割，さらにセンサーで感知したものをサービスの形で提供する役割を担っている。

　しかしながら，"気づき"や顧客からの要望のすべてに客室係が個別に対応していては，接客時間が減るだけでなく，客室係のスキルや人間関係に依存してしまう。このために加賀屋では，客室係の"気づき"はバックルームで集約し，必要な対応を一元的に決めて担当部署へ指示するような体制を構築している。たとえば，「食後にカラオケをしたい」といった要望を聞いた客室係は厨房やカラオケルームとやりとりをするのではなく，フロントに連絡し，フロント係が核となって，その要望に関わる部門に指示を出している。それと同時に客室係が所属するセンターにもその情報が届けられ，きちんと宿泊客の要望が伝えられているかを確認できるような体制が確立されている。これにより，客室係は接客に専念できるだけでなく，どの客室係も均一なサービスをすべての宿泊客に組織的に提供できるようになっている。

　ただし，このように多様なルートを通じて顧客情報を収集したとしても，それらの情報を有効に活用してサービスにつなげることができる能力や意欲を従業員1人ひとりが磨き上げていなければ情報は価値を持たないことから，加賀屋では従業員の能力や意欲のさらなる向上を図るためにISO9002（国際標準化

機構によって制定された品質保証のための国際規格）の取得なども行っている。

▶自動搬送システムの導入

　極上のおもてなしサービスのコンセプトを実現するには，客室係が接客サービスのための時間を十分に確保できることが必要とされる。加賀屋では，客室係が接客サービスに専念できるように，バックルームにさまざまな工夫を凝らしている。前述の客室係の"気づき"をバックルームで集約し，必要な対応を一元的に決めて担当部署へ指示する体制はその1つであるが，厨房から料理を運ぶ「自動搬送システム」もその代表的なものである。

　加賀屋では，極上のおもてなしサービスを提供するために，客室係には宿泊客とのコミュニケーションを求めている。一方で，食事は客室で提供しているために，客室係はお膳を厨房から各客室にまで運ぶという体力勝負の仕事も行わなければならない。この配膳作業は時間を取られ，体力も消耗することから，これを実施したうえで笑顔での気働きのサービスを行おうとすると，そこには限界もある。そこで加賀屋では1981年に「能登渚亭」を開業する際に，旅館・ホテル業界でははじめて7000万円をかけて料理の自動搬送システムをバックルームに導入している。料理を調理場から各階に自動的に搬送するシステムによって，客室係はその時間の大半を接客サービスに割けるようになっている。さらに，1989年開業の「雪月花」のバックルームには，4億円をかけてコンピュータ制御の自動搬送システムを導入している。2階の厨房と宴会場や客室の各階パントリー22カ所をリフトと専用エレベーターが連動して結び，キュートランという機械20台が配膳用ワゴンを吊り上げ空中搬送している。ワゴンの行き先は調理場からボタンひとつで指定するだけでよく，これにより200室以上の大型旅館にもかかわらず，部屋食が可能になっている。

　このような巨額の投資を必要とするシステムは，短期的にはなかなか採算が合わないであろう。しかし，長期的には極上のおもてなしサービスの実現を可能にし，高い顧客満足や集客力，稼働率を生み出しているという点では採算に合っており，加賀屋にとって重要な存在となっている。料理の搬送作業が機械化され，バックルームでの料理の受け渡しに人を配置する必要がなくなったことから，30人分の仕事を7人で行うことが可能になり，生産性も大幅に向上している。また，自動搬送システムと前述のコンピュータ・システムの導入

によって省力化が可能になり，1室当たりの従業員数は1986年の2.9人から，1991年には2.3人までに減っている。

　また，自動搬送システムの導入により，客室では，温かい料理を宿泊客に提供することが可能になっている。さらに重要なこととして，客室係が価値を生まない搬送作業から解放されたことにより，価値を生む接客により多くの時間を割り振ることができるようになっていることがある。料理の自動搬送システムや顧客データベースについて，小田禎彦氏は「1人ひとりの客室係が，おもてなしに完全燃焼してもらえるように調えた」[3]と語っている。このように加賀屋はバックルームでは効率化を図る体制を構築し，フロントルームでは極上のおもてなしサービスを提供するのに必要な人員を十分に配置することで，サービス業では困難といわれてきた生産性と顧客満足を同時に達成している。

2.4　加賀屋流のおもてなしサービスを支える従業員に対するサービス

　旅館の従業員，とくにフロントルームにおける従業員はサービスの重要な構成要素であるだけでなく，広告やインターネットなどのコミュニケーション・ツールを通じて宿泊客に提供することを約束したサービス・コンセプトを宿泊客の経験へと転換する重要な役割を担っている。したがって，極上のおもてなしサービスを提供するには，質の高い従業員を雇用するとともに，彼らに最高の努力を行わせるような"装置"が必要とされる。この"装置"は，従業員が会社から信頼され大事にされていると感じ，それによって一所懸命に働こうという意欲を引き出すことに直接的に関わる体制と言い換えることができる。

　このことに関して，小田禎彦氏の夫人で三代目女将の小田真弓氏は「いいサービスを提供するためには，まず社員が安心して働ける会社づくりが大事」[4]と語っており，加賀屋ではそのような従業員を大切にする経営を実践している。前述の料理の自動搬送システムの導入は客室係を搬送作業という重労働から解放しており，従業員を大切にするという経営者の考えの表れである。ハードが整備されたことで，客室係は疲れることもなく，笑顔で宿泊客におもてなしサービスできるようになっている。しかし，このようなハードの導入だけでは従業員の抱えている問題を解決できないということが加賀屋にはあった。それは，子どもを抱えて働く女性が多いために，子どものことが気になるとサービスに

専念できないという問題であった。

　そこで加賀屋は，勤務する従業員が子どもを預け，安心して働けるようにするために，1986年9月に企業内保育園併設の母子寮「カンガルーハウス」を開設している。この保育園では，有資格の保育士が在籍し，就学前の子どもを預かっている。さらに，放課後の小学生のために，教員経験者が常駐する学童施設も保育園に併設されている。これらは加賀屋から徒歩数分の場所に設置されているので，子どもを預けている従業員は仕事の合間の休憩時間にでも会いに行けるようになっており，子どもたちも親と会える喜びを得ることができている。保育時間は6時から23時20分までだが，従業員の都合によっては，時間外でも対応してくれる体制となっている。このような体制によって子どもを安心して預けることができるようになることで，従業員の気持ちにも余裕が生まれ，加賀屋流の極上のおもてなしサービスを提供できるようになっていると考えられる。また，月の保育料も一般の託児所に比べて破格の安さであるため，カンガルーハウスを頼りに入社を希望する人も多いという。

　料理の自動搬送システムの導入や企業内保育園併設の母子寮の開設は，従業員に対する内部サービスの提供と捉えることができる。加賀屋にとって宿泊客も従業員も存続と成長にとって欠くことのできない存在であるために，どちらも維持・育成していかなければならない対象である。したがって，加賀屋は極上のおもてなしサービスを提供することによって宿泊客の満足やロイヤルティの向上を図るとともに，働きやすい環境という内部サービスを提供することによって従業員の職務満足や組織コミットメントの向上を図る必要もある。なお，組織コミットメントとは，個人と所属する組織との心理的距離を表す概念である。つまり，組織コミットメントが高い従業員は加賀屋に対して強い一体感を持ち，その組織目標の達成に深く関わるようになる。

　従業員の職務満足や組織コミットメントがまず向上しなければ，宿泊客のために極上のおもてなしサービスを提供しようとする意欲や行動が従業員に生じない。そのため，内部サービスの充実は宿泊客に対するサービス品質の向上にとって必要不可欠である。このことから加賀屋は宿泊客に対してマーケティングを展開すると同時に，従業員にもマーケティングを展開し，彼らの職務満足や組織コミットメントの向上を図っていると捉えることができる。この従業員

に対するマーケティングはインターナル・マーケティングと呼ばれている．

2.5 ケイパビリティの確立と海外展開
▶極上のおもてなしサービスを提供するケイパビリティの確立

1981年の「能登渚亭」の開業によって客室数が大幅に増加し，それに伴って従業員も増加した際，小田禎彦氏は「これまでは自然発生的な教育でこと足りていたが，今後は体系的な従業員の教育が必要になる．いかにサービスを維持するかが課題」[5]という問題意識を持ったが，その段階では方法論はまだ確立されていなかったという．しかし，前述のような施設や設備などのハードを充実させるとともに，教育体制や内部サービスなどのソフトを充実させる過程で，極上のおもてなしサービスを提供する組織としての固有能力を構築している．この組織能力の構築により，「プロが選ぶ日本のホテル・旅館100選」において35年間連続して総合1位を獲得するほどの競争優位を確立している．このような競争優位を生み出す組織能力はケイパビリティと呼ばれており，企業の戦略展開にとっては重要な役割をはたすものである．

加賀屋はこの構築したケイパビリティを自社の旅館の運営に活用するだけでなく，2010年からは旅館やホテルなどの運営支援を行う教育訓練ビジネスに進出している．加賀屋はこれ以前から，教育訓練については個別に受託していたが，その教育訓練内容を体系化してカリキュラムを作成することで，新たな収益源の育成を進めている．

▶ケイパビリティを活用した海外展開

国内旅行の目的や形態が変化することにより，旅館業界，とくに古い温泉地の大型旅館は不況に陥り，経営破綻が相次いでいる．加賀屋のような老舗旅館においても，経営安定のために新たな収益源としての事業開発が必要となり，教育訓練ビジネスに進出している．これはケイパビリティが確立され，さらに，ノウハウがパッケージ化されたことにより，移転が可能になったことによる．

加賀屋ではこのケイパビリティを活用して海外展開も行っている．2010年12月18日に台湾の北投温泉に「日勝生加賀屋」を開業し，「おもてなしの心」など，日本ならではの旅館文化の本格的な"輸出"を開始している．この台湾進出の背景には，2001年2月に能登空港と台北国際空港との間にチャイナエ

アラインのチャーター便が就航し、台湾からの訪日観光客が増加したことがあった。台湾からの観光客も加賀屋に宿泊することで、加賀屋流の極上のおもてなしサービスに満足し、それがクチコミで発信され、台湾の人々の間でも加賀屋は話題になっていたことから、台湾への進出が決定された。

台湾進出は台湾の開発事業会社「日勝生活科技股份有限公司」とフランチャイズ契約を結んで行われ、建物は同社が建設し、運営は加賀屋が行う形態となっている。日勝生加賀屋の基本コンセプトは「日本の加賀屋流をそのまま伝承・継承する」であり、全館日本仕様で、着物の客室係が日本においてと同様に客室で夕食を提供している。建物は、日本の加賀屋の「能登渚亭」と「雪月花」を設計・施工した会社が担当しており、内装などもすべて日本仕様となっている。このようにサービスもハードもすべて日本仕様で行うことが可能になっているのは、日本での運営を通じてそれらを可能にするケイパビリティが形成されているからである。

この台湾進出を契機に、他の国からも誘致の話が来ているということであり、加賀屋が成長過程で構築した極上のおもてなしサービスを提供するケイパビリティは、同社のさらなる発展を支える源泉となっている。

3 ケースに学ぶ

本章のケースを通じて、サービスのマーケティングとマネジメントの基本的な考え方を理解することができる。そのために、まずサービス組織のマーケティングの目標の中心となる顧客満足について理解したうえで、顧客満足を向上させるための仕組みとしてのサービス・デリバリー・システムとインターナル・マーケティングについて考察する。さらに、サービス組織が長期的な競争優位を確立する源泉となるケイパビリティについて検討する。

3.1 顧客満足

顧客満足は、消費あるいは利用した製品（モノやサービス）に対する消費者の評価であり、消費者が事前に保有している評価基準と消費によって得られた便益との比較によって決定される。評価基準としては一般的に、選択意思決定過

程において消費者が個々の製品（ブランド）に対して形成する期待が用いられると仮定されている。ここでの期待とは，「この製品ならば，〇〇を提供してくれるであろう」や「この製品ならば，〇〇を備えているであろう」という推測のようなものである。そして，消費によって得られた便益がこの期待以上であれば満足が形成され，期待を下回れば不満足が形成されるとされている。

このことから顧客に満足してもらう，あるいはより高い満足を感じてもらうには，期待をより上回る便益を製品が提供できなければならないということになる。加賀屋の小田禎彦氏は，宿泊客から注文されたことを注文通りにするのは当たり前であり，満足をしてもらうためには，注文される前に「いまこうしてさしあげたらお客さまに喜んでいただける」と気を働かせることが必要であると語っている。これは期待を上回るサービスを提供するということである。

ところで，消費は消費者が抱えている問題を解決するために行われるために，モノ消費では，消費あるいは使用したモノが問題を解決した程度（便益水準）によって満足あるいは不満足が形成される。すなわち，あるモノ（ブランド）が期待を大きく上回るような水準で問題解決に貢献するならば大きな満足が形成され，十分に問題を解決できなければ不満足が形成されることになる。

一方，サービス消費では，消費あるいは利用したサービスが消費者の抱えている問題の解決にどの程度貢献できたかだけでなく，その問題解決がどのような過程によって行われたかも，満足あるいは不満足の形成に大きく関わっている。たとえば，空腹を満たすために外食サービスを利用するが，食事がおいしく空腹を満たせたとしても，接客係の対応が悪かったり，隣席の客が大騒ぎをしていたりすると，満足を感じないかもしれないであろう。したがって，サービスのマーケティングにおいては，消費者の抱えている問題解決のためにどのような便益をどの程度の水準で提供するのかだけでなく，どのように提供するのかも考えなければならないということになる。

3.2 サービス・デリバリー・システム

サービス・デリバリー・システムとは，サービスの提供に必要とされる諸活動を顧客およびサービス組織の両観点から見て効果的かつ効率的に行うための諸要素の体系である。つまり，さまざまな主体の行う活動と物財をインプット

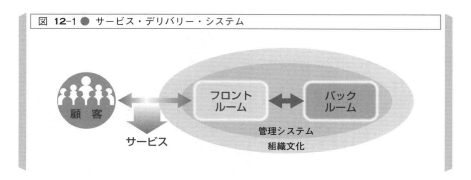

図 12-1 ● サービス・デリバリー・システム

して、それらから顧客の望む便益というアウトプットを効果的かつ効率的に生み出す諸体系である。なお、ここでの活動を行う主体には顧客自身も含まれる。なぜならばサービスの提供には顧客の参加が必要不可欠であり、顧客の参加の仕方も彼自身が消費あるいは利用によって享受できる便益や満足に影響を及ぼすからである。たとえば美容院では、顧客が望む髪型を適切に伝えることができなければ、満足できる髪型を得ることはできないであろう。教育サービスでは、学生が積極的に講義に参加するだけでなく、予習や復習も適正に行わなければ、教師が優れていたとしても、満足できる知識や能力を身につけることができないであろう。

この顧客の参加の観点から、前述のとおり、サービス・デリバリー・システムは図 12-1 にあるようにフロントルームとバックルームに分けることができる。フロントルームは、サービス施設内で日常的に顧客と直接的に相互作用を行う空間部分であり、顧客へのサービス提供を受け持っている。一方、バックルームは、顧客と直接的に相互作用を行わないが、フロントルームでのサービス提供が効果的かつ効率的に行われるように後方から支援する空間部分である。旅館では、玄関、客室、共同浴場などがフロントルームであり、調理場やスタッフルーム、配膳準備室などがバックルームである。なお、第 13 章で取り上げる東京ディズニーランドでは、フロントルームはオンステージ、バックルームはバックステージと呼ばれており、サービス組織によって呼称は異なっている。

洋菓子製造・販売の「たねや」の山本徳次会長が「表の非合理化、裏の効率

化」という言葉で表現しているように,加賀屋では,宿泊客と接点を持つ表（フロントルーム）では合理化を考えずに,必要なだけの客室係を配置してサービスに努め,接点を持たない裏の部分（バックルーム）ではIT化や機械化により,徹底的に合理化を行っている。このことにより,サービス業では両立が難しいといわれる顧客満足と生産性を同時に向上させることが可能になっている。

3.3 インターナル・マーケティング

人手不足で閉店や営業時間短縮を余儀なくされているサービス店舗が増えているが,サービス業だけでなく製造業でも人材は**競争優位**を形成・維持するための重要な要因である。そのため,従業員の**職務満足**や**組織コミットメント**,モチベーションなどの向上を目的として,消費者を対象として構築されたマーケティングを従業員にも適用しようとするものが**インターナル・マーケティング**である。

企業活動に必要な要素は,大きくハードとソフトに分けることができる。図**12-1**では,ハードはフロントルームやバックルームを構成する設備や機器,そこに投入される原材料であり,ソフトはフロントルームやバックルームで働く人材やマニュアルなどの管理システム,組織文化である。ハードとソフトの価値（競争優位性に対する影響度）を時間経過で見ると,図**12-2**のように,ハードの価値は時間経過とともに低下し,とくにライバル企業が最新の設備や機器を導入することによって大きく低下する。なぜならば,ハードは時間経過とともに劣化するだけでなく,模倣による改善が容易であるからである。ある企業が高い顧客満足や生産性をもたらす設備・機器を導入した場合,ライバル企業はそれを研究し,それを模倣するだけでなく,改善を加えたより価値の高いものを導入することができるからである。さらに,ハードに関する技術革新の進展は著しく,時間的に遅く導入した企業ほど最新の技術の恩恵を受けることができるからである。そのため,最新の設備・機器の導入によって一時的には競争優位を形成できたとしても,長期的にそれを維持することはできない。

一方,ソフト,とくに人材や組織文化の価値は大切に育成されることによって時間とともに向上し,ライバル企業の行動の影響を受けることもない。さらに,人材や組織文化の育成には長期間を要するために模倣が困難であり,企業

228　第Ⅳ部　マーケティングの新しい展開

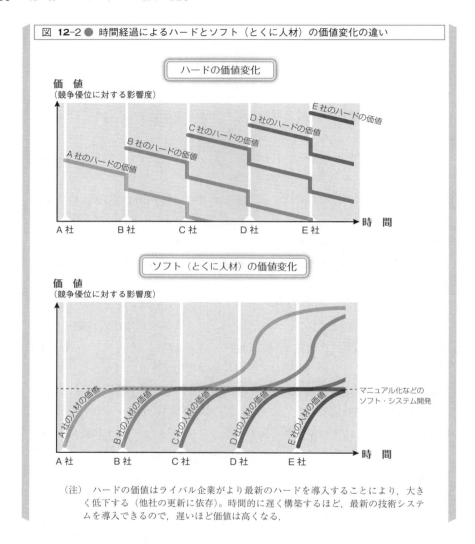

図 12-2 ● 時間経過によるハードとソフト（とくに人材）の価値変化の違い

（注）　ハードの価値はライバル企業がより最新のハードを導入することにより、大きく低下する（他社の更新に依存）。時間的に遅く構築するほど、最新の技術システムを導入できるので、遅いほど価値は高くなる。

が長期的に競争優位を維持することに貢献する。人材については，マニュアル化によってある程度までは容易に価値を高めることができる。すなわち，サービス提供に関わる活動やその実施方法，それらの流れを詳細かつ適切に記述したマニュアルを作成し，従業員がそれを学ぶことによって，比較的短期間に彼らはある程度満足できる水準の活動を行うことが可能になる。しかし，加賀屋

の客室係のように，気働きによって顧客の会話や行動，態度から彼らのニーズを察し，さらに自ら能動的にそのニーズを充足するための行動をとることができるまでに従業員が育つには長期間を要する。そのうえ，そのような顧客志向的な人材育成を支援するような組織文化の形成にはより一層長い期間を要することから，人材や組織文化などのソフトに関しては時間的に先に確立した企業ほど競争優位を形成できるだけでなく，長期的に企業の競争優位の源泉として活用することができるであろう。

このように優秀な人材の獲得・維持は企業の存続・成長を左右することから，従業員を内部顧客とみなし，外部顧客である消費者を満足させるという組織目標と取り組みながら，内部顧客の満足や組織コミットメント，モチベーションを高め，さらに顧客志向的な人材を育成するインターナル・マーケティングの重要性が高まっている。なお，従業員の職務満足の向上の重要性については，第13章の3.3項でも指摘されている。

3.4 ケイパビリティ

能力の高い従業員を獲得し，彼らを長期的に維持することは，他の旅館でも可能であろう。しかし，それだけでは従業員は競争優位の源泉（人的資源）とはならない。個々の従業員が持つ能力や価値が育成・活用されてはじめて，それは人的資源となるのである。金鉱石もそこから金を取り出す技術がなければ，それはただの石にすぎないのと同様に，従業員もその能力や価値を育成・活用するための技術や仕組みがなければ，価値のある人的資源とはならない。たとえば，同じ商圏に立地する同じようなコンビニエンス・ストアでも，どこのフランチャイズに属しているのかによって1日当たりの平均売上高に差が生じているのは，この**ケイパビリティ**の違いによるところが大きい。

加賀屋の顧客志向的な組織文化を発展させる組織能力，従業員を大切に育成することができる組織能力，従業員から意欲や能力，価値を引き出す組織能力などはケイパビリティであり，老舗旅館であるという長い歴史のなかで構築されたものである。そして，これが加賀屋の競争優位を支える根源となっているのである。

ディスカッション・ポイント　　Discussion Point

12-1　われわれは日常生活においてさまざまなサービスを消費しているが，そのなかからいくつかのサービス（たとえば，ファースト・フード，美容院，大学など）を取り上げ，それらのサービス消費においてはどのような要素が顧客の満足あるいは不満足の形成に大きく関わっているのかを考えてみよう。

12-2　12-1 で取り上げたサービスについて，それらを提供している特定のサービス企業あるいはサービス・ブランドをいくつか選び，それらの間におけるサービス・デリバリー・システムおよび競争優位の源泉の違いについて考えてみよう。

12-3　12-2 で取り上げた特定のサービス企業あるいはサービス・ブランドについて，市場シェアや売上高，利益率などの経営指標を調べてみよう。そして，サービス企業あるいはサービス・ブランド間で経営指標に差異が存在する場合，その違いを生み出している要因について考えてみよう。

文献ガイド

山本昭二［2007］『サービス・マーケティング入門』日経文庫。
　欧米で行われているサービス・マーケティング研究で導き出された重要な概念や分析枠組みが網羅されており，サービスのマーケティングやマネジメントの全体像を理解しやすい入門書です。

小野譲司［2010］『顧客満足［CS］の知識』日経文庫。
　顧客満足の捉え方，満足や不満足が発生する仕組みなどの心理プロセスをコンパクトにまとめている入門書です。顧客満足理論に関する基本的な知識を獲得できます。

高野登［2005］『リッツ・カールトンが大切にするサービスを超える瞬間』かんき出版。
　サービス提供においては人材と組織文化が重要な役割をはたすことを，ザ・リッツ・カールトン・ホテルという極上のおもてなしサービスの提供により，世界的に有名なホテルの実践を通じて理解することができる書物です。

注

1)　「FACE 加賀屋会長 小田禎彦」『日経ベンチャー』2007 年 8 月号，15-21 頁。
2)　「加賀屋　豪華新館が客寄せ効果 急成長する高級旅館」『日経ビジネス』1991 年 4 月 15 日号，58-59 頁。

3)「甦る温泉旅館 『おもてなし』は万能か」『日経ビジネス』2010年9月13日，96-99頁。
4)「いいサービスは，環境づくりから〈加賀屋30年連続総合1位記念特集（プロが選ぶ日本のホテル・旅館100選）〉」『旬刊旅行新聞』2010年6月21日，10頁。
5)「サービス充実で旅籠復権をめざす」『日経ビジネス』1981年7月27日号，175-177頁。

第13章 経験価値マーケティング

東京ディズニーリゾートの価値創造

菅野 佐織

KEYWORDS
- 経験価値
- 経験価値マーケティング
- 経営哲学
- 従業員満足
- 価値共創

(『浦安市都市計画マスタープラン(概念版)』より)

ディズニーパーク,ホテル,ショッピング施設などから成る
東京ディズニーリゾート(千葉県浦安市)

1 この章で学ぶこと

　読者の皆さんにとって，ディズニーランドとはどのような場所だろうか。小さいころの家族との思い出や友人たちとの思い出がたくさんある人も多いのではないだろうか。ディズニーランドの門をくぐると，ミッキーマウスやミニーマウスのキャラクターが出迎えてくれ，私たちは一気にディズニーの世界へと誘われる。入口を入ってシンデレラ城のほうへ向かう足は，知らず知らずに小走りになり，友人たちと思わず笑顔になる。古き良き時代のアメリカを感じさせる街並みのなかに楽しげな音楽が流れ，どこからともなくポップコーンの香りがしてくる。パーク内はきれいに清掃されており，陽気なスタッフが話しかけてもくる。学生たちに「なぜディズニーランドがそんなに楽しいのか？」とたずねると，彼らは次のように答える。「ディズニーランドに行くと楽しい気分になれる」「夢の国にいるような気分になる」「日常を忘れさせてくれる」「元気をもらえる」「だからまた行きたくなる」。

　ディズニーランドは，"子どもから大人まで楽しむことができるテーマパークをつくりたい"というウォルト・ディズニーの思いから，1955年にアメリカ・カリフォルニア州に誕生したテーマパークである。そして，本国アメリカ以外の国ではじめて開園したのが，東京ディズニーランドである。東京ディズニーランドは，1983年の開園以来，日本人に受け入れられ，ファンを増やしてきた。ディズニーランドが，日本にある他のテーマパークや遊園地と比べて特別である理由は何なのか。それはディズニーランドでしかできない"経験"にある。私たちは，ディズニーランドで，家族や友人たちと楽しい時間を過ごし，新たな発見や感動といった経験をすることで，また行きたいと思うのである。

　東京ディズニーリゾートの事例は，消費者の購買や消費における経験価値の重要性を示している。今日の消費者は，感情を揺さぶるような経験を与えてくれるものにより高い価値を見出し，より高いお金を支払おうとする。本章では，消費者の購買や消費における経験価値に注目し，東京ディズニーリゾートの事例を通して，経験価値マーケティングの考え方について学んでいく。

2 ケース：東京ディズニーリゾート

2.1 夢の国の誕生

「夢の国」と称される東京ディズニーリゾート（以下，TDR）。子どもから大人までがハッピーになれる場所，それが TDR ではないだろうか。

TDR 誕生の歴史は，1983 年にさかのぼる。日本での TDR の経営と運営を行う株式会社オリエンタルランド（以下，オリエンタルランド）は，千葉県浦安市の広大な埋め立て地に東京ディズニーランドを開園した。この東京ディズニーランドは，あらゆる世代の人々が楽しめる"ファミリーエンターテイメント"を基本理念に誕生したテーマパークである。東京ディズニーランドでは，白雪姫やピノキオ，シンデレラやピーターパンなど，ディズニーアニメの名作の世界を実際に体験することができる。シンボルであるシンデレラ城を中心に，冒険や童話，未来など人々が親しみやすいテーマに沿って，パーク内は 7 つのエリアに分けられている。個々のエリアは"テーマランド"と呼ばれ，アトラクションはもとより，レストラン，ショップ，そして樹木，ベンチやゴミ箱にいたるまで，それぞれのテーマに沿った演出がなされ，1 つのショー・ステージを構成している。

東京ディズニーランドの初年度の入園者数は 993 万人。それ以降，オリエンタルランドは，複合型商業施設やホテル，そして新たなテーマパークなどを追加しながら，順調に入園者数を増やしている（図 13-1）。そして開園から 30 年後の 2013 年度には，開園当初の約 3.2 倍となる 3130 万人の入園者が，日本だけでなく近隣アジア諸国から TDR を訪れている。驚くことに，その入園者の 9 割超はリピーターであるといわれる。2014 年の世界のテーマパーク入園者数ランキングをみても，東京ディズニーランドは，本国アメリカのマジックキングダムに次ぐ入園者数を誇っており（表 13-1），その収益力は，世界にあるディズニーテーマパークのなかで世界一といわれている[1]。

オリエンタルランドは，東京ディズニーランドの開園から間もなくの 1987 年以降，新たなアトラクションを追加するだけでなく，ショーやパレードのリニューアルや，ハロウィーンやクリスマスなどの季節ごとのスペシャル・イベ

図 13-1 ● 東京ディズニーリゾートの年間入園者数の推移

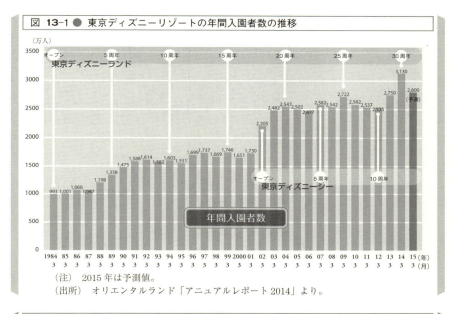

（注）　2015年は予測値。
（出所）　オリエンタルランド「アニュアルレポート2014」より。

表 13-1 ● 世界のテーマパーク入園者数ランキング

（千人）

順位	テーマパーク名	所在地	2014年入園者数	2013年入園者数
1	MAGIC KINGDOM	Walt Disney World, Lake Buena Vista, FL	19,332	18,588
2	TOKYO DISNEYLAND	Tokyo, Japan	17,300	17,214
3	DISNEYLAND	Anaheim, CA	16,769	16,202
4	TOKYO DISNEY SEA	Tokyo, Japan	14,100	14,084
5	UNIVERSAL STUDIOS JAPAN	Osaka, Japan	11,800	10,100
6	EPCOT	Walt Disney World, Lake Buena Vista, FL	11,454	11,229
7	DISNEY'S ANIMAL KINGDOM	Walt Disney World, Lake Buena Vista, FL	10,402	10,198
8	DISNEY'S HOLLYWOOD STUDIOS	Walt Disney World, Lake Buena Vista, FL	10,312	10,110
9	DISNEYLAND PARK AT DISNEYLAND PARIS	Marne-La-Vallee, France	9,940	10,430
10	DISNEY'S CA ADVENTURE	Anaheim, CA	8,769	8,514

（出所）　AECOM's 2014 Theme and Museum Index - Global Attractions Attendance Report より。

第Ⅳ部　マーケティングの新しい展開

図 13-2 ● 東京ディズニーリゾートの主な沿革と事業展開

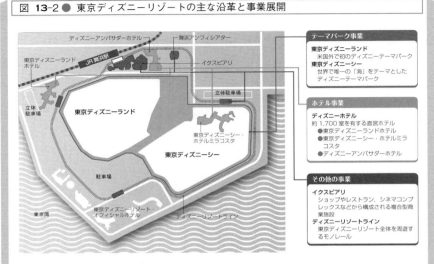

テーマパーク事業
- 東京ディズニーランド
  米国外で初のディズニーテーマパーク
- 東京ディズニーシー
  世界で唯一の「海」をテーマとしたディズニーテーマパーク

ホテル事業
ディズニーホテル
約1,700室を有する直営ホテル
- 東京ディズニーランドホテル
- 東京ディズニーシー・ホテルミラコスタ
- ディズニーアンバサダーホテル

その他の事業
- イクスピアリ
  ショップやレストラン，シネマコンプレックスなどから構成される複合型商業施設
- ディズニーリゾートライン
  東京ディズニーリゾート全体を周遊するモノレール

埋め立て・ディズニー誘致

1960	株式会社オリエンタルランド設立
1962	千葉県と「浦安地区土地造成事業および分譲に関する協定」を締結
1964	埋め立て工事を開始（1975年完了）
1979	米国ディズニー社と「東京ディズニーランド」の運営等に関する業務提携の契約締結

東京ディズニーリゾートの拡大

1983	「東京ディズニーランド」オープン
1996	東証一部に株式を上場
2000	「イクスピアリ」オープン 「ディズニーアンバサダーホテル」オープン
2001	「ディズニーリゾートライン」オープン 「東京ディズニーシー」オープン 「東京ディズニーシー・ホテルミラコスタ」オープン
2005	「パーム＆ファウンテンテラスホテル」オープン
2008	「東京ディズニーランドホテル」オープン

主な追加アトラクションの投資額

	アトラクション名	オープン日	投資金額
東京ディズニーランド	ビッグサンダー・マウンテン	1987年7月4日	80億円
	スター・ツアーズ	1989年7月12日	101億円
	スプラッシュ・マウンテン（クリッターカントリー）	1992年10月1日	285億円
	トゥーンタウン	1996年4月15日	112億円
	ミクロアドベンチャー！	1997年4月15日	28億円
	プーさんのハニーハント	2000年9月1日	110億円
	バズ・ライトイヤーのアストロブラスター	2004年4月15日	50億円
東京ディズニーシー	レイジングスピリッツ	2005年7月21日	80億円
	タワー・オブ・テラー	2006年9月4日	210億円
	モンスターズ・インク"ライド＆ゴーシーク！"	2009年4月15日	100億円
	ミッキーのフィルハーマジック	2011年1月24日	60億円
	トイ・ストーリー・マニア！	2012年7月9日	115億円
	スター・ツアーズ：ザ・アドベンチャーズ・コンティニュー	2013年5月7日	70億円

（注）追加アトラクションの金額は，おおよその金額。
（出所）オリエンタルランド「アニュアルレポート2014」より。

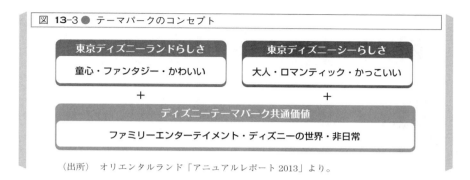

（出所）　オリエンタルランド「アニュアルレポート 2013」より。

ントの充実によって TDR のリピーターを増やしてきた（図 13-2）。2000 年には，複合型商業施設である「イクスピアリ」[2]，日本ではじめてのディズニーホテル「ディズニーアンバサダーホテル」をオープンした。その翌年の 2001 年には，新たなテーマパーク「東京ディズニーシー」を開園，客室から東京ディズニーシーを眺めることができるホテル「東京ディズニーシー・ホテルミラコスタ」をオープン，さらには，TDR 内を周遊するためのモノレール「ディズニーリゾートライン」を開通した。2008 年には，3 つめのディズニーホテルとなる「東京ディズニーランドホテル」をオープンするなど，積極的な事業投資を行っている。

　2001 年に開園した東京ディズニーシーは，東京ディズニーランドに隣接してつくられた，世界で唯一の"海"をテーマにしたテーマパークである。「アラジン」や「アリエル」など，海にまつわる物語や伝説を，ディズニー伝統の"ファミリーエンターテイメント"として体験できるテーマパークである。東京ディズニーシーは，40 代以上の大人を中心とした幅広い年齢層に向けて，"大人""ロマンティック""かっこいい"をコンセプトとして，高級感のある空間やアルコール飲料の提供など，大人が楽しめる場を演出している。東京ディズニーランドとは異なる大人向けのコンセプトを設定することで，市場を拡大することをねらいとしている（図 13-3）。

2.2　ウォルト・ディズニーの思想

　世界ではじめてディズニーランドがアメリカのカリフォルニア州アナハイム

に誕生したのは，1955年のことである。つくったのは，ディズニー・キャラクターを生み出した，ウォルト・ディズニーである。映画で成功した彼が，なぜディズニーランドをつくったのかについて，次のような有名な逸話が残されている。

あるとき，彼は，小さな娘を2人連れて，遊園地に遊びに行った。乗り物に乗って楽しそうな娘たちにひきかえ，彼は不満な時間を過ごした。大人の自分に居場所がなかったのである。このとき，彼の頭の中に浮かんだのが，子どもはもちろん，大人も楽しめる場所をつくり上げることであった。親子で，家族で楽しめる場所をつくりたい，そうして生まれたのがディズニーランドである。

「私はディズニーランドが，幸福を感じてもらえる場所，大人も子供も，ともに生命の驚異や冒険を体験し，楽しい思い出を作ってもらえるような場所であってほしいと願っています」というウォルト・ディズニーの言葉がある（オリエンタルランドホームページより引用）。世代を超え，国境を超え，あらゆる人々が共通の体験を通してともに笑い，驚き，発見し，そして楽しむことのできる"ファミリーエンターテイメント"を実現したい。この"ファミリーエンターテイメント"こそが，ウォルト・ディズニーが目指したディズニーのテーマパークのコンセプトである。

こうした彼の思想を最も象徴する場所に，水飲み場がある。TDRの水飲み場をよく見ると，背の高い大人用と背の低い子ども用の2つの水飲み場がくっついている。実は，この水飲み場，大人と子どもが向き合って水が飲めるように設計がされている。親子が互いに笑顔で向かい合いながら水を飲めるように，というウォルト・ディズニーの思想を象徴している場所である。

このほかにも，ディズニーのテーマパークには，訪れた人々が感動する経験をしてもらう仕掛けが巧みに施されている。人々がディズニーのテーマパークに行く理由とは，ジェットコースターに乗ってスリルを味わうことではなく，ディズニーの物語を体験し，家族や仲間たちと経験を共有することにある。いまから60年以上も前に，経験価値の重要性に気づいていたウォルト・ディズニーは，経験価値マーケティングの先駆者ともいえるだろう。

2.3 TDRの経営哲学と質の高いサービス

　TDRのテーマパークを訪れる客は「ゲスト」と呼ばれる。ウォルト・ディズニーは,「ディズニーランドのお客様はカスタマー(顧客)ではない。ゲスト(招待した賓客)である」と言っている。テーマパークは,大切なゲストをファミリーに招くようなところ,という考え方である。一方,従業員はすべて「キャスト」と呼ばれる。

　キャストは,それぞれが与えられた役割を演じる演技者という思想に立ち,ゲストにすばらしいショーを提供することを心がけることによって,おもてなしとしての質の高いサービスとエンターテイメントを提供している。この発想は,ショーやパレードに出演する演技者だけにとどまらない。たとえば,カストーディアル(清掃担当キャスト)が,ゴミをわざとミッキーマウスの形に落としてぱっと拾う,ほうきを濡らしてミッキーマウスの絵を描く,といったパフォーマンスは,たとえ清掃スタッフであっても,演技者であり,そのパフォーマンスは「ショー」という位置づけなのである。

　また,パーク内で働くキャストのほとんどが,アルバイトの準社員によって支えられていることは,驚くべきことである。その数は,正社員の約4倍の1万人にのぼり,アトラクションの運営や園内の清掃などにシフト勤務で当たっている。厳しいトレーニングがあり,準社員の契約は最長6カ月,契約が切れれば再契約をしなければならず,待遇も給与もとくによいとはいえない。それにもかかわらず,新規採用の応募は定員の約5倍という人気ぶりである。ショーダンサーの場合も,大変な競争率をくぐりぬけて選ばれたプロたちであるが,契約が終了したら,再びオーディションを受けなければならず,高いレベルのパフォーマンスをキープしなければ,次の契約はないという。

　このように,TDRでは,キャストたちの質の高いサービスが維持されているからこそ,すばらしい経験価値が提供できているといえるだろう。キャストたちは,研修で経験価値の重要性を繰り返し叩き込まれるという。「ローマは一日にして成らず」という言葉があるように,「ディズニーの質の高いサービスは一日にして成らず」であるが,こうした質の高いサービスを支えている源泉とは何だろうか。

▶ディズニー・フィロソフィー

キャストたちの質の高いサービスを支える源泉として挙げられるのは，ディズニーが掲げるポリシーである。ディズニーが掲げるポリシーは，「ディズニー・フィロソフィー」と呼ばれている。フィロソフィーとは，哲学という意味のほかに，信条，考え方，経営方針という意味合いがある。TDRのテーマパークで働くキャストが実践するディズニー・フィロソフィーは以下の3つである[3]。ディズニー・フィロソフィーは，すべてのキャストにとっての信条や考え方の基本として捉えられている。キャストたちが，ポリシーを理解し，実践することによって，TDRが考える質の高いサービスの提供が可能となっているといえるだろう。

Everyday is an Opening Day（毎日が初演でなければならない）
　⇒いかなるゲストに対しても平等に接し，初々しい新鮮な感動とともに楽しんでもらわなければならない。

An Escape from the Real World（日常から離れた非日常の世界でなければならない）
　⇒ゲストには現実を忘れて，夢の世界を体験してもらわなければならない。

Into Infinity（永遠に成長を続けなければならない）
　⇒常にイマジネーションの発揮による，新たな魅力の追加が行われ，成長し続けていくものでなければならない。

▶SCSE

TDRのテーマパークには，「SCSE」という行動規範がある。SCSEとは，Safety（安全），Courtesy（礼儀正しさ），Show（ショー），Efficiency（効率）の頭文字をとったもので，すべてのキャストにとって，ゲストに最高のおもてなしを提供するための判断や行動のよりどころとなっている。TDRのテーマパークに勤務するすべてのキャストは，入社時にディズニー・フィロソフィーを学ぶとともに，配属先でもトレーニングの一環としてSCSEを学ぶ。キャストはSCSEを念頭に置き，常に判断や行動のよりどころとしている。

たとえば，こぼれたジュースなどを清掃するカストーディアルは，しゃが

んだ姿勢で路上を拭くことはせず,立ったまま足を使って拭きとる。これは,しゃがんだ状態では,まわりに気を取られているゲストが気づかずにぶつかり,転んでしまう可能性があるためである。カストーディアルが長い柄のついたちりとりとほうきを持っているのも同じ理由である。このように,キャストは,ゲストの安全性を確保することを常に優先しつつ,業務に取り組んでいる。

ディズニー・フィロソフィーとSCSEは,ディズニーの経営哲学であり,キャストたちの質の高いサービスを支えるポリシーとなっている。これらの経営哲学があることによって,キャストたちはディズニーの価値観をきちんと理解し,実践に活かすことができると考えられるのである。

2.4 経験価値を演出する非日常的空間

TDRのテーマパークは,夢の国であり,魔法の国である。そこへ行くことは,単なる娯楽やレジャーではなく,1カ月以上も前から家族や友人たちと計画をして出かけていく,海外旅行のようなものであろう。そこへ行く目的は,ジェットコースターに乗ってスリルを味わうことや,お化け屋敷で悲鳴を上げて楽しむことではない。その目的は,ディズニーの物語を体験することにある。「シンデレラ城」「カリブの海賊」「ピーターパン空の旅」など,多くのアトラクションには物語が存在している。そして,この物語性は,アトラクションだけでなく,ショーやイベント,レストランにも存在している。そこに物語があるからこそ,ゲストは興味を持ち,引き込まれる。

TDRのテーマパークを訪れたゲストは,まるで物語のなかに入ってしまったかのような感覚になり,そこにいるディズニーのキャラクターと触れ合い,ショーやパレードに歓喜する。日常とは違った空間のなかで,いつもは買わないようなミッキーのぬいぐるみを買ってしまったり,ミッキーの耳がついた帽子をかぶってしまったりする。これほどまでに人々の気持ちを高ぶらせるTDRの空間づくりには,どのような仕組みがあるのであろうか。

▶外の世界を遮断した世界観の演出と徹底した質へのこだわり

ゲストを夢の世界に引き込むためには,パーク内から現実の世界を見せない工夫が必要である。そのため,外周をバームと呼ばれる土盛りと植栽によって囲むことで,外界を遮断している。これによって,ゲストは,現実の世界を見

ることなく，夢の世界に浸れるのである。

　また，TDRのテーマパークでは，その世界観を伝えるために，アトラクションをはじめとしたパーク内の施設の作り込みにも妥協のない取り組みを行っている。たとえば，「白雪姫と七人のこびと」のアトラクションで，魔法使いのおばあさんが出てきて，毒りんごを見せるシーンがある。トロッコに乗っているゲストから見えるのは，おばあさんの手の中にあるリンゴのほんの一部であるが，そのリンゴを取り出して見てみると，ゲストからは見えない裏側どころか，絶対に見えることのない芯の部分まで，細部の作り込みが行われている[4]。また，マークトウェイン号は，全長34メートル，4階建て，総トン数140トン，定員390名の大型船で，後ろにつけた直径4メートルの外輪で動く様子はまさに本物のようである。「どうせ子どもだましの船だろう」と思って乗ってみると，その本物を感じさせる徹底したこだわりに驚くほどである。映画「カリブの海賊」に出てくるジョニー・デップ扮するキャプテン・ジャック・スパロウのろう人形も，まるでそこに本人がいるのではないかと錯覚をするほど精巧にできている。

　▶オンステージとバックステージ

　映画のセットや演劇の舞台と同じように，TDRにもバックステージと呼ばれる舞台裏がある。パークの外縁を回る道路と，隣接する建物がそれに当たる。道路は，資材を運ぶためのもので，建物は，倉庫やキャストと呼ばれる従業員の食堂や更衣室などの施設である。もちろん，バックステージの道路や建物は，パークの建物や樹木が目隠しとなり，ゲストからは見えないようになっている。キャストたちは，オンステージ（表舞台）でさまざまなショーやパレードを演じているが，バックステージに戻ってくると，食事をしたり，着替えたり，休憩をとったりする。TDRは，こうしたバックステージを設けることで，日常性をステージから完全に隔離させている。

　また，裏方を見せないもう1つの工夫として，バックステージから園内の施設に通じるトンネルの存在がある。食料品などは，通常，夜間や早朝など，閉園時間中に各施設に運ばれるが，ジュース類やアイスクリーム類などは，これだけでは間に合わず，開園中にも搬入が必要となる。しかし，開園中に，パーク内をコカ・コーラのトラックが走り回れば，せっかくの夢の気分も台無しに

なってしまう。トンネルがあれば，ゲストに気づかれずに，さまざまな資材を園内に届けることができるのである。このアイデアは，ウォルト・ディズニーのもので，アメリカのディズニーランドの地下にもトンネルが通っているのだという。

▶日常を感じさせるものは禁止

東京ディズニーランドの一般用パンフレットには，「東京ディズニーランド内でのお願い」という項目のなかに，「メニューも豊富でお値段も手ごろですので，お弁当や飲み物のお持ち込みはご遠慮ください」とある。これは，お弁当という日常を持ち込むことで，ゲストは夢の世界から醒めてしまうからである。団体旅行などのツアー客が旗を掲げて歩くことも禁止している。これもお弁当の持ち込みと同様，団体旅行客が旗を掲げ，ぞろぞろと歩く姿が，夢の国の雰囲気を壊してしまうからである。

▶異空間演出法の採用

パーク内では，非日常的空間を演出するために，映画のセットや画像づくりのさまざまな技法が採用されている。TDRのテーマパークは，いってみれば本物に近い偽物であるが，本物でないほうが本物らしく感じられる，という心理があるという。TDRのテーマパークは，ぎりぎりまで本物を模倣するものの，やや小さめにつくられている。たとえば，パーク内の施設は，店舗の高さを1階は通常建物の8分の7に，2階は8分の5に，3階は8分の4と，上にいくにつれて徐々に縮小している。

また，パーク内の建物をよく見ると，雨水や鉄の錆のしみのようなものがついていたり，塗装がはげている箇所がある。これはわざとしていることで，「エイジング」と呼ばれる技法である。新しいものをわざと古く見せ，本物らしく見せている。

▶経験価値の共創

非日常的空間の演出は，パーク内の物理的な演出だけではない。TDRでは，ゲスト，キャスト，キャラクターが一緒になって経験価値を創るという価値共創の仕掛けによって，一体感や非日常的空間を演出している。

たとえば，2013年に発売された「マジカルドリームライト」は，夜のパークを代表するパレードである「ディズニーランド・エレクトリカルパレード・

ドリームライツ」に連動して，7色に光るグッズである。価格は2500円であり，パレードの音楽に合わせて，光の色が変わったり，リズミカルに点灯したりする。ゲストは，それをパレード中に点灯させることで，ディズニーのキャラクターたちと一緒にパレードをつくっているような気持ちになれるのである。

　また，TDRでは，カチューシャやファンキャップなど，パーク内で手軽に身につけることができるグッズに加えて，ゲストがお揃いで身につける商品や，パーク内で購入しその場で着てもらうことをねらいとしたTシャツやパーカー，フード付きタオルなどを新たに開発している。友人同士で，パーク内で買ったお揃いのTシャツを着て歩くことで，友人との一体感を感じられるのだという。最近では，こうしたさまざまな身につけグッズを楽しむゲストを多く見かけるようになっている。

2.5　テーマパークから滞在型のテーマリゾートへ

　東京ディズニーランドとして始まったテーマパークは，その周辺地域に広がりを見せることで，2つのテーマパーク，ホテル，商業施設，交通システム，シアターを含む多彩なエンターテイメント空間へと進化を遂げている。

　オリエンタルランドは，2000年1月6日付の『日本経済新聞』に，「リゾート宣言」の見開きカラー広告を出している。そこにはこのようなことが書かれている。

　　「いろいろな楽しみ方，終わらない休日，都市に隣接した日本ではじめての"テーマリゾート"です。ここを訪れた人は，それらを自由に組み合わせて心ゆくまで夢のような時間を楽しむことができます。そのすべてがディズニーランドのクオリティに満ち，誰もが経験したことのない時間と空間を提供する，それが私たちのめざすテーマリゾートなのです。」

　TDRでは，こうした滞在型のテーマリゾートへの取り組みとして，「お泊りディズニー」（または「東京ディズニーリゾート・バケーションパッケージ」）という1泊2日もしくは2泊3日の滞在型の旅行プランを提案している[5]。誕生日や記念日にTDRに宿泊してもらい，いままで経験したことのない驚きや感動を味

わってもらおうというねらいである。ゲストは TDR に滞在することで，ディズニーの世界観をより感じるだろうし，誕生日や記念日の記憶とともに，TDR が特別な場所となることであろう。

ウォルト・ディズニーは「ディズニーランドは永遠に完成しない。世界に想像力がある限り，成長し続けるだろう」と語っている。人々に何度も来てもらい，愛され続けるには，常に新しい夢とアイデアでパークを改良し続けていく必要があることに彼は気づいていたのである。そしてその言葉通り，ディズニーランドは，現在も，ウォルトの遺志を引き継いだ人々の発想と創造力で，世界中の人々を驚かせ続けている。TDR は，これからも，ディズニーの世界観を表現する 1 つの街として進化しながら，私たちが経験したことのないような驚きと感動を提案し続けてくれることであろう。

3 ケースに学ぶ

3.1 経験価値マーケティングとは

マーケティングにおける**経験価値**の重要性は，1999 年に出版された『経験経済』や『経験価値マーケティング』の両著書のなかで述べられている。『経験経済』の著者であるパインとギルモアは，ビジネスにおいて，経験という新しい経済価値を認識できるかが，今後の鍵を握ると述べている。市場には，たくさんの製品やサービスがあふれており，企業が差別化を図るべくして市場に投入したとしても，厳しい競争にさらされ，瞬く間に陳腐化していく。陳腐化した製品やサービスは，価格のみが差別化の要因となり，消費者は価格の安さだけを基準に選ぶようになっていく。パインらによると，こうしたコモディティ化を避けるためには，経験価値の提供が不可欠であるという。そして，あらゆるビジネスは，経験経済の舞台にあり，ビジネスの対象が誰であれ，製品やサービスの提供だけでは不十分だと述べる。

『経験価値マーケティング』の著者であるシュミットは，これまでの伝統的マーケティングは，製品・サービスの特性や便益を追求した差別化を図ってきたが，そのような伝統的マーケティングでは，今日の消費者の心はつかめなくなっていると述べ，伝統的マーケティングに対する新しいマーケティングと

して，経験価値マーケティングを提唱している。**経験価値マーケティング**とは，製品やサービスの消費過程を通じて得られる喜びや感動といった価値を提供しようとするマーケティングである。今日の消費者にとっては，ショッピングのときの楽しさ，使用しているときの快適さ，使い終わった後での余韻などといった，消費における経験価値が新しい差別化要因となっていると指摘している。

本章の事例で紹介したTDRは，まさに経験価値マーケティングの代表例として挙げられる。人々がTDRのテーマパークに行く理由は，ジェットコースターやメリーゴーランドに乗ることではなく，家族や仲間たちと喜びや感動の経験を共有することにある。TDRの事例は，消費者の購買や消費における経験価値の重要性を示しているといえるだろう。

3.2 さまざまな経験価値

消費者にとっての経験価値は，さまざまな次元で捉えることができる。シュミットは，経験価値をSENSE，FEEL，THINK，ACT，RELATEの5つに分けて捉えている。

SENSEは，視覚，聴覚，触感，味覚，嗅覚といった五感を通じて感覚的経験価値を生み出すために感覚に訴えるものである。五感を刺激するSENSEマーケティングは，直接的で強力なため，消費者の購買選択に大きな影響を与える力を持っている。TDRの事例でいえば，入園すると聞こえてくる楽しげな音楽や，鉄道の走行音，船の汽笛，ポップコーンの香りといった経験価値が挙げられる。

FEELは，ブランドと結びついたポジティブな気分から，喜びや誇りといった強い感情までの情緒的経験価値を生み出すために，消費者の内面にある感情への訴求が行われる。TDRの事例でいえば，大人と子どもが向き合って水が飲める水飲み場で得られる家族としての喜びの経験価値や，ショーやパレードに参加してハッピーな気分になるといった経験価値などが当てはまる。

THINKは，消費者の創造力を引き出す認知的，問題解決的経験価値を通じて，顧客の知性に訴求するものである。THINKにつながる事例として，TDRが修学旅行や遠足などで訪れる学生を対象として行っている「東京ディズニー

リゾートキャンパス」という取り組みが挙げられるだろう。この取り組みでは，TDR のサービスに対する考え方を学んだり，コミュニケーションやマナーについて考えるプログラムなどを提供している[6]。これらの体験学習プログラムを通じて，ホスピタリティとは何か，おもてなしとは何か，相手の立場に立ったコミュニケーションとは何かについて考えるきっかけの場を提供している。

ACT は，消費者の身体的な経験価値を強化したり，これまでにない新しいやり方を用いて経験価値を提供したり，いままでとは違うライフスタイルや他の人々との相互作用をつくるものである。TDR の事例でいえば，ショーやパレードの際にダンサーたちと一緒に踊ることで，ディズニーのキャラクターたちと一緒にパレードをつくっているような気持ちになるといった経験価値が当てはまるだろう。

RELATE は，SENSE，FEEL，THINK，ACT などのアプローチと重複する側面を持つが，個人の私的なフィーリングを対象にするだけでなく，自分の理想像や他の人，あるいは特定の文化やグループに所属しているという感覚を個人に持ってもらうためのアプローチである。TDR の事例でいえば，ゲストがお揃いで，T シャツやタオル，カチューシャ，ファンキャップなどのグッズを身につけたりすることによって得られる経験価値が当てはまるだろう。

3.3 経験価値マーケティングを支える経営哲学，従業員教育，従業員満足

経験価値マーケティングを実践し，質の高いサービスを提供するためには，経営哲学，従業員教育，そして従業員満足が欠かせない。

経営哲学とは，企業もしくは経営者が自ら示す，経営のための方針や理念，ビジョン，目的などである。本章の事例で紹介したディズニー・フィロソフィーや SCSE がこれにあたるものである。経営哲学があるからこそ，従業員たちは，自分たちが提供すべきサービスに対する方向性を理解し，実践できるようになる。経営哲学なしには，従業員がどのようなサービスを提供していいのか，経験価値とは何かを理解することが難しいだろう。

また，優れた経営哲学があったとしても，それがきちんと従業員に伝わっていなければ意味がない。そういう意味において，従業員の教育はきわめて重要である。オリエンタルランドでは，仕事の技能の習得だけでなく，ディズニー

ランドの歴史やディズニー・フィロソフィーといった基本理念について学ぶプログラムを全従業員対象に行っている。また，職種ごとに詳細で具体的なマニュアルがつくられており，そこにはキャストが行うべき業務内容や行動基準がきめ細かく書かれている。しかしマニュアルが充実していれば，従業員のサービスが向上するとは限らない。すべてがマニュアル通りだと，人間味に欠ける無機質なサービスになりがちである。そのため，キャストにはアドリブを工夫するように指導しているという。

また，従業員の質の高いサービスと，それによる経験価値の実現には，従業員満足が欠かせない。**従業員満足**の考え方とは，従業員の満足度を高めることが，従業員のモチベーションを引き出し，それによって顧客へよりよいサービスを提供できることになり，最終的には，企業の業績を向上させることにつながるというものである。従来，顧客満足が企業業績を向上させるという議論がされてきたが，今日，顧客満足を向上させるためには従業員満足が不可欠であることが指摘されている。

なお，この項で述べたことについては，，第12章の3.3項，3.4項で述べられている，インターナル・マーケティングやケイパビリティ（組織能力）と関連している。改めて，読み返してみると，さらなる理解が深まるだろう。

3.4 経験価値の共創

価値共創の概念は，2000年のプラハラードとラマスワミによる論文によってよく知られるようになった。彼らによると，価値共創とは，企業がさまざまなステークホルダーと協働してともに新たな価値を創造することである。マーケティングにおいては，市場を価値創造の「場」と捉え，消費者を単に製品を消費する存在としてではなく，価値創造プロセスのパートナーとして捉え，製品開発や新しいアイデアの創出などに一緒に取り組むことが挙げられる。価値共創の考え方は，製品の価値を，優れた製品やサービスを創り，販売するという交換価値（value in exchange）によって捉えるのではなく，製品やサービスを顧客が使用する過程における使用価値（value in use）によって捉えようとするものである。すなわち，製品が実現する価値は，顧客が製品を購入したその瞬間に発生するのではなく，むしろ，製品を購入した後に製品を使用する過程に

おいて，顧客が企業あるいは製品と相互作用するなかで生み出されるとする考え方である。たとえば IKEA の組み立て家具，無印良品のお菓子や料理の手作りキット，LEGO ブロックなどはわかりやすい価値共創の事例である。

本章の事例では，TDR の価値共創の仕組みの1つとして，「マジカルドリームライト」を用いた顧客参加型のパレードを取り上げている。これは，夜のパレードの音楽にあわせて，光がリズミカルに点灯するグッズであるが，ゲストはそれをパレード中に点灯させることで，ディズニーのキャラクターたちと一緒に価値を共創しているような気持ちになる。すなわち，「マジカルドリームライト」の価値は，顧客がディズニーのパレードに参加することによって創られるのであって，パレードに参加しなければ意味がない（価値が創られない）のである。

● ディスカッション・ポイント ●━━━━━━━━━━━━━━━━━━ Discussion Point

13-1 経験価値マーケティングを行っている企業の事例をいくつか挙げてみよう。その共通点や違いについて，議論してみよう。

13-2 優れたサービスと経験価値を提供しているホテルの1つに，「ザ・リッツ・カールトン・ホテル」がある。ザ・リッツ・カールトン・ホテルといえば，世界でも有数の質の高いサービスとブランド力を備えた高級ホテルとして知られている。インターネットで検索して，このホテルが顧客に対してどのような経験価値を提供しているのか調べてみよう。

13-3 「ザ・リッツ・カールトン・ホテル」には，ホテルの価値観や行動方針をまとめた「ゴールド・スタンダード」というものがあり[7]，そこには経営哲学や顧客，従業員への約束などが述べられている。TDR の事例との共通点や違いについて考えてみよう。

13-4 経験価値の重要性は，サービス財だけでなく，製品にもいえることである。スマートフォン，パソコン，バッグ，スポーツシューズ，飲料，お菓子……など，あなたが利用している製品のブランドは，あなたにどんな経験価値を提供してくれているのか考えてみよう。

第Ⅳ部　マーケティングの新しい展開

● 文献ガイド ●●●●●

B. J. パインⅡ = J. H. ギルモア／岡本慶一・小高尚子訳［2005］『［新訳］経験経済──脱コモディティ化のマーケティング戦略』ダイヤモンド社。

> あらゆる商品やサービスがコモディティ化し，他企業との差別化が困難となっている時代のなかで，生き残れる企業とはどんな企業か。経験の提供という視点から，その答えを導いている著書です。

バーンド・H. シュミット／嶋村和恵・広瀬盛一訳［2000］『経験価値マーケティング──消費者が「何か」を感じるプラス α の魅力』ダイヤモンド社。

> 経験価値とはいったい何か。第3節「ケースに学ぶ」で紹介した5つの経験価値について詳しく説明しています。事例も豊富で，興味がわきやすいでしょう。

C. K. プラハラード = ベンカト・ラマスワミ／有賀裕子訳［2004］『価値共創の未来へ──顧客と企業の Co-Creation』武田ランダムハウスジャパン。

> 「企業主体の価値創造」から「顧客中心の価値共創」の時代へという新しいパラダイムを提示しています。事例も豊富で，読み応えがある本です。

● 注 ●●●●●

1) 海外の他のディズニーのテーマパークの主な売上が入園料に依存しているのに対して，TDR の訪問客1人当たりの売上は2010年度以降，1万円を超えており，2013年度のゲスト1人当たりの売上は1万1076円，売上構成での入園料売上は42％，商品販売収入は38％，飲食販売収入は21％である。TDRでは，入園料以外の収入（お土産物や飲食代）が欧米よりも大きいことがうかがえる（オリエンタルランド「アニュアルレポート2014」より）。
2) ショップ，レストラン，シネマコンプレックスが入っており，物語にちなんだ業種・業態の店舗が一体となった街並みが形成されている。
3) 粟田房穂［2013］『ディズニーリゾートの経済学（新版）』東洋経済新報社，より。
4) 同前掲書。
5) こうしたプランのプロモーションによって，ディズニーホテルの客室稼働率は，90％を超える水準で推移しており，平均客室単価も5万円と高い水準を維持している（オリエンタルランド「アニュアルレポート2014」より）。
6) 「東京ディズニーリゾートキャンパス」については以下を参照のこと。
http://www.tokyodisneyresort.jp/treasure/fantasy/campus/index.html
7) ザ・リッツ・カールトン・ホテルのゴールド・スタンダードについては以下を参照のこと。
http://www.ritzcarlton.com/ja/Corporate/GoldStandards/Default.htm

第14章 リレーションシップ・マーケティング

ハーレーダビッドソンが築く
ディライトフル・リレーションシップ

井上 淳子

KEYWORDS
- 信　頼
- コミットメント
- 社会的な絆
- CRM
- 協　働
- 価値共創

（CTK/時事通信フォト提供）

店頭にディスプレイされたハーレーダビッドソンのオートバイとエンブレム

1　この章で学ぶこと

　課題が難しくて1人で立ち向かえないとき，自分だけでは明らかに足りない要素があるとき，私たちは誰かと協力しようと考えるだろう。企業も同じである。厳しい競争環境のなかで生き残るために，よりよい価値を消費者に提供するために，企業はほかの組織と協力する。ライバル企業とでさえ手を組むこともある。企業同士だからといって，契約書にサインをすれば協力関係がうまくいくかといえば，決してそうではない。関係に対する当事者たちの努力がなければ成果を生み出すことは難しい。

　1980年代後半以降，とくにこの関係性が重視されるようになり，どうしたら良好な関係を構築できるか，またそれをいかにして維持できるかという議論が盛んに行われるようになった。同時にそれは企業間（組織間）の話だけではなく，企業と個々の顧客との関係性にも適用できる考え方として広がりを見せていった。このように企業がさまざまな利害関係者との関係性を構築，維持するために取り組む活動は「リレーションシップ・マーケティング」と呼ばれている。本章では，このリレーションシップ・マーケティングについて学ぶ。

　乗り物に特別な興味がある人でなくても，「ハーレーダビッドソン」という二輪車のブランドを見たり聞いたりしたことはあるだろう。大きなマフラーとエンジン音，革のライダースジャケットにツーリング，とハーレーが持つ独特なイメージと世界観は多くの人を魅了してやまない。熱烈な「ハーレー乗り」のなかには自分の体の一部にエンブレムのタトゥーを入れている人までいる。

　アメリカ車であるハーレーダビッドソンは，日本国内の二輪車市場が縮小の一途をたどるなか，販売台数を伸ばし続け，一人勝ちを続けている。その背景には，日本での輸入販売を手掛けるハーレーダビッドソンジャパンの「絆づくり」，つまりリレーションシップ・マーケティングの成功がある。同社は誰と，どのようにして絆を形成し，維持してきたのだろうか。アメリカでのハーレーダビッドソンの歴史を概観した後，ハーレーダビッドソンジャパンと販売店，そして顧客という3者の絆形成のストーリーを見ていこう。そこにはリレーションシップ・マーケティングの重要な鍵が散りばめられている。

2 ケース：ハーレーダビッドソン

2.1 ハーレーダビッドソンとは
▶ ハーレーダビッドソンの創業

ハーレーダビッドソン・モーター・カンパニー（Harley-Davidson Motor Company，以下 HD 社）はアメリカ・ウィスコンシン州ミルウォーキーで産声を上げた。オートバイ・メーカーとしてのその始まりは 1903 年にさかのぼる。創始者は社名の通り，ウィリアム・S. ハーレーとアーサー・ダビッドソン，ウォルター・ダビッドソンの兄弟である。当時 20 歳前後の若者だった 3 人は，ハーレーが設計を，ダビッドソン兄弟の兄アーサーが鋳型づくりを，そして弟のウォルターが組立を担当して鉄馬第 1 号（その名も「ハーレーダビッドソン」）を完成させた。このハーレーダビッドソンは自転車に似たフレームに，細長い単気筒エンジンを搭載し，排気量 409cc，出力 3 馬力で剛性と美しさを兼ね備えていた。ちなみに，キャブレターはトマトの缶詰を加工してつくられていたという逸話も残っているほど，手づくり感にあふれるものだった。

試作品以降，実際に製作されたオートバイはわずかだったが，1906 年につくった新しいモデル（のちの「サイレント・グレー・フェロー」）が大きな人気を博し，翌年には生産台数が 150 台に達した。その年，彼らは株式会社を設立し，会社は急成長を遂げる。1920 年までほぼ毎年生産台数を伸ばし続け，HD 社は世界一の販売規模を持ち，国外からも高く評価されるオートバイ・メーカーとなった。

▶ ハーレー受難の時代

ハーレーダビッドソンというと実用的なイメージからはほど遠いが，1910 年代のアメリカ国内では郵政省をはじめその他の省でも公式的に HD 社のバイクが採用されていた。また，第一次，第二次世界大戦下では伝令用の軍事車両として大量にアメリカ軍に納入され，HD 社のバイクは戦時下を駆け巡ったのである（戦時中同社が生産した軍用車は 8 万 8000 台）。

しかし，戦後になると状況は一変する。1950 〜 60 年代は，イギリス車に続き日本車の進出が本格化し，市場の競争が激化した。1965 年当時，HD 社は唯

一生き残っている国産オートバイ・メーカーであったが、海外メーカー、とくにホンダ、ヤマハといった日本のメーカーに押され、厳しい状況に置かれていた。1968年には、鉄道事業を行っていたバンガープンタ社（Bangor Punta）による敵対的買収の危機に直面し、それを回避するため巨大コングロマリットのAmerican Machine and Foundry（AMF）の傘下に入る。

　AMFは、HD社に現代的な経営、販売、広告の方法を伝授し、生産設備の大幅な見直しを行った。工場を移設してベルトコンベア方式の生産を開始したり、工場を新設したりと多額の設備投資を行った。一方、投じた資金を回収するため、生産台数を増やす量産体制の構築と新製品の開発を強いた。その結果、合併時に1万5473台だったHD社の国内販売台数は、12年後に5万台を超えるまでになった。しかし皮肉なことに、工場では生産台数を増やすことに躍起になり全体的な品質が低下するという致命的な事態が生じていた。これがユーザー離れを招き、利益は著しく低迷した。AMFの経営陣がお荷物となったHD社を手放す決断を下したときには、すっかり価値の下がったハーレーダビッドソンを買おうという企業は現れなかった。結局ハーレーダビッドソンを愛する13人の経営陣が借金をして買い戻し、1981年にHD社は再び独立をはたす。

　独立後も状況は相変わらず厳しかった。ハーレーダビッドソンは確かにアメリカのシンボル的ブランドではあったが、世界の強豪が立ちはだかる市場において、シェアは落ち込む一方だった。このころ、HD社は史上最悪の業績を記録し、工場の稼働率も最盛期の約半分になっていた。

▶ハーレーダビッドソンの再生：アメリカン・サクセス・ストーリー

　どん底状態にあるHD社の経営陣は経費削減、合理化、レイオフ（従業員の一時的解雇）などを行いながら何とか会社を立て直そうとするが、状況は容易に好転しなかった。1982年、HD社は日本メーカーによる大型バイクのダンピングを国際貿易委員会に提訴し、貿易法による国内オートバイ・メーカーの保護を求めた。その結果、1983年には5年間という期限付きで排気量700cc超の輸入大型バイクに高額の関税が課されることになった。この関税措置は日本メーカーに大きな打撃を与えた。

　5年の猶予期間にHD社は抜本的改革に取り組む。新技術を導入して新型車を積極的に投入したり、従業員関与（Employee Involvement）、JITシステム（Just in Time System），統計的プロセス管理（Statistic Operator Control）という日本生まれの技術を導入し、品質と生産性を劇的に向上させた。また、ディーラーの獲得や既存顧客維持を支援するプログラムも導入し、大きな成果を上げた。

なかでも特筆すべきが、1983年に行われた「H. O. G.」と呼ばれる顧客組織の創設である。Harley Owners Group の頭文字をとって名づけられたこの組織は、HD社とエンドユーザーとのコミュニケーションを図る目的で創られ、瞬く間に世界最大のオーナーズ・コミュニティとなった。顧客とメーカーが関係性を取り結ぶというリレーションシップ・マーケティングの萌芽的現象といえよう。改革の途上、HD社の幹部たちは H. O. G. のメンバーである「ハーレーオーナー」たちとともに走りながら、彼らとの家族的な絆を構築し、多くの熱烈な信者を生んでいった。ディーラーたちもまた、HD社のさまざまな取り組みに関わるなかで、同社への信頼とパートナー意識を取り戻していった。

こうした努力が功を奏し、HD社は5年間の関税措置が失効する1年前に次のような発表をした。「輸入大型バイクに高額な関税をかけることでハーレーダビッドソンが保護される必要はもはやなく、関税措置の早期終了を政府と国際貿易委員会に求める」。これは同社が世界の二輪車市場で他国メーカーに負けない競争力をつけたという高らかな宣言であった。

1987年5月、当時のレーガン大統領は、ペンシルベニア州ヨークの最終組立工場を訪れ、会社を再建し自ら優遇措置を返上するまでに成長したHD社とその従業員たちを称えた。この模様はニュースとして世界に配信され、ハーレーダビッドソンというブランドの認知度を一気に高めることとなった。また数カ月後にHD社がニューヨーク証券市場へ株式を上場した際には、ウォール街で記念のオートバイ・パレードが開催され、証券取引所の前にはハーレーダビッドソンのバイクがずらりと並んだ。

こうしたドラマティックな再生ストーリーは経営の世界で広く語られ、多くの教訓を与え続けている。

2.2　日本におけるハーレーダビッドソン

▶ハーレーダビッドソンジャパンの設立

ハーレーダビッドソンのオートバイが日本にはじめて輸入されたのは100

年以上も前，1913（大正2）年のことである。1917年には「日本自動車」がハーレーダビッドソンの輸入権を取得して宮内省と陸軍に納入し，年間50台を販売していたという。1924年から製薬会社の三共が東洋総代理店となり，輸入販売が強化された。

　世界恐慌で為替相場が高騰すると，三共は輸入ではなくハーレーダビッドソンの国産化を計画する。HD社と折衝の末，国内生産の契約にこぎつけ，1万枚以上の設計図と原材料リストをアメリカから持ち帰った。そして1935年には国産第1号車を発表した。国産ハーレーダビッドソンは「陸王」と命名され，「ハーレーダビッドソンモーターサイクル」という社名も「陸王内燃機」とされた。しかし，第二次世界大戦後，「陸王」の国内生産は中止となる。1970〜80年代はバルコム・トレーディング・カンパニーがHD社から車両を正規輸入し，代理店を通じて販売した。

　その後，1989年にHD社の日本子会社としてハーレーダビッドソンジャパン（以下，HDJ）が設立される。HD社が51％の株式を保有する形でスタートしたが1991年には100％出資する完全子会社となり，奥井俊史氏が初代代表取締役社長に就任した[1]。

▶縮小する国内二輪市場

　HDJを設立したものの，日本国内の二輪車市場は，小型バイクのスクーターが爆発的に売れた1982年をピークに，縮小の一途をたどっていた。二輪車は日本の道路交通法，道路運送車両法で排気量による区分がされている。ハーレーダビッドソンのオートバイは，そのほとんどが大型二輪車である（現在は最小気筒が883cc）。一般社団法人自動車工業会（JAMA）が発表している250cc超の自動二輪車出荷台数推移（輸入車は含まれない）によると，市場は明らかにダウン・トレンドであることがわかる。近年の市場規模は最盛期の6分の1程度になっている。これに対して，ハーレー車両の新規登録車数推移は逆の傾向を示してきた。2008年までは24年連続で新規登録台数を増加させ，2009年で一時記録は途切れるものの，今日まで堅調に推移している。ハーレーダビッドソンの2014年度新規登録台数は1万484台で，排気量750cc超の市場において全体の3分の1のシェア，401cc以上の大型二輪車市場においても4分の1のシェアを占めている。751cc以上の市場では2000年から，401cc以上の市

場では2003年からそれぞれシェア1位を維持している。

　日本はもともと世界的なオートバイ王国で，ホンダ，ヤマハ，スズキ，カワサキの4大メーカーが世界の市場において上位であり続けた。生産台数では1993年に，輸出台数では2000年に世界第1位の座を中国に譲り渡すこととなるが，それまでは圧倒的な強さを誇っていた。国内でも二輪車市場全体で見ると，この4強がほぼ100％を占めており，いわゆる寡占市場であった。

　HDJはこのような難しい条件の下，アメリカ車の輸入販売業を手掛ける中小企業として闘わなければならなかったが，地道な努力で徐々に市場での存在感を増し，見事に今日のポジションを手に入れたのである。

▶コト売り

　ハーレーダビッドソンの平均価格は他社製品に比べて2倍以上とかなり高額である。他社製品の1000ccクラスの価格は100万円程度だが，ハーレーの場合，標準排気量1584cc搭載エンジンで220万円くらいからである。しかも，ハーレーは輸送手段，コミューターとしての目的にかなう乗り物ではない。乗って楽しむ，というのがハーレーを購入する人々の究極の目的と言えるだろう。

　物理的な属性に基づく機能性でいえば国産のオートバイのほうが優れており，それらはハーレーよりもずっとリーズナブルな価格で手に入る。ハーレーの魅力は，ハーレー自体を所有する楽しみ，ハーレーを介在させたライフスタイル，そして1世紀以上にわたる歴史を共有できる喜びであり，他社と明確に差別化された快楽的価値にある。HDJはハーレーがもたらすこの価値を具現化するため，独自に体系化した「ライフスタイル・マーケティング」に取り組んできた。後述するように，年間無数のイベントを開催するのもその一環である。

　HDJは自社の役割を，バイクの販売という単なる「モノ売り」でなく，顧客の楽しみ，喜びを追求する「コト売り」にあることを明確化している。そして，すべてのビジネスプロセスをぶれることなくこの考え方のもとで実行している。顧客のライフスタイルの一部となってさまざまな「コト」に関わるためには，継続的な関係が不可欠である。実際にHDJがこの「コト売り」の基盤をどのように整え，今日の成功に至ったのか，「関係性」をキーワードにひもといていこう。

2.3 ディライトフル・リレーションシップ
▶販売店は他人

　ハーレーダビッドソンの販売は100%他人資本の正規販売店が行っており，HDJは自前の店舗を持っていない。現在，ハーレーの正規販売店は127店，181拠点あるが，この数は日本の全オートバイ販売店数のわずか1%と少ない。これら全店がHDJとは一切の資本関係がなく，しかも約3分の2はハーレー以外のブランドも扱う併売店である。

　HDJが掲げるライフスタイル・マーケティングを実現するためには，実際に顧客が来店して購買する場である販売店（小売店）の役割が小さいはずはない。この重要な顧客接点を，いってみれば「他人」が担っているにもかかわらず，なぜHDJは安定的に成長を続けてこられたのか。

　オートバイ小売業は古くからの悪しき慣行が残る"遅れた"業界といわれる。もともと街の自転車屋を前身とするところが多く，いまでも自転車とオートバイが一緒に店頭に並んでいる店もある。HDJがスタートした当時，ハーレーの正規代理店と称されるオートバイ販売店は34店であった。代理店とはいっても，その実態はHDJに代わって顧客にハーレーを売る，という代理行為ではなく，自らの責任においてHDJから買ったハーレーを自らのビジネスとして再販するというものであった。これらの店はHDJから仕入れられるという特権を利用してハーレーを買い入れ，誰彼かまわず自分の裁量で全国のオートバイ販売店に業販していた。つまり34の代理店（1992年に「正規販売店」と改称される）は，まったくもってHDJの販売チャネルとして機能していなかったのである。

　奥井氏が就任後はじめて全国の正規販売店を訪問したときのエピソードは興味深い。正式訪問であるからスーツ姿で現れた奥井氏に対して，ある販売店では「オートバイ店の訪問に背広姿とはね。オートバイ店には油にまみれた泥臭さが必要だということも知らないやつが社長になって大丈夫かね」と正面切って言われたという。頑固な昔ながらのオヤジさん（社長）が平均3人に満たない従業員とともに運営する零細商店を，ライフスタイルで売る高額オートバイの販売店として育成するのはたやすいことではなかった。そもそも流通における縦（製─配─販）の関係は互いの利害をめぐって対立が生じやすいものであ

る。HDJ も例外ではなく，同社の販売店網を構築しようとする施策に対して「個人商店」の主たちからは強烈な反発があった。

▶販売網＝ファミリーの構築

マーケティングとか，経営の長期的なビジョンといったことには関心がない店主たちを説得し，協働するには，HDJ を率いる社長と最前線に立つ営業部隊の多大な努力を要した。そして，それは人と人との驚くほどにウェットなやりとりと，徹底した各種データの管理・共有というアナログとデジタルの両輪が機能したことで実現した。たとえば前者に関して，社長の奥井氏や営業担当者は販売店従業員たちの結婚記念日や誕生日にメッセージやプレゼントを贈るなどして，互いの距離を縮めていった。電子メールの時代にあっても，HDJ と販売店の間の重要な助言や要望などは自筆の書簡でやりとりされていたという。さらに営業担当者は日々，販売店の「よろず相談窓口」となって店舗の運営・管理から債務問題までさまざまな悩みの解決に対応した。

一方で，独立した販売店をハーレーダビッドソン・ビジネスの重要パーツとして組み入れるために，ハード面での仕組みも構築した。具体的には HDJ は各販売店がばらばらに有していた既存顧客，潜在顧客情報と取引状況に関するデータを一元管理し，すべての販売店で共有する CRM システム（3.3 参照）を構築した。販売店はこのシステムを使うことで商機を逃さず顧客にアプローチできるようになり，販売活動の効果効率が飛躍的に向上した。HDJ と協働することが，いかに自分たちの成長にプラスになるか，儲かるかが示された格好である。実際，ハーレーの正規販売店は売上高にして全国のオートバイ販売店平均の 10 倍以上をあげるまでになっている。

こうした地道な絆づくりと徹底した販売店満足（Dealer Satisfaction）の追求によって HDJ の販売網＝ファミリーは構築されていった。オートバイ販売店が HDJ のファミリーの一員，つまり正規販売店となるには HDJ と志，価値観を共有し，共通の目標を達成するために販売店としての自己責任をはたすことが要件となる。価値観を共有できなければファミリーになりえないし，責任をはたせなかったり，必要な努力を怠ったりすればメンバーから外れることもある。

もう 1 つ重要な要件として，販売店の後継者を指名・登録しておくというルールがある。中小零細小売業全体に後継者問題が慢性化しているなか，ハーレ

ーの正規販売店は 100% 後継者が決まっている。HDJ と正規販売店の関係を継続的かつ安定的なものにするためには，販売店自体の存続，つまり後継者が必要である。彼らが自分の店の永続を願えばこそ，HDJ との関係に，また自らの店舗革新にも投資をしようという気になるからである。

　HDJ と販売店は，信頼をベースとした情緒的なつながりを持ちながら，馴れ合いでない厳しさと関係継続に対するコミットメントに基づいて，Win-Winの関係を構築できた。だからこそ，資本関係にない独立の少数販売店が一体感をもって業界最強ともいえるハーレーダビッドソンのチャネルとして機能しているのである。

▶ **NEW CRM システムの構築**

　HDJ は 1996 年に「NEW CRM」という顧客管理システムを導入した。このシステムは HDJ が独自に開発したもので，購入した既存オーナーはもちろん，イベントに参加した，試乗を申し込んだ，といった潜在顧客の情報も蓄積されている。このシステムはすべての正規販売店で共有されており，既存顧客との関係強化や新規顧客の開拓などに活用されている。実際，NEW CRM 導入以降，顧客維持率，新規顧客の成約率は向上した。

　ハーレー以外の他社製品も扱う販売店が多いなか，ハーレーに関しての顧客管理は NEW CRM で一元管理するよう要請し，HDJ と販売店はともに顧客データベースの構築に取り組んできた。そして 1998 年には「ノーコントロールセールスゼロ」，つまり販売された全ハーレーの顧客データが完全に把握できる状況を作り上げた。オープン・チャネルでありながら，正規販売網による直販 100% を実現し，フォローアップできる顧客データを蓄積，共有していることは企業として大きな強みである。

　そしてもちろん，顧客にとっては行き届いたサービスを受けられるという点でメリットが多く，ハーレーに対する満足度の向上につながる。人々は憧れの「ハーレーライフ」に夢ふくらませながら，高いお金を支払ってハーレーを手に入れる。オーナーにとって自分のハーレーダビッドソンが期待した通り安全に動き，楽しいライドを実現してくれなくては価値がない。安全と安心確保のためのアフターサービスやメンテナンス，その他オーナーとのコミュニケーションのためには，漏れなく捕捉された顧客データと，それらを科学的に分析

し，活用することが必要なのである。ただし，真の顧客関係性の構築と維持は，ITを活用して顧客情報をデータ化するだけで実現されるものでないことを忘れてはならない。

▶オーナー・リレーションシップの構築

納車時，ハーレーの購入者は「LIFE STYLE BOOK」という冊子を受け取る。そこには「出会う」「乗る」「創る」「装う」「知る」「選ぶ」「愛でる」「競う」「海外交流」「満足」という「ハーレー10の楽しみ」が掲げられ，それぞれの楽しみに対してHDJが提供する具体的システムやプログラムが紹介されている。たとえば，「創る」は自分の気に入った車体に作り替えるカスタマイズを指す。ハーレーのライダーには，このカスタマイズに本体以上のお金をかける人も少なくない。買って終わりではなく，そこから自分仕様に変えていくカスタマイズのプロセスはオーナーと純正パーツを扱う販売店，そしてカスタマイズを担うメカニックとの絆を作り出す。またオーナーとその愛車，ハーレーダビッドソンというブランドとの関係をより強固なものにする。2004年から展開されているカスタム・コンテストは，オーナーと販売店スタッフ，メカニックの3人で応募するようになっており，まさに三位一体の体制を支援する取り組みである。

また「出会う」は，公式コミュニティH. O. G.を通じて可能になる。顧客組織H. O. G.がアメリカのHD社の再生に大きく貢献したことは先述した通りである。H. O. G.の規模は現在，世界131カ国，90万人にもなる。H. O. G.ジャパンは1995年に設立され，メンバー数は3万7000人超，世界第2位の規模となっている。H. O. G.メンバーになると（加入するには1万円の年会費と申し込みが必要），専用のピンとメンバーズカードが渡され，メンバー限定や優待制度のあるイベントに参加できる。H. O. G.の活動はツーリングやミーティングといったイベントを中心に，ファースト・エイドやライディング・テクニックの講習会，海外H. O. G.メンバーとの交流会なども催され，オーナーがハーレーのある生活を楽しみ，より充実させるための大きな要素となっている。

日本全国にメンバーがいるH. O. G.の身近な活動拠点は「チャプター」と呼ばれる地域ごとの支部システムで，現在約150のチャプターがある。チャプターの単位は，基本的に各地域の正規販売店であり，販売店とオーナーたちの

二人三脚で運営されている。たとえば，都内のあるチャプターでは，毎月1回，日曜日に大規模なツーリングを行っている。こういったイベントは，オーナーたちの意見を参考にしながら販売店スタッフが主体となって企画する。ツーリングであればそのルートや先導者等の詳細を決定し，必ず販売店のスタッフが同行している。

　コミュニティは単にオーナーが集まっただけの趣味的なものだと全国規模での持続的な運営が難しい一方，本社が100％管理してしまうと地域や構成メンバーの特色を活かした企画を立てにくい。チャプター制度は全体を束ねつつ，地元オーナー・コミュニティの密度を高める絶妙なバランスを保持している。自分の愛車が普段メンテナンスを受けているのは地元の販売店である。そこが後援するチャプターに参加すれば，オーナー同士も物理的な距離の近さから親睦が図りやすく，ベテランオーナー，新米オーナーが一緒になってハーレーを楽しむことができる。ファミリーである販売店同士の絆もチャプター運営のなかで深まっていき，よい相互作用が生まれる。H. O. G. は単なるユーザー・コミュニティではなく，HDJ，販売店，オーナーの3者を結びつけるきわめて重要な存在となっている。

▶イベントの共創

　HDJのウェブサイトを見ると，全国各地で開催されるハーレーイベントの数の多さに驚かされる。大小あわせて年間100以上のイベントがHDJや各販売店，またHDJと販売店の共同などで開催されている。こうしたイベントはハーレーというブランドの理念や文化をビジュアル化し，その世界観を人々に体感してもらう大切な場であり，ライフスタイル・マーケティングの要である。

　しかし，このイベント戦略も最初からうまくいったわけではなかった。売るための無味乾燥な「大商談会」「大試乗会」を「アメリカン・ワールド・フェスタ」と改称し，エンターテイメント性の高いイベントとして刷新した当時（1996年），販売店は面倒なことに駆り出されているという意識だったという。ファミリーの絆が深まるにつれてそれは徐々に変わっていき，2000年以降は協働意識の定着とともに各種イベントが成功するようになった。

　数あるイベントのなかでも「富士ブルースカイヘブン」と「長崎ハーレーフェスティバル」は何万という人が集まる巨大なものである。どちらも1999

年から毎年開催されており，特定の土日がハーレー一色になる2日がかりのイベントとなっている。オーナーたちはH. O. G. チャプターごとのツーリングを楽しみながら，会場の富士スピードウェイや長崎中心部の公園に集結する。オーナー以外の一般の人々も多く参加しており，ハーレーの世界を体感できる。したがって，こうしたイベントは新規顧客獲得の意味でも効果が高い。

　イベントの内容は盛りだくさんで，ハーレーを使ったレースやゲーム，試乗会，パーツやアクセサリーの販売，ステージでのパフォーマンスやライブ，夜にはイルミネーションや花火の打ち上げなどが行われている。主催者側に立つHDJと販売店は，イベントの企画・運営を外部の専門業者に丸投げせず，「おもてなし」の心を持って自分たちで手づくりする。また，イベントを盛り上げ，ハーレーの世界を満喫しようと参加するオーナーたちもイベントの重要な共創者である。オーナーたちがそれぞれのチャプター・フラッグを掲げてパレードする様子などは圧巻である。HDJ，販売店，そしてオーナーたちはハーレーダビッドソンのブランド世界をベースにこうした特別な場での協働を通じて相互の絆を深めている。3者が共感しあうことで生まれる絆＝ディライトフル・リレーションシップ（Delightful Relationship）[2]こそが，縮小する国内二輪車市場でのHDJの一人勝ちを支えている。

3　ケースに学ぶ

3.1　関係性志向

　HDJはモノ売りではなくコト売りを標榜し，オーナーに対してハーレーのあるライフスタイルを提供するとともに，その充実を支え続けている。通常，モノの販売は売ったらおしまい，その時点がゴールであると考えられがちである。企業は売上を獲得すべく，消費者に自社製品を買うよう働きかける。顧客が買ったら取引は完了し，次の新規顧客を狙ってまた購買を働きかけるという具合である。

　しかし，こうした単発的な取引志向はもはや通用しなくなっている。あらゆる市場が成熟し，飽和に向かう状況では，次から次へと新規顧客を獲得することが難しいからである。一度，取引のあった顧客と良好な関係を築き維持して

いくことによって，関連需要を引き出したり，再購買を獲得したりすることのほうが現実的で，企業にとってもメリットが大きい。既存顧客を維持するほうが新規顧客を獲得するよりも圧倒的にコストがかからない。顧客関係を維持し続けられれば，それが基盤となって企業の安定にもつながるのである。さらに関係性は，新たな顧客をもたらす可能性も大きい。強固な関係性が構築されると既存顧客は伝道師となって，当該ブランドや売り手を他者に推奨してくれるものである。

こうした関係性志向は，さまざまな対象や範囲に適用できる。つまり，企業と関わりのあるあらゆる主体との間には，良好なリレーションシップを構築することによって望ましい成果がもたらされる潜在性がある。ハーレーダビッドソンのケースは，HDJ，販売店，オーナーという3者が緊密な関係性を構築し，それによってブランド価値の向上，顧客の維持，新規顧客の獲得などが実現されてきたことを示している。関係性は，技術のように他社の模倣が容易ではないため，企業にとっての重要な資産となりうる。

3.2　信頼とコミットメント

良好な関係性を構築し，維持するために，何が必要なのだろうか。友人関係，恋人関係など，自分の身近な人間関係を分析してみるとヒントが得られるかもしれない。

モーガンとハントは企業間のリレーションシップを対象に研究し，成功する関係性の中核には**信頼**と**コミットメント**があることを明らかにした（Morgan and Hunt［1994］）。信頼とは，相手の誠実さを認め，その言動が信用できると確信している状態を指す。コミットメントとは，相手との関係を重要なものと認識し，それを継続させたいという願望，また継続させようという意志のことである。後者のコミットメントはとくに，関係の継続や価値共有，協調といった成果に直接影響を及ぼす。

信頼もコミットメントも一朝一夕には醸成されない。HDJによる販売網形成の取り組みを見てみると，関係性のベースとなる信頼を獲得するために，営業担当者が地道に販売店に足を運び，ハーレーの販売と直接関係のないよろずの相談ごとにも対応していた。また冠婚葬祭，誕生日，結婚記念日といった個

人的なイベントへも関心を示すことで家族的な絆を深める努力もなされていた。ビジネスとはいえ，契約を取り交わすという表面的な結びつきだけでは，期待した成果はもたらされない。双方に信頼が形成されてこそ，関係に安定性が生まれ，発展的な未来が描かれるのである。

そしてもう1つ，コミットメントが重要になるのは，それが当事者の関係性に対する「本気度」を示すからである。相手への信頼から一歩進んで，関係を維持しようという願望や意志が芽生えているということは，そのために行動する準備ができていることを指す。現在HDJが持つ少数精鋭の正規販売店は，オープン・チャネルで他社製品も扱う販売店でありながら，HDJの意向を汲みながら店舗革新のために資金と労力を投じた小売店である。つまり，HDJの一方的な投資ではなく，小売店側も関係に投資し，リスクを負ったということである。双方がコミットメントを持ち，本気で当該リレーションシップの継続を考えるからこそ，関係に対する投資も増え，関係がもたらす成果にもポジティブな意味で貪欲になれる。

信頼とコミットメントは，良好で強固なリレーションシップにおける鍵なのである。

3.3 関係性の種類
▶社 会 的 絆

オートバイのような耐久財や機械製品などの場合には，もともと売り手が顧客の「購買後」にも注意を払う傾向がある。なぜならアフターサービスの対応が製品の安全性や顧客の満足度を大きく左右するからである。顧客データを管理して適切なタイミングでダイレクトメールを出したり，無料で定期点検を実施したりすることは，よく行われている。ただそれらがHDJと違うのは，機能的価値を提供するにとどまっているという点である。

たとえば，ハーレーダビッドソンの場合には，HDJがオーナーズ・コミュニティ H. O. G. を運営し，正規販売店と協力しながら，オーナーにハーレーのあるライフスタイルを満喫する場を提供している。機能的な価値を提供するだけの関係でなく，快楽的な価値，経験価値を実現させる仕組みによってオーナーとの関係性を維持，強化しているのである。コミュニティという形をとると，

売り手と買い手の垂直的な関係でなく，オーナー同士の横のつながり，**社会的な絆**を深めることができる。オーナーたちは，ハーレーダビッドソンというブランドを介して，その世界に共感する人々とツーリングをはじめとするさまざまなイベントを経験する。こうしたコミュニティ内ではハーレーに乗ることに関わる暗黙的な知識が共有され，各オーナーにとってのハーレーの意味合いがより深まったり，彼ら自身のアイデンティティが強化されたりすることにもつながると考えられる。

▶**構 造 的 絆**

関係当事者間の結びつきを構成するのは，社会的な温かみのあるものばかりではない。たとえば，HDJ が構築した NEW CRM は，HDJ と販売店とが共有する顧客管理のための「システム」で，それ自体に温かみはない。しかし，こうした構造的絆も関係性の基盤として重要である。

まず，**CRM**（Customer Relationship Management）について説明しよう。CRMとは主に IT を用いて顧客の属性や購買履歴などのデータを記録，管理し，そのデータベースに基づいて顧客の問合せに適切に対応したり，その顧客に合った商品を紹介したりすることを指す。CRM のための情報システムの構築と管理をすべて自社内で抱えるにはかなりの資金と人材が必要になるため，専門の業者にアウトソーシングしたり，既成のソフトウェアを導入したりして実行する企業も多い。

HDJ は販売を複数の小売店に委託しており顧客の把握が容易でないことから，自社オリジナルの CRM システムを構築し，すべての販売店がシステムを共有し完全に活用できるように力を注いだ。零細規模の販売店の場合，独自にこうしたシステムを導入することは難しく，顧客管理が不十分になりがちだが，HDJ 主導の管理システムを共有して使うというのであれば，金銭的な負担がなく，事業の効率も上がるのでベネフィットが大きい。この NEW CRM システムにより HDJ は「ノーコントロールセールスゼロ」を実現し，すべての販売ならびに顧客接点について後から顧客をフォローできる状態をつくることができた。

CRM システムのような構造的な仕組みは一度導入すると，それに対する慣れが生じ，失ったり変更することへの抵抗も大きくなっていく。したがって，

互恵的なシステムの構築によって構造的な絆を形成しておくと，関係の継続性も高まると期待できる。

3.4 価値共創

関係性がもたらす成果には，顧客維持や売上向上などさまざまなものが含まれるが，HDJのケースに見られるように，関係当事者たちの**協働**や**価値共創**はとりわけ注目すべき事象と言えよう。ハーレーダビドソンの名物である「富士ブルースカイヘブン」や「長崎ハーレーフェスティバル」はHDJが販売店と協力して企画・運営し，オーナーたちが大勢参加することで成立する。すべての関係当事者がハーレーダビドソンの価値共創者ということである。HDJにとって毎年2万～4万人が集結する大イベントの内容をともに企画・運営する販売店ファミリーは創造的協働者であり，単なる販売代理店ではない。オーナーたちもまた，自分たちで作ったチャプター・フラッグをなびかせながらパレードしたり，自慢のカスタム車を並べたりして場を盛り上げる。提供される価値を一方的に享受するだけでなく，自分たちが参加することでイベントやブランド世界の価値共創に貢献しているのである。

ラマスワミとグイヤールによると，未来を担うのは，企業本位に価値を創造するのではなく，顧客やそのコミュニティ，サプライヤー，パートナー，従業員などとの交流あるいは関係者相互の交流により価値を創造していく「コ・クリエーション型（Co-creation）企業」である（ラマスワミ=グイヤール［2011］）。HDJは，この価値共創のベースとなる関係性を構築しているがゆえに成功してきたといえよう。

● ディスカッション・ポイント ──────────────── Discussion Point

14–1 企業が存続と成長を実現するために良好な関係性を構築すべき対象について考えてみよう。また各対象との関係の性質の違いを整理してみよう。

14–2 関係において，相互の信頼およびコミットメントを形成するためには何が必要か考えてみよう。

14-3 顧客との良好な関係性を構築することに成功し，共創を実現している企業の事例を探してみよう。

● 文献ガイド ● ● ● ● ●

和田充夫［1998］『関係性マーケティングの構図──マーケティング・アズ・コミュニケーション』有斐閣。

　📖 リレーションシップ・マーケティングの考え方と実践について 1 冊にまとめられた日本では最初の書です。リレーションシップの重要性が唱えられた背景から理解できます。

嶋口充輝・竹内弘高・片平秀貴・石井淳蔵編［1998］『顧客創造──マーケティング革新の時代（第 1 巻）』有斐閣。

　📖 顧客満足の獲得と顧客関係性構築の重要性をさまざまなケースによって説いており，理論と実際をともに理解できます。ハーレーダビッドソンの内容も含まれています。

久保田進彦［2012］『リレーションシップ・マーケティング──コミットメント・アプローチによる把握』有斐閣。

　📖 顧客との関係性を構築するうえで鍵となるコミットメントに重きを置いて書かれています。関係性の質に踏み込み，リレーションシップ・マーケティングを深く理解できます。

● 注 ● ● ● ● ●

1) 奥井氏は 1991 年から 2009 年まで代表取締役社長を務め，顧客，販売店との絆づくりを徹底的に追求する優れた経営手腕で HDJ の礎を築いた人物である。現在は最高顧問の立場にある。その後，2009 年に福森豊樹氏，2011 年よりスチュアート・ファエル氏が社長に就任し，現在に至る。
2) 奥井俊史［2008］において，3 者の絆はこう呼ばれている。

● 参考文献 ● ● ● ● ●

奥井俊史［2008］『ハーレーダビッドソンジャパン実践営業革新──顧客価値を売る真実』ファーストプレス。

ラマスワミ, B.＝F. グイヤール／尾崎正弘・田畑萬監修・山田美明訳［2011］『生き残る企業のコ・クリエーション戦略──ビジネスを成長させる「共同創造」とは何か』徳間書店。

Morgan, R. M. and S. D. Hunt［1994］, "The Commitment-Trust Theory of Relationship Marketing," *Journal of Marketing*, 58(3), pp. 20-38.

第15章 ウェブ・マーケティング

東急ハンズのトリプルメディア戦略

山本 晶

KEYWORDS
- 企業ウェブサイト
- ソーシャルメディア
- トリプルメディア
- Ｅコマース
- オムニチャネル戦略
- Ｏ２Ｏ

（株式会社東急ハンズ提供）

「ヒント・ファイル」のスクリーン・ショット。企業ウェブサイトはブランドのメッセージを発信するコミュニケーション・チャネルでもある。

1 この章で学ぶこと

『情報通信白書』によると，2013年のインターネットの世帯利用人口普及率は82.8%，インターネットの利用人口はおよそ1億44万人と推定される（2015年2月現在）。インターネットはもはや限られた少数のユーザーのものではなく，誰もが利用するツールとなっている。

インターネットはさまざまな形で企業のマーケティング活動を補完することができる。たとえば企業の公式ウェブサイトは消費者をはじめ，さまざまなステークホルダーにメッセージを発信するコミュニケーション・チャネルの1つとして考えることができる。また，現在多くの企業がオンライン・ショップを開設し，Eコマースに取り組んでいるが，このオンライン・ショップは365日無休の販売チャネルとして位置づけることができる。ほかにも，マーケティング・リサーチ，顧客サポート，製品開発など，企業活動のさまざまな側面で，インターネットの登場はマーケティング活動のあり方に影響を及ぼしている。

本章では東急ハンズのケースを通じて，企業がどのようにインターネットをマーケティングに活用できるかを学ぶ。東急ハンズはインターネット上に企業ウェブサイトを開設している。また，フェイスブックの公式ページやツイッターの公式アカウントを保有し，積極的に情報発信を行っている。本章では企業ウェブサイトやソーシャルメディアでの情報発信が，消費者やその他ステークホルダーとの関係構築や店舗への誘導にどのように役立てられるかを検討する。

さらに，同社はオンライン・ショップを開設し，インターネット上に店舗を構えている。本章では，既存の実店舗とオンライン店舗をどのように位置づけるのか，また，オンライン・オフラインの各店舗にどのように消費者を誘導し，そこでの購買を促すことができるかを考える。

また，インターネット上のウェブサイトでは，企業からの一方向の情報発信だけでなく，消費者との双方向のインタラクションを通じて消費者とともに価値を創造することが可能である。本章では東急ハンズのオンライン・コミュニティのケースを通じて，エンゲージメント行動や価値共創といった概念を学ぶ。

2　ケース：東急ハンズ

2.1　コミュニケーション・チャネルとしてのウェブ

　株式会社東急ハンズ（以下，東急ハンズ）は住まいと住生活・手づくり関連の製品・道具・工具・素材・部品の総合専門小売業で，全国に30店舗以上を構えている（2014年6月現在）。同社の企業ウェブサイト（http://www.tokyu-hands.co.jp）を閲覧すると，消費者はどこに店舗があるかを知ることができる。また，各店舗でどのようなイベントが開催されているかを知ることができる。さらに，オススメ商品や，商品を仕入れたバイヤーの一押し情報など，消費者の購買に直接役立つ情報を知ることができる。それ以外にも会員カードとしてのハンズクラブカードへのリンクなどが用意されている。つまり，企業ウェブサイトを訪問すれば，消費者は店舗やサービス，取扱商品に関するあらゆる情報を取得することができるのである。

　トップページをスクロールしていくと，ページの一番下に「採用情報」「会社情報」「法人外商」「取材受付」などのリンクが設けられている[1]。つまり，企業ウェブサイトとは，消費者のみに情報を提供する場ではなく，従業員や取引先，取材メディアなど，あらゆるステークホルダーに向けて企業が情報提供できる場なのである。会社情報をクリックすると，ブランド・ステートメント（ブランドの使命や目標を表現したメッセージ）としてこのような言葉が書かれている。

> **コンビニは「便利」を売る。ブランドショップは「豪華」を売る。**
> **魚市場は「イキのよさ」を売る。**
> **では，東急ハンズは何を売るところですか？とたずねられたら，**
> **「それはヒントです！」と言いきりたい。**

　このブランド・ステートメントからわかるのは，東急ハンズは商品を仕入れ，それを売るだけの企業ではなく，「ヒント」を売る企業として自社を位置づけているということである。この理念を表現するページとして，企業ウェブサイ

トのコンテンツとして「ヒント・ファイル」(http://hint-file.tokyu-hands.co.jp) がある。ここでは，たとえば「カビのとり方」や「防犯対策の仕方」など，日常にあふれている疑問や悩みに"ヒント"を提供している。ヒント・ファイルのページを一番下までスクロールすると関連商品が表示され，ネットストアで購入できるように設計されているが，コンテンツの大部分は日常生活へのヒントである。つまり，このコンテンツの目的は直接的な商品の宣伝や販売というよりは，企業のブランド・イメージの伝達とブランド・ステートメントの体現となっている。こうしてみると，ウェブページとは単に企業が提供する製品・サービスの情報を提供し，販売しやすくするための場ではなく，企業のビジョンやミッションなど，企業ブランドのメッセージを発信するツールという役割も担っているのである。

2.2 ソーシャルメディアの活用

東急ハンズはインターネット上でのコミュニケーションや広報ツールとして，また顧客からの問合せや接客の助けとして，ツイッターやフェイスブックをはじめとしたソーシャルメディアを活用している。

2014年6月現在，ツイッターは本部で3アカウント，東急ハンズ銀座店や梅田店など，リアルの店舗で7アカウントを運営している。本部が運営する3つのアカウントとは，東急ハンズの公式アカウントとしての「@TokyuHands」，東急ハンズ広報の公式アカウントとしての「@HintMarket」，オンライン店舗である東急ハンズネットの公式アカウントとしての「@HandsNet」である。同社は"ヒト，コト，モノ"の軸に沿って，これらの3つのアカウントを駆使し，顧客1人ひとりとウェブ上で向き合っている。

@TokyuHandsは，東急ハンズ初の公式アカウントとして2009年7月に開設された。このアカウントはユーザーの細々とした問合せに対応するため，ツイッター上の店員として位置づけられる。したがって，東急ハンズの「ヒト」の部分を担っている。

株式会社東急ハンズ・オムニチャネル推進部の緒方恵氏は，この公式アカウントのペルソナは「元気できさくなお兄さん」だという。ペルソナとは，心理学や演劇でも使われる用語であるが，ここでは架空の人格という意味で使用し

ている。つぶやきを見ると，親しみやすい口調で，フレンドリーに話しかけていることがうかがえる。以下はつぶやきの一例である[2]。

おい！東京の予想最高気温，24℃って何だよッ！！沖縄（23℃予想）より暑いジャマイカ！

緒方氏は，こうしたペルソナに設定することによって，消費者が東急ハンズに対して話しかけやすくしているという。こうした工夫によって，消費者からすると東急ハンズに対する小さな不満や要望を伝えるハードルが下がり，企業の立場からすると消費者の本音が見えやすくなっている。

たとえば東急ハンズで気になる商品があって，在庫を確認したいという消費者がいたとする。こうした場合，ソーシャルメディアが登場する前であれば，電話で問い合わせるか，店舗に足を運んで質問するといった選択肢しかなかった。しかし，ツイッターを使えば消費者は気軽に「こういう商品あるかな？」と質問することができ，カジュアルなペルソナを設定している東急ハンズは「その商品なら渋谷店にありますよ！」と気軽に答えることができる。

緒方氏は「問合せのハードルで見えなくなっていた『小さい来店喚起』はそのまま見えずに消えてしまっていたのですが，ツイッターの気軽さがその小さな来店喚起をすくい上げることができたのです」と話す。

ヒトの役割をした同社の別のツイッターのサービスに，「コレカモネット」がある。これは，2010年3月に立ち上げた，ツイッターを利用して店頭在庫を確認できる対話型の商品検索サービスである。ここでは消費者が欲しい商品を問いかけると，店頭在庫データを検索し，オススメの商品や取扱店舗などを返信するのである。コレカモネットでは，カモのキャラクターが「そんなときにコレカモ」という表現で検索結果をつぶやく。断定口調のコミュニケーションではなく，「かもしれない」という表現となっていることや，人間ではなくカモのキャラクターを採用していることで，レコメンド結果が消費者の求めるものでなかった場合でも，不満足とならないよう工夫されている。

＠HintMarketは"コト"を担当するアカウントである。店舗におけるイベン

274　第Ⅳ部　マーケティングの新しい展開

トなどの告知を中心にツイートされる。@HandsNet は 2010 年 3 月に開設された，ハンズネットの公式アカウントである。ここでは"モノ"に関する情報が投稿される。商品の紹介とともに，セールやポイントアップなどのお得な情報を発信している。

　ウェブが登場する前は，消費者からの問合せとその回答は，その当事者にしか見えないものであった。しかし，こうしたソーシャルメディア上の場では，そのやりとりのすべてが他者に開示されている。このやりとりの可視化によって，当事者だけでなく閲覧者の来店・購買意欲を高めることに成功している。

　東急ハンズではソーシャルメディアを「接客の窓口」の 1 つと捉えて日々の運用を実施している。前述の緒方氏は，「ツイッターでやっていることは，お店でやっていることと同じ」と話す。同社には，リアル店舗の接客のための「接客マニュアル」が存在する。ソーシャルメディアで行っていることは，リアルの世界で行っていることの置き換えであり，接客マニュアルがあったからこそ，ソーシャルメディアという新しいツールを自然にマーケティング活動に取り入れることに成功しているのである。

表 15-1 ● 東急ハンズのツイッター戦略

	位置づけ	役割
@TokyuHands	ヒト	東急ハンズのヒトは元気，頼りがいがある，親近感がわく等のイメージづけ
@HintMarket	コト	東急ハンズのイベント等，コトを紹介
@HandsNet	モノ	東急ハンズのネット通販で扱う商品のなかからおもしろいモノを紹介

　現在，多くの企業が公式ツイッターアカウントを開設しているが，その多くは企業中心的な視点で情報を発信しており，顧客中心には設計されていない。その結果，アカウントを開設してもフォロワーが集まらなかったり，対話が行われなかったりといった問題に直面することが多い。東急ハンズの場合はツイッターを企業の都合優先のコミュニケーション・ツールとせずに，接客・顧客サービスと位置づけたことが，消費者の支持につながっている。

　東急ハンズのソーシャルメディア固有の接客方法として，「＋1 interest（プラスワンインタレスト）」の提供がある。「＋1 interest」とは，「思わず誰かに話したくなるようなポイントを抽出して提示すること」である。より多くの人に反応してもらい，クチコミが起きやすくなる投稿を意識している。

　たとえばハンズネットの公式アカウントは，約18万円の3升炊きのかまどや，握りずしをつくるための握りずしトングといった商品をツイッターで紹介している（https://twitter.com/HandsNet/status/471524642260127744）。こうした商品は売上構成比において重要な位置を占める売れ筋商品であるとは考えにくいが，驚きや意外性があるため，ソーシャルメディア上で拡散しやすい。

このように，東急ハンズはソーシャルメディアならではの特性を考慮して，気軽に顧客と対話し，好意的なクチコミが拡散しやすいように情報発信を行っているのである。

2.3 販売チャネルとしてのウェブ

東急ハンズは2005年に公式オンライン・ショップの「ハンズネット」(https://hands.net) を立ち上げた。ここで会員登録をすると，東急ハンズのリアル店舗と共通で使えるポイントが貯まる。また，実店舗とネットストアの購入履歴を確認することもできる。東急ハンズのEコマースは年商数千万円程度からスタートし，年商約10億円を超える規模になっている（2014年6月現在）。

このハンズネットは，2008年と2012年にサイトのリニューアルを行っている。2012年時のリニューアルでは「ネットと実店舗のシームレス化」をコンセプトに掲げている。これは，商品を探す，詳しい情報を調べる，比較検討する，接客を受ける，支払いをするといったリアル店舗における一連の買い物体験が，オンライン上でも同じように再現されることを意味している。たとえば，ネットストアで購入できる商品の在庫情報だけでなく，実店舗の商品の在庫情報もオンライン上で確認可能にした。在庫情報は15分に1度更新されるので，ほぼリアルタイムといってよい。また，在庫を確認できるだけでなく，「店舗で受け取る」というサービスも行うようになった。これによって，「ネットから実店舗」という流れを生み出すことに成功している。

また，ネットストアのトップページ上には，「今，コレ売れました！」という情報が表示されている。このサービスは，全国の店舗で売れた商品を，ウェブ上に即時に表示する機能である。この機能は各店舗のレジ（POSデータ）と連動しており，商品がレジを通過するとその商品画像がトップページ上に「今，コレ売れました！」と表示される。これによって，消費者は店頭に足を運ばなくても実店舗で何が売れ，何が人気なのかという情報を知ることができる。その商品に関心を持ち，欲しいと思えば，そのままネットストアで購入してもよいし，最寄りの実店舗に足を運んでもよい。

これらの東急ハンズが実践しているサービスは，ネットとリアルでサービスを連携させ，顧客満足度を高めるオムニチャネル戦略である。「オムニ」とは

すべての，という意味であり，すべてのチャネルで同じサービスを同じ品質で顧客に提供することを目指している。つまり，ネットでできることを実店舗でも可能にし，実店舗でできることをネット上でも可能にする，ということである。先述のネットストア商品を店舗で受け取るというサービスは，リリースして1年足らずで，東急ハンズのネットストアの売上の約1割を構成するまでになっている。ネットストアから実店舗へ購買導線を構築した（オムニチャネル化）結果による，売上の押し上げ効果や今後の可能性について推し量る1つの数字であるといえるだろう。

　東急ハンズの実店舗に足を運ぶと，ユニークな生活雑貨やおもしろい新商品との出合いから生じる「ワクワク感」が体験できる。オムニチャネルを推進するということは，この「ワクワク感」をウェブ上でも再現するということである。実店舗で売れた商品をオンライン上に表示する「今，コレ売れました！」も，ワクワク感を再現する仕組みの1つである。東急ハンズの店内をぶらぶら歩いていて，予期しないおもしろい商品が目に飛び込んでくるという「偶然の出合い」が，オンライン上でも演出されているのである。こうしたウェブ上の偶然の出合いがきっかけになり，実店舗へ足を運ぶ，あるいはオンライン・ショップでそのまま購入する，といったシナリオが考えられる。

　また，店舗の在庫確認ができるサービスは，消費者が電話で問合せをするという労力を省くことができる。また，消費者がウェブで調べて実店舗で購入すれば，オンライン通販の送料などのコストも削減できるのである。

　2013年2月には，「ハンズ・ギャラリーマーケット」というクリエイターのための店舗を渋谷にオープンした。この店舗は「プロ，アマ問わずモノづくりに取り組む方々の応援をしたい」という想いから生まれたものである。消費者は気軽に作品を展示することができ，販売も行うことができる。この取り組みは実店舗で開始したが，2013年4月にはウェブ上にも開店し，リアルな店舗とウェブとの両方での作品売買の場を提供できるようになった。ウェブ上では，作品についてのストーリーが作品ごとに投稿できるようになっており，作り手の作品にかける想いを買い手に届ける機能がついている。東急ハンズの理念に「ヒト，コト，モノのすべてが出会い，すべての価値がそこからうみだされる」という言葉がある。この「ハンズ・ギャラリーマーケット」はこれまで消費者

が見たことがないような斬新な作品（＝モノ）との出合いを生み出す場として位置づけられる。

　さらに，2014年6月には，「HANDS IPPIN MARKET（ハンズイッピンマーケット）」というサービスを始めた。このサービスは，実店舗で取り扱っていない流通量の少ない商品や，顧客の興味を引くユニークな商品を中心に，東急ハンズならではの視点で選定し，販売するネット通販である。「世の中にあるおもしろい商品をご紹介したい！」という思いからつくられ，紹介されている商品については1つひとつ作り手の想いや物語が書かれている。そうしたイッピン商品は，ツイッターやフェイスブック上で紹介され，それに興味を持った人はウェブサイトへ飛べるようにサイトのURLが貼られている。

　緒方氏は，東急ハンズが扱う商品には「売れ筋商品」と「見せ筋商品」があるという。そして，それぞれの商品の提案の仕方に，それぞれにあった媒体を活用している。「売れ筋商品」はチラシ，企業ウェブサイトといったメディアを活用する。掲載する商品は商品の色でいうと白で，定番で売れ筋のものを取り上げる。一方，「見せ筋商品」は前述の「＋1 interest」を提供する役割を担う。典型例は前述の約18万円のかまどなど，話題性のある商品である。こうした商品はツイッターなどのソーシャルメディアや，店頭スペースの制約を受けないウェブ上のイッピンマーケットを通じてコミュニケーションを行い，消費者にクチコミで広げてもらうという。こうした商品は，色でいうと紫などやや個性的な色で，店頭の棚に置いても数は売れない商品だという。こうした商品は売れ筋ではないが，「東急ハンズでこんなおもしろい商品を売っているよ」という消費者のアテンションを獲得する役割を担っている。

　この売れ筋商品，見せ筋商品という考え方は，東急ハンズのウェブ・マーケティング固有の考え方ではない。実店舗でも，売れ筋商品を仕入れ，店頭に並べるのと同時に，来店した顧客の足を止める「見せ筋商品」を効果的に配置し，消費者が店内を回遊するように設計されているのである。

2.4　消費者が集う場としてのウェブ

　東急ハンズには「HANDS DO PROJECT」というメール会員限定のプロジェクトがある。このプロジェクトでは，東急ハンズの商品を実際に試すことがで

表 15-2 ● 東急ハンズのウェブ・マーケティングの主な動き

年月		
2005 年	6 月	オンライン・ショップ「ハンズネット」開設
2008 年	8 月	「ハンズネット」をリニューアルオープン
	12 月	「ハンズネット」が Yahoo! ショッピングに出店
		クチコミ情報コミュニティサイト「関心空間」を利用した「東急ハンズ空間」を立ち上げる
2009 年	1 月	「ハンズモバイル」をリニューアル,「ナチュラボモバイル」をオープン
	7 月	ツイッター公式アカウントを開設(@TokyuHands)
	9 月	ツイッター公式アカウントを開設(@HintMarket)
	10 月	ネット宅配便「ハンズ・クイック」をオープン
	12 月	ウェブ上でオリジナルアイテムをつくれる「ハンズカスタマイズサービス」オープン
2010 年	3 月	商品在庫検索サービス「コレカモネット」オープン
		ツイッター公式アカウントを開設(@HandsNet)
	10 月	「ハンズネット」,世界最大規模の決済サービス「PayPal」を採用
	11 月	フェイスブックに参加
2012 年	4 月	「HANDS DO PROJECT」の開始
	7 月	「フェイスブック de コレカモ.net」をオープン
	12 月	「ハンズネット」をリニューアル・オープン
2013 年	4 月	ハンドメイド EC サイト「ハンズ・ギャラリーマーケット」をオープン
		ハンズネットの YouTube アカウントがはじめて商品使用動画をアップロード
	5 月	「HANDS DO コミュニティ」オープン
2014 年	6 月	「HANDS IPPIN MARKET(ハンズイッピンマーケット)」オープン

(注) ニュースリリースおよびインタビューをもとに筆者作成。

きる商品体験会や，本格的な手づくりのワークショップなどさまざまな企画を立案・運営している。

たとえば，アロマやハーブの魅力をより知ってもらうために，アロマの石鹸づくりができる体験会を実施した。この体験会では東急ハンズがアロマに詳しいゲスト講師を招き，消費者とともに実際にモノをつくる楽しさを感じてもらうプロジェクトとなっている。

また，東急ハンズは「HANDS DO コミュニティ」というオンライン・コミュニティを運営している。これは，「何かをつくりたい」という消費者を東急ハンズがサポートすることを意図している。消費者は自分でつくったモノの写真をコミュニティ上に投稿したり，他の消費者がつくったモノの写真や，そのつくり方などを閲覧したりすることができる。「HANDS DO PROJECT」では講師から教わった手順でモノづくりを楽しむのに対して，このオンライン・コミュニティでは消費者同士が意見を交し，ヒントをもらいながらモノづくりを楽しむ場となっている。ここでは，東急ハンズが「モノづくりをする楽しさ」という価値を消費者とともに創り上げているのである。

このオンライン・コミュニティは，企業と消費者，消費者と消費者の関係を構築し，継続的なコミュニケーションをとるためのツールとなっている。商品を買ったらコミュニケーションが終わり，次の購買まで接点を持たないというのが従来型の企業と消費者の関係だったとすると，このオンライン・コミュニティでは購買以外の消費者行動のプロセスにおいて継続的な関係を持っているのが特徴である。

また，消費者の作品の写真やコメントが，ウェブサイトのコンテンツになっているという点も注目に値する。ウェブサイトのコンテンツづくりは，本来的には企業の役割である。しかし，こうしたコミュニティでは，企業ではなく一般ユーザーがコンテンツづくりを担っていることが，大きな特徴となっている。こうした消費者の能動的かつ積極的な行動を，「エンゲージメント行動」と呼ぶ。

2.5　リアル対ウェブではなく，リアルとウェブの共存共栄

東急ハンズのウェブ・マーケティングは，ウェブに特化したウェブ固有のマーケティングではなく，オフラインの実店舗で行っている接客，仕入れ，店舗

ディスプレイをそのままウェブに置き換えて実践しているといえる。

　また，実店舗とオンライン店舗は，ともすれば競合する可能性がある。しかし，東急ハンズは「実店舗を活かすためにウェブがある」という考えのもと，ウェブ・マーケティングを実践している。実店舗の在庫確認サービスなど，オンライン上で行っている施策の多くは，リアルの店舗に送客するものであった。組織内で店舗チームとウェブチームとが顧客を奪い合うという考えではなく，いずれかのチャネルで購買が行われれば，結果的に会社全体の売上拡大につながるという考えのもと，顧客サービスを徹底している。

　東急ハンズは顧客の買い物行動のシナリオを念頭に置き，どのチャネルでも顧客が商品情報を知ることができ，調べ，接客を受け，支払いをし，商品を受け取ることができるようにする，ということを重視している。顧客は自分の望むコトができ，望むモノを手に入れることができれば，その場所は実店舗でもウェブサイトでもかまわないはずである。東急ハンズはこのことに着目し，企業視点ではなく顧客視点のウェブ・マーケティングを行っている。

3　ケースに学ぶ

3.1　トリプルメディア

　インターネットの出現は，企業と消費者の間に新たな接点を生み出した。このことは，消費者と企業との関係を大きく変える可能性を秘めている。1つめは，広告のあり方である。従来はマスメディアに代表される広告媒体の枠を広告会社に依頼して購入し，消費者にメッセージを送っていた。こうした媒体は，媒体スペースの費用を広告主である企業が支払う（＝pay）ために「ペイドメディア（paid media）」と呼ばれる。しかし，インターネットが登場したことにより，企業は媒体スペースを購入せずに自社ウェブサイトなどを通じて，消費者に向けて直接メッセージを発信できるようになった。こうした**企業ウェブサイト**やブランドサイトなど，企業が直接所有（＝own）するメディアを「オウンドメディア（owned media）」と呼ぶ。東急ハンズの事例では，企業ウェブサイトを活用してステークホルダーに向けて商品やサービス，店舗に関する情報発信を積極的に行っていた。

また，近年は**ソーシャルメディア**上で，消費者が低コストに製品・サービスについて発信するようになった。ソーシャルメディア上の企業の製品・サービスについての投稿は，企業が広告費を支払って得たのではない。また，コンテンツの作り手は企業ではなく，消費者などの第三者である。SNS，ブログ，ツイッターなどのソーシャルメディアにおいて，自然発生的に消費者が創造したコンテンツのなかで自社が言及され，信用や評判を獲得（＝earn）する場合のメディアを，「アーンドメディア（earned media）」という。東急ハンズの場合も，ツイッターなどのソーシャルメディアを用いて，発信する消費者と対話を行っていた。ソーシャルメディア上の東急ハンズに対する好意的な投稿は，媒体購入費やコンテンツ制作費を支払うことなく獲得（＝earn）したものである。

インターネットが登場する前，広告メディアはペイドメディアのみであった。しかし，インターネットの登場によって，ペイドメディアにオウンドメディアとアーンドメディアが追加された。この3つのメディアは「**トリプルメディア**（triple media）」と呼ばれ，企業はこの3つのメディアを効果的に組み合わせてコミュニケーションを設計することが求められている。

オウンドメディア，アーンドメディアの両方とも，ウェブ上のメディアをマーケティングに活用する一番のうまみは，釣りにたとえると「よい釣り堀で魚釣りをできる」ことである。企業ウェブサイトを訪問したり，ツイッターの企業アカウントをフォローしたりしている消費者たちは，その企業を認知し，関心を持ち，さらに自ら何らかのアクション（フォローする，いいね！を押す，コメントを投稿する）を行っている。つまり，消費者行動の数々のハードルを越えた消費者たちなのである。

幅広い顧客層への製品・サービスの認知獲得，あるいは新規顧客獲得といった企業課題には，インターネット上のメディアよりもテレビなどのマスメディアを活用したほうが効果的かつ効率的な場合がある。しかし，いくつもの消費者行動のハードルを越えた潜在顧客との関係づくりや，既存顧客との関係強化には，インターネット上のメディアは大きな力を持つといえる。

3.2　Eコマース

インターネット上のウェブサイトは新たなコミュニケーション媒体であるだ

けでなく，直接的に売上に影響を与える販売チャネルでもある。東急ハンズの場合も，重要な販売チャネルの1つとしてオンライン・ショップを位置づけ，Eコマースに早くから取り組んできた。

　Eコマースとは電子商取引（electronic commerce）の意味で，インターネットなどのネットワークを利用し，契約や売買取引などを行う形態である。電子商取引は大きく3つに分けることができ，企業同士の取引をBtoB（ビジネス・ツー・ビジネス），企業と消費者間の取引をBtoC（ビジネス・ツー・コンシューマー），消費者同士をCtoC（コンシューマー・ツー・コンシューマー）と呼ぶ。今回のケースにおいては，オンライン店舗のハンズネットはBtoCに，プロ・アマを問わず作品を売買できる「ハンズ・ギャラリーマーケット」はCtoCに相当する。

　Eコマースが消費者にもたらす利点としては，365日，24時間好きな時間に購入できる利便性，豊富な製品・サービス情報，取引の煩わしさの軽減といった点がある。また，企業は電子商取引によって市場への迅速な対応が可能になった。さらに，ウェブ上の情報発信や，レコメンデーション・エージェント（事例ではコレカモネット），製品・サービスのパーソナライゼーションなどにより，企業は顧客との間によりよいリレーションシップを構築できるようになった。

　オフラインの店舗は在庫や物流の制約を受けるため，売れ筋以外の商品を扱うことができない。一方，物理的な店舗を持たないオンライン店舗は，店頭スペースの制約を受けない。また，在庫スペースは地代の安価な場所に確保することができる。このため，一般的にオンライン店舗では物理的な制約を受けずに幅広い商品を扱うことができる。したがって，売上が小さいので見過ごされていたニッチ商品をビジネス上に組み込むことが可能となる。また，Eコマースの結果として自動的に蓄積される消費者の行動履歴データは，顧客情報の把握に活用することができる。

3.3　オムニチャネル戦略とO2O

　インターネットの登場は，消費者が商品を購入するプロセスにも変化を及ぼしている。たとえば，消費者が気になる商品をみつけると，まずはインターネットで検索をして，商品の特徴やクチコミの評価などを確認する。それから店

舗へ足を運び購入するという行為が当たり前になりつつある。あるいは，リアル店舗で商品を確認して，オンライン・ショップで購買する，というオフラインからオンラインへと場を移す場合も考えられる。このような消費者に対し，オンライン・オフラインの両方の販売チャネルにおいて同じサービスを提供できるようにするのが，**オムニチャネル戦略**である。とくにリアル店舗を持つ企業は，オムニチャネルへの取り組みが急務となっている。事例で紹介した東急ハンズは，いち早くオムニチャネル化に取り組んだ企業として位置づけることができる。

　また，消費者がウェブサイトから実店舗，あるいは実店舗からウェブサイトへの移動を促進させる活動のことをO2O（オーツーオー）と呼ぶ。O2O はインターネットから実店舗への誘導のオンライン・ツー・オフライン（online to offline）と，実店舗からウェブサイトへの誘導のオフライン・ツー・オンライン（offline to online）がある。

　たとえば，スマートフォン等によるクーポン配信は，ウェブからリアルへの誘引なのでオンライン・ツー・オフラインである。店頭に QR コードやウェブサイトのパンフレットなどを設置し，キャンペーン・サイトへのアクセスを促すのはオフライン・ツー・オンラインの事例として位置づけることができる。

3.4　オンライン・コミュニティ

　オンライン・コミュニティは文字通りオンライン上の交流の場であり，交流の形としては企業と消費者（BtoC），消費者と消費者（CtoC）の 2 つがある。消費者はオンライン・コミュニティを通じて製品・サービスに関するさまざまな情報を収集し，発信することができる。そこでは，実際に製品・サービスを使用したユーザーの声を聞くことができる。あるいは，自分自身の使用感を投稿することができる。また，市場で提供されている多様な製品・サービスに関する評価情報が蓄積されていくため，ワン・ストップで効率よく情報を得ることができる。さらに，企業担当者や他のユーザーに使用方法や不具合について直接質問して回答を得たり，理想の製品・サービスを議論しながらつくっていくことも可能である。

　企業の視点から見ると，オンライン・コミュニティは購買時だけでなく，購

買外も含めた消費者行動のプロセスにおいて，消費者とコミュニケーションを継続し，関係を築くことができる場である。従来型のマーケティングでは，企業のゴールは消費者に購買させることであり，購買後の消費者行動には重点が置かれていなかった。購買後の消費者との接点であるお客様相談室や顧客サポートセンターは，例外的な故障や苦情を処理するための場として捉えられていた。しかし，オンライン・コミュニティにおける企業と消費者，消費者と消費者の交流は，こうした従来型のマーケティングを大きく変えている。

　オンライン・コミュニティは価値共創（コ・クリエーション）の場でもある。価値共創とは企業と消費者が共同してともに価値を創造することを指す。企業が実践している価値共創の例としては，企業と消費者がともに製品のアイデアを出し合い，新製品開発に消費者が参加するコミュニティなどが挙げられる。事例で紹介した東急ハンズの「HANDS DO コミュニティ」は，オンライン・コミュニティ上で価値共創を実現していた。

　これまで見てきたように，インターネットはIT企業だけの特別なものではなく，広告宣伝，顧客サポート，販売，製品開発など，あらゆる企業のマーケティング活動を補完するツールである。また，事例からも明らかなように，ウェブ・マーケティングは企業活動から切り離して行うものではなく，企業理念やビジョンに基づき，全体のマーケティング戦略の一環として行われるべきものなのである。

ディスカッション・ポイント — Discussion Point

15-1　関心のある業界を1つ取り上げ，各社の企業ウェブサイトの取り組みを比較・分析してみよう。どのような意図で，どのような機能があるだろうか。

15-2　購入を目的にインターネットで検索した商品・サービスを1つ挙げてみよう。インターネットによって，自分自身の購買行動はどのように変わっただろうか。変わらない部分は何だろうか。

15-3　関心のある製品・サービスを1つ取り上げ，ソーシャルメディア・マーケティングの取り組みを調べてみよう。どのソーシャルメディアで，どのような活動を行っているだろうか。それはどのような目的で行っているのだろうか。

286　第Ⅳ部　マーケティングの新しい展開

15-3 オンライン上で価値共創を行っている事例を調べてみよう。具体的にどのような価値の創造を行っていただろうか。また，それは企業と消費者にとってどのような意義があるだろうか。

● 文献ガイド ● ● ● ● ●

フィリップ・コトラー＝ヘルマワン・カルタジャヤ＝イワン・セティアワン／恩藏直人監訳［2010］『コトラーのマーケティング 3.0 ――ソーシャル・メディア時代の新法則』朝日新聞出版。
　📖 世界的に著名なマーケティング学者のフィリップ・コトラー教授による，ソーシャルメディア時代のマーケティングのあり方をテーマにした書籍です。マーケティングの発展の歴史のなかで，ウェブ・マーケティングの位置づけを理解することができます。

横山隆治［2010］『トリプルメディアマーケティング――ソーシャルメディア，自社メディア，広告の連携戦略』インプレスジャパン。
　📖 広告の現場で活躍する著者による，トリプルメディア戦略についての実践的な書籍です。将来広告やマーケティングの仕事に就きたい学生にもオススメです。

ジム・スターン／酒井泰介訳［2011］『実践ソーシャル・メディア・マーケティング――戦略・戦術・効果測定の新法則』朝日新聞出版。
　📖 ウェブ・マーケティングのなかでも，とくにソーシャルメディアに焦点を当てた書籍です。効果測定などソーシャルメディア・マーケティングについてさらに深く学びたい人に薦めます。

● 注 ● ● ● ● ●

1) ウェブサイトの構造やリンクの配置は 2014 年 6 月現在のものであり，変更される可能性がある。
2) 株式会社東急ハンズより画像提供（以下同）。

＊ 株式会社東急ハンズは，2022 年 10 月から商号（会社名）を「株式会社ハンズ」へ変更している。東急ハンズ（現「ハンズ」）に関する情報はすべて 2015 年時のものである。〔2023 年 11 月　第 7 刷付記〕

● ● ● おわりに ● ● ●

　本書の出版企画がスタートしたのは，2013 年夏のことであった。7 月末の暑い日の午後，有斐閣書籍編集第 2 部の柴田守氏と尾崎大輔氏が，大学の研究室を訪ねて来られた。そして，ケースを主体としたマーケティングのテキストを出す企画があり，その編者を引き受けてほしい旨のご依頼があった。
　実は，前年の 5 月に，有斐閣アルマの 1 冊として，長年の懸案であった『消費者行動論』を出版していただいた。お二人はそのときの担当編集者でもあった。何しろ企画から刊行までに 17 年間もかかった大難産のテキストで，やっと刊行できたことの安堵感と，多大なご迷惑をおかけした後ろめたさから，即断即決で編者をお引き受けすることにした。もちろん，ケース主体のテキストという企画内容に惹かれたことが最大の理由である。すでに，『ケースに学ぶ経営学』をはじめ何冊か出版されており，その有斐閣のシリーズにマーケティングのテキストを付け加えることの意義も感じていた。
　そこで，早速，夏休みの時間を使って章構成を検討しつつ，執筆をお願いする先生方の選定と意向打診を行っていった。まず，章構成については，全体を 4 部・15 章とし，前段で戦略的マーケティングの基本的枠組み，中段では 4P を柱とする戦術的マーケティングの諸施策，そして後段でマーケティングの今日的課題や新たな展開を取り扱うこととした。また，執筆者としては，法政大学の新倉貴士先生をはじめ，日頃，学会や研究会で親交のある 15 人の先生方にお願いしたところ，皆さんに快くお引き受けいただけた。各章とも適材適所での執筆者を得ることができたと自負している。とくに，マーケティングの新たな展開を扱った第Ⅳ部では，各領域を専門とする先生方にご執筆いただけたことは幸いであった。
　しかし，その後，ケースの選定という難題が待っていた。各章のテーマにそくした適切なケースを選び，業種や企業の重複を避けつつ章間で調整していくのは，かなり困難な作業であった。結局，最終的な調整を終えるのに，年末までの期間を要した。いまから考えれば，単なる寄せ集めのケース集でなく，ま

た，断片的な事例を連ねたテキストでもないものを目指す，ケース主体のテキスト特有の難しさでもあった。さらに，各章でキーワードとして取り上げる基礎概念を絞り込む作業も，意外と手間どった。これは限られた紙幅のなかに多くを盛り込み過ぎ，中途半端な内容になることを避けるためだったが，結果的に，コンパクトながら充実したテキストになったと考えている。

以上のようなプロセスで本書の大枠が固まったのを受け，2014年5月末，一橋大学で開催された日本商業学会全国大会の折に，執筆者ミーティングの場を持った。各自，取り上げるケースのポイントや解説する基礎概念についての素案を持ち寄り，各章の内容に関する情報共有と文章表現上のトーン＆マナーの擦り合わせを行った。

その後，草稿，最終稿，そして初校ゲラの段階と，編集部も交えて編者と執筆者の間で内容の調整を行った。章によっては，何度も修正をお願いしたが，皆さん迅速に対応してくださり，編者として心より感謝している。また，この間，在外研究に出られた先生方もおられ，貴重なお時間を頂戴することとなり，大変申し訳なく思っている。

こうした先生方のご協力の結果，当初の企画書では，2015年6月刊行を目指していたが，2月遅れで出版することができた。編者としては，それほど遅れずに出版できたこと，そしてすばらしい先生方とご一緒にテキストがつくれたことを本当に嬉しく思っている。

*　*　*

本書が完成するまでには，多くの方々のご協力とご支援を賜った。

まず，本書は，ケースを主体とするテキストという性格上，取材先企業の方々のご協力がなければ完成しなかった。取材日程の調整にはじまり，資料や写真等のご提供，そして，原稿や校正ゲラの段階での内容のご確認に至るまで，本当にお手数をおかけした。ここに改めて感謝の意を表する次第である。

また，本書の章構成を考えるにあたっては，内外の数多くのテキストを参考にさせていただいた。とくに，2010年に有斐閣より New Liberal Arts Selection の1冊として出版させていただいた『マーケティング』は，本書の下敷きとなっている。この場を借りて，共著者である池尾恭一先生（明治学院大学），南

知惠子先生（神戸大学），井上哲浩先生（慶應義塾大学）に感謝申し上げたい。
　最後に，本書の企画段階から常に編者や執筆者に寄り添って伴走していただき，また，厄介な編集作業の面でご尽力いただいた有斐閣書籍編集第2部の柴田・尾崎両氏に，心より御礼申し上げたい。両氏にはいつもながら本当に丁寧な編集作業をしていただいた。もし，次に本を刊行する機会があれば，ぜひご一緒したいと願っている。
　　2015年5月

青木　幸弘

索　引

● 企業名・ブランド名 ●

CASIO 社　47
G-SHOCK　3-15
HANDS DO PROJECT　279, 285
HDJ　→ハーレーダビッドソンジャパン
HD 社　→ハーレーダビッドソン・モーター・
　　　　　カンパニー
J リーグ　103
Pasco　196, 197, 201
TDL　→東京ディズニーランド
TDR　→東京ディズニーリゾート
アサヒ飲料　133
アサヒオフ　179, 180
アサヒビール　177, 179, 183
綾　鷹　133
伊右衛門　123, 131, 132, 136
伊藤園　123-127, 132, 138
浦和レッズ　104
お～いお茶　123, 124, 127, 134, 135, 137
　──濃い味　132, 134
　──ぞっこん　133
　──まろやか　133
　──ペットボトル入り──　128
　──ホット用ペットボトル──　129, 130
オリエンタルランド　234, 244, 247
花　王　132, 162, 163, 173
花王カスタマーマーケティング　163
加賀屋　213-223
カシオ計算機　→ CASIO 社
茅乃舎だし　142, 143, 146, 147
缶入り煎茶　124, 125

キリンビバレッジ　123, 128
キリンビール　177
久原本家　142-144, 148-155
コレカモネット　273
ザ・リッツ・カールトン　214
サントリー　123, 131
シアトルズベストコーヒー　66
敷島製パン　195, 196
椒房庵　142-144
スウォッチ　6
スタイルフリー　176-191
スターバックスコーヒー　61-63, 66, 69-74
セサミン　160
セブンカフェ　71
ソニックケアー　44
第一生命　27, 31, 36
ダブルソフト　197
タリーズコーヒー　66
淡麗グリーンラベル　176-180
稚加榮　144
超　熟　195-209
東急ハンズ　271, 274, 276, 277
東京ディズニーランド（TDL）　233, 234
東京ディズニーリゾート（TDR）　234
ドトールコーヒー　61-69, 74
ドルツ　44, 48
生　茶　123, 128, 132, 136
日本コカ・コーラ　133
日本生命　26, 31, 36
日本マクドナルド　71

パナソニック　42, 44, 45, 55
パナソニックビューティ　49, 55
ハーレーダビッドソンジャパン（HDJ）　256, 258, 260, 265
ハーレーダビッドソン・モーター・カンパニー（HD社）　252-257, 265
ハンズイッピンマーケット　278
ハンズ・ギャラリーマーケット　278, 283
ハンズネット　276
ヒント・ファイル　272

フジパン　196
ブラウンオーラルB　44
ヘルシア緑茶　132
ポケットドルツ　42, 45, 50, 55, 56
ポケットドルツキッズ　51
山崎製パン　196
ライオン　160-162, 166, 173
ライフネット生命　23, 27-32, 37, 38
ラクトフェリン　160, 168
若武者　133

● 事　項 ●

アルファベット

CGM　95
CPO　167
CRM　266
Eコマース　283
LOHAS　178
OEM　143
One to One マーケティング　52
O2O　95, 284
PDCAサイクル　168
PR　→パブリック・リレーションズ
SP　→販売促進
STP　27, 73
USP　76
W/R比率　171

あ　行

アインデンティファイア　17
アクティブサポート　150

アローワンス　153, 190
アーンドメディア　282
因果仮説　116
因果関係　115
因果的リサーチ　115
インターナル・マーケティング　222, 227
ウェブ・マーケティング　281
エンゲージメント行動　281
オウンドメディア　282
オムニチャネル戦略　277, 284
おもてなしサービス　213
卸活用型流通　159, 162
オンライン・コミュニティ　279, 284
オンライン・ショップ　270

か　行

外的参照価格　151
外部情報探索　94
開放的チャネル　172
解約率　168
価格決定の3要素　142, 145, 151

価格弾力性　151
仮　説　110
仮説設定　117
価値共創　243, 248, 267, 285
カテゴリー　75
カテゴリー創造　19
間接流通　159, 162, 169
関　与　81, 97, 154
管理型チャネル　172
企業ウェブサイト　271
記述的リサーチ　115
機能的価値　13
規模の経済　151
協　働　267
クーポン　190
経営資源　35
　　質的――　35
　　量的――　35
経営哲学　247
経験価値　233, 245, 246
経験価値マーケティング　246
ケイパビリティ　223, 229
交換価値　248
広　告　176, 183, 189
広告メッセージ　189
広告メディア　189
行動的変数　53, 54
購買意思決定プロセス　81, 92, 93
購買後評価　94
顧客シェア　167, 171
顧客満足　224
コスト・プラス法　151
コト売り　257, 263
コミットメント　264
コミュニケーション・ミックス　181, 187
コモディティ化　6, 18, 76, 98
コンテクスト　16
コンテンツ　16

コンビニコーヒー　71

さ　行

サード・プレイス　70
サービス　213
サービス・デリバリー・システム　218, 225
サブカテゴリー　19
差別化　136
差別化ポイント　76
参照価格　147, 151
サンプリング　185, 190
市場型チャネル　172
市場規模　26
市場シェア　26
市場浸透価格戦略　152
市場成長率　26
市場の創造　16
持続的競争優位　76
実　験　118
実行可能性　55, 56
実質性　55, 56
実　証　115
質問紙調査　113
社会的な絆　266
従業員満足　247
集中型マーケティング　33
使用価値　248
上層吸収価格戦略　152
情緒的価値　13, 19
消費者行動論　81
消費者生成メディア　→CGM
商品ライン　→製品ライン
情報探索　94
職務満足　222, 227
人口統計の変数　53, 54
新製品開発の手順　138
人的販売　176, 190

信頼　264
心理的変数　53, 54
衰退期　34
成熟期　34
成長期　34
製品コンセプト　135
製品の核　135
製品の形態　135
製品の付随機能　135
製品ライン　29
製品ラインナップ　137
セグメンテーション　27, 42
　——の基準　53
　——の条件　55
セグメント　27
セルフサービス式カフェ　62, 65
選択・購買　94
選択的チャネル　172
全方位型マーケティング　33
属性　→評価属性　99
測定可能性　55, 56
組織コミットメント　222, 227
ソーシャルメディア　272, 274

た 行

大規模小売業者　164, 165
代替案評価　94
態度　96
ターゲット　75
ターゲティング　27, 42
　——のパターン　56
脱コモディティ化　206
チェリーピッカー　154
知覚マップ　74
チャネル選択　28
チャネル・パワー　165, 173
チャレンジャー　27, 35
　——の戦略　37
調査　118
調整変数　117
直接流通　159, 169
地理的変数　53, 54
ディズニーの経営哲学　241
ディライトフル・リレーションシップ　263, 264
統合型チャネル　172
到達可能性　55, 56
導入期　33
トライアル　167
取引数量最小化原理　169
トリプルメディア　282

な 行

内的参照価格　151
内部情報探索　94
ニーズ　73
ニッチャー　27, 36
　——の戦略　38

は 行

媒介変数　116
排他的チャネル　172
バーゲンハンター　→チェリーピッカー
パス図　112
バックルーム　218, 220, 226
パブリシティ　31, 186, 190
パブリック・リレーションズ（PR）　176, 182, 186, 190
パワー　165, 173
　一体化の——　173
　制裁の——　173
　正統性の——　173
　専門性・情報の——　173

　　　　報酬の―― 173
販社型流通　159, 162
販売促進（SP）　176, 185, 190
　　　　消費者向けの―― 188
　　　　流通業者に対する―― 188
販売店満足　259
引上率　168
評価属性　97
ファブレス経営　126
フィット　27
フォロワー　36
　　　――の戦略　39
不確実性プール原理　169
プッシュ戦略　181, 188
ブランディング　206
ブランド　195, 205, 208, 209
ブランド拡張　208
ブランド構築　195, 205
ブランド・コミットメント　109
ブランド・ステートメント　271
ブランド要素　206
ブランド連想　206
フルサービス式カフェ　65
プル戦略　182, 188
プレミアム　185, 190
プロダクト・ライフサイクル　33
フロントルーム　218, 226
分化型マーケティング　32
ペイドメディア　282
保　険　25
ポジショニング　27, 61, 73, 75
ポジション・マップ　→知覚マップ

ま　行

マーケティング課題　102, 107

マーケティング・コミュニケーション　176, 187
マーケティング・コンセプト　22
マーケティング・ミックス　27
マーケティング・リサーチ　102
マーケティング・リサーチ・プロセス　114, 116
マスコミ4媒体　189
マス・プロモーション　30
マス・マーケティング　52
メディア・ミックス　182, 190
問題認識　94

や　行

4P　27

ら　行

ライフスタイル・マーケティング　257, 258
リサーチ・クエスチョン　108
リーダー　26, 35
　　　――の戦略　37
リベート　153
リポジショニング　78
流通チャネル　159
　　　――の段階（長さ）　164, 171
　　　――の幅　164, 172
　　　――の結びつき　164, 172
リレーションシップ・マーケティング　252
レコメンデーション・エージェント　283
ロスリーダー　154
ロングセラー化　17, 203, 209

● 編者紹介

青木 幸弘（あおき ゆきひろ）
学習院大学経済学部教授

ケースに学ぶマーケティング
Introduction to Marketing: Studying through Cases
〈有斐閣ブックス〉

2015 年 8 月 20 日　初版第 1 刷発行
2023 年 12 月 20 日　初版第 7 刷発行

編　者	青　木　幸　弘
発行者	江　草　貞　治
発行所	株式会社 有　斐　閣

郵便番号 101-0051
東京都千代田区神田神保町 2-17
https://www.yuhikaku.co.jp/

印刷　大日本法令印刷株式会社／製本　牧製本印刷株式会社
文字情報処理・レイアウト　田中あゆみ
© 2015, Yukihiro AOKI. Printed in Japan
落丁・乱丁本はお取替えいたします。
★定価はカバーに表示してあります。
ISBN 978-4-641-18426-8

JCOPY 本書の無断複写（コピー）は、著作権法上での例外を除き、禁じられています。複写される場合は、そのつど事前に (一社)出版者著作権管理機構 (電話03-5244-5088, FAX03-5244-5089, e-mail:info@jcopy.or.jp) の許諾を得てください。